“现代矫正理论与实务”丛书

犯罪与罪犯统计研究

（第二版）

邵晓顺 著

群众出版社
·北 京·

图书在版编目（CIP）数据

犯罪与罪犯统计研究/邵晓顺著．—2版．—北京：群众出版社，2014.10

（现代矫正理论与实务丛书）

ISBN 978-7-5014-5256-9

Ⅰ．①犯…　Ⅱ．①邵…　Ⅲ．①犯罪学—研究　Ⅳ．①D917

中国版本图书馆CIP数据核字（2014）第171435号

犯罪与罪犯统计研究（第二版）

邵晓顺　著

出版发行：群众出版社
地　　址：北京市西城区木樨地南里
邮政编码：100038
经　　销：新华书店
印　　刷：北京泰锐印刷有限责任公司

版　　次：2014年10月第1版
印　　次：2014年10月第1次
印　　张：12.875
开　　本：880毫米×1230毫米　1/32
字　　数：348千字

书　　号：ISBN 978-7-5014-5256-9
定　　价：40.00元

网　　址：www.qzcbs.com
电子邮箱：qzcbs@ sohu.com

营销中心电话：010-83903254
读者服务部电话（门市）：010-83903257
警官读者俱乐部电话（网购、邮购）：010-83903253
法律图书分社电话：010-83905745

“现代矫正理论与实务”丛书

编　委　会

编 辑 部

第二版前言

十年前，作者有感于犯罪学与监狱学科领域数理统计研究方法应用稀少，撰写了《犯罪与罪犯统计研究》一书。十年来，实证研究、定量研究受到越来越多的犯罪学与监狱学研究者的重视，有更多的运用数理统计研究方法的成果涌现出来。

十年后的今天，在犯罪学与矫正学（监狱学）领域，掌握并使用数理统计研究方法的专家学者越来越多，并且运用该研究方法也显得更为娴熟。公开发表的定量研究文章中出现明显的数理统计错误的情况已非常少见。但是，数理统计研究方法在我国犯罪学与矫正学研究领域仍然需要强调与重视。这是因为：

首先，十年前所说的“（数理）统计研究方法尚未在犯罪学和监狱学领域取得其应有地位”的结论现在仍然适用。统计《犯罪与改造研究》杂志 2009~2013 年运用数理统计方法的文章发现，用了描述统计的有 171 篇，占同期论文数的 18.7%，其中又用了推论统计的有 29 篇，占同期论文数的 3.2%。虽然与十年前相比运用数理统计方法的文章数量有了不小的增长，但是定性研究文章仍然占同期论文的绝大部分。

其次，对数理统计研究方法的运用仍然存在一些问题。这表现为作者在文章中提供的数据不能得出其研究结论，或者作者的结论超出了数据所能说明的范围。例如，有研究者调查了 294 名女犯人格障碍倾向，对不同文化程度女犯人格诊断问卷（PDQ-Ⅳ）评分比较后得出结论：文盲女犯在边缘型、回避型、依赖型、被动攻击型、抑郁型人格障碍评分上，均显著高于小学、初中、中专及以上文化程度的女犯。然而文章中提供的假设检验数据表明，文盲女犯与小学文化女犯在抑郁型人格障碍上没有显著差异，P 值为 0.183。[①] 因此，从严格意义上讲已有的数据不能得出作者的结论，或者说至少作者下的结论不严谨。另有研究者用问卷调查了某单位民警的基本情况与思想状况，在列出了诸多调查数据后，分析当前民警队伍建设存在的问题有基层警力紧张、民警物质感更强、工作环境有待改善、再教育培训不足、家庭生活影响民警工作、激励机制缺乏、矫治对象管理难度增大、民警责任心有待增强、党建工作软化、职业晋升渠道狭窄十个方面。[②] 然而，从文章提供的数据来看，只能得出上述十个方面的部分内容，也就是说从数据中只能推论出其中的部分结论，即数据只能佐证全部结论中的一部分。这种现象在矫正学研究领域诸多定量研究文章中较多存在，需要引起研究者的关注。运用数理统计方法来研究犯罪与罪犯现象，研究者需要明确的一点是，数据能说明什么就只能说明什么，不能去得出数据说明不了的结论。合理的推论是允许的，但是首先要阐明从数据得出来的结论，然后结合他人或自己已有的研究结果再作出合理的推论。这种推论要符合演绎规则与逻辑规律，不能凭空产生。这是科学研究所应遵循的。

最后，近十年中作者曾三次应邀给基层监狱理论研究骨干讲授“如何开展实证研究”或“数理统计研究方法”的课题，每次半天。从讲课情况看，在听讲的上百人或数十人中能够引起共鸣的仅若干名，绝大多数听课的民警感到理解或应用有困难。2014 年年初，某省监狱局主管理论调研的干部与作者交流，反映他在参加基

---

① 徐宁、姚丹：《294 名女犯人格障碍倾向的初步研究》，载《中国监狱学刊》2012 年第 6 期，第 116~122 页。

② 周昌锐、任安莲：《四川省大堰劳教所 2005~2011 年民警基本情况调查》，载《犯罪与改造研究》2013 年第 6 期，第 56~61 页。

层监狱理论研讨会时，发现基层民警撰写的有关实证研究的调研文章，其编制的问卷有问题、运用的统计方法不正确。这也是笔者近五六年来多次参加基层监狱理论研讨会的一个感受。因此，实证研究、定量研究方法在矫正学科、矫正工作领域的应用任重道远。

近年来，司法部提出在我国的矫正机构中要大力开展循证矫正研究与循证矫正工作。循证研究、循证矫正，离不开定量研究方式，必然要求数理统计方法的运用。不管是罪犯犯因性问题评估工具的本土化开发，还是矫正项目、矫正介入措施的设计与评定，都要使用到数理统计方法，如有关评估工具开发的信效度检验可参阅“第六章相关分析”；而矫正项目有效性检测的过程设计及检测方法可参阅“第二章第三节研究方式”和“假设检验”与“方差分析”等相关内容。只有准确地运用数理统计研究方法，才能保证评估工具的科学性、循证矫正证据的有效性与高等级性，使得我国的循证矫正工作保持正确的方向。

本次再版，对第一版的体例、章节基本不作调整，主要改正了其中由于撰写疏漏所造成的一些瑕疵，增加了若干案例，引用了近十年来作者和其他研究人员的部分研究成果，在此对这些研究人员表示衷心感谢。本书的出版得到浙江警官职业学院的资助，在此表示衷心感谢。

本书仍然适用于犯罪与罪犯统计研究的初学者。十年来，由于统计软件包，如 SPSS 目前已经有了中文版，给犯罪与罪犯统计研究者带来了便利。

由于作者知识水平有限，书中可能会有各种缺点甚至错误，恳请同行、专家批评指正，以便及时更正。

邵晓顺邮箱：sxs86918716@ 163. com

作者

2014 年 8 月

前　言

数理统计方法作为犯罪学和监狱学科的研究方法之一，在众多的犯罪学和监狱学教材和专著中提及，然而对其作深入研究或作详细介绍的不多见。在犯罪学和监狱学科，实证研究日益受到重视，数理统计法作为实证研究最重要的方法与研究工具，应当引起研究者的注意。然而，统计《犯罪与改造研究》、《中国监狱学刊》两本犯罪学与监狱学科方面的主要杂志 1991～2000 年的文章发现，用了统计检验或统计估计的共有 11 篇，占两本杂志同期论文数的 0.39%。因此，统计研究方法尚未在该领域取得其应有的地位。基于此，笔者斗胆撰写本书，欲在这方面作些探讨，希望能够抛砖引玉，引起更多的关注。

数理统计方法既是一种研究思路，也是一种有关研究数据的处理方法。本书把这两者结合起来作介绍。

考虑到实际应用性，本书对统计原理不作介绍；对于公式的推导及具体计算亦不作深入阐述，有兴趣的读者可参阅相关统计学教材。

学习与应用数理统计方法，需要有一定的数学基础和概率论知识，因此初次接触者会觉得比较难。不过，随着电子计算机的发展和专门统计软件的开发，有关统计分析的复杂计算已不是障碍，可以运用计算机技术方便、快捷地予以解决，本书在这方面结合作了介绍，但是仍然需要研究者深刻理解每种统计分析方法的应用前提与原理。

本书内容主要阐述了研究设计与单变量的统计分析，较少涉及多变量的内容，只能算是犯罪与罪犯统计研究的基础知识。因此，它较为适用于犯罪与罪犯统计研究的初学者。

本书的出版得到了浙江警官职业学院的大力支持，在此表示衷心感谢。

囿于作者的学识与水平，书中不妥之处肯定不少，恳请专家学者和读者批评指正。

作者谨识

2004 年 1 月

目 录

第一部分 数理统计与研究设计

第二部分 描述统计

第三部分 推论统计

第四部分　研究报告

第一部分

数理统计与研究设计

第一章　犯罪和罪犯研究数理统计法

我国的犯罪学和监狱学作为独立学科从20世纪80年代初期逐步形成，到现在已有30余年，犯罪学和监狱学都取得了长足进步。这其中包括了对研究方法的探索及成果，当然也离不开研究方法对学科的贡献。然而，综观已有的犯罪学和监狱学的研究，不难发现其中定性的研究多于定量的研究，用统计学术语说，两者间存在非常显著的差异。犯罪、罪犯、监狱等作为社会存在物，有其质的规定性的一面，可以也应当进行定性的研究；然而，毋庸讳言，社会现象也有其量的规定性的一面，应当而且需要进行定量的研究。科学只有当它利用了数学的时候，才达到了完善的程度。因此，随着更多的犯罪学和监狱学理论与实践工作者掌握数理统计定量研究的方法与工具，犯罪学与监狱学（矫正学）研究及成果将会开创一个新局面，达到一个新高度，也必将能够更好地推动我国犯罪学、监狱学、矫正学及相关学科的发展。

第一节　数理统计研究方法

一、数理统计

数理统计，通常有三种含义：一是指统计资料，也即统计数字，一般用以反映某个或某些事物的数量特征及其规律性的数据资料；二是指统计工作，一般指搜集、整理、分析统计资料并进行推论的工作；三是指统计学科，如社会统计学、卫生统计、犯罪统计等。当人们谈到数理统计时，有时仅指其中的一方面或两方面，有时则包含了上述三个方面。

数理统计的上述三种含义在诸多学者中的认识较为一致。但是除了上述三种含义之外，还应当有其他含义。这就是，数理统计，不仅是调查研究的科学分析工具，而且还是一种重要的科学研究方法。

在对社会现象的研究过程中，经常要涉及许多变量，以及众多的个案资料，而且这些变量之间的关系又往往是错综复杂的。这就使得每项调查所要处理与分析的数字信息量十分庞大，而且常常显得杂乱无章。犯罪与罪犯现象的研究情况亦是如此。面对这么多的数据资料，如何理解和认识其中的规律性，是非常困难的事，甚至常常是不可能的。必须对许多的信息资料进行处理，设法提炼压缩，找出其内在的特征与规律性。而统计分析就是帮助人们提高控制数字的能力，透过这些庞杂的数据资料和复杂的关系，去把握其内在规律性的一种有力的工具。

同时，数理统计不仅是一种对数据资料进行整理与描述、分析与推论的工具，而且是运用统计原理和技术手段，收集研究资料，并对调查所获的研究资料进行分析，以说明社会现象的数量特征、数量规律、数量关系，即社会现象“量的规定性”的重要方法。在此，要更加重视后一方面，即通过研究设计，科学获取研究资料和数据，准确地进行整理与分析，并进行科学的推论等。在强调运用统计研究方法时，主要是对数据资料的描述统计分析和推论统计分析两个部分，即运用统计研究方法，不仅是对事物或现象的数量特征的静态描述过程——描述统计，而且是对事物或现象的动态数量特征的描述过程——推论统计。因而，对数理统计的认识，不仅仅是把它作为一种统计资料（第一种含义）与统计工作（第二种含义）以及统计分析工具，更着重强调它是对数据资料的分析途径和探讨数据资料中数量规律的过程与方法。也就是说，当我们理解数理统计这一概念时，还应当包含“一种能够分析数据资料的非常重要且有效的方法”的认识。

因此，数理统计是一种“现代科学研究的工具”，亦是“犯罪调查不可或缺的科学工具”这一认知，与研究社会现象数量特征的方法与思路的认知应当是并重的。正如在前言中所说，数理统计，不仅是调查数据的处理方法（研究工具），而且是一种如何获取和分析调查数据的研究方法与研究思路。当人们运用数理统计方法研究社会现象以及犯罪或罪犯现象时，本身就要求对所开展的社会现象以及犯罪与罪犯现象的研究课题进行科学地研究设计、准确地统计调查，以及深入准确地统计分析。这三个部分是一个整体，是数理统计方法的内在要求，构成了一个完整的研究思路。因此，在本书中，以这样两个内涵结合起来作阐述。

二、数理统计研究方法

数理统计研究方法，在诸多犯罪学及监狱学（矫正学）的著作中有所论述。下面择其中数个作分析介绍。

在有关犯罪统计学的论著中，有学者认为，犯罪统计学是一门用统计方法对犯罪现象做定量分析的科学，是分析客观的大量犯罪现象的数量特征、数量关系、数量变化的一套统计方法，属于对犯罪现象进行科学研究的工具。① 还有学者认为，犯罪统计是指研究大量犯罪社会现象数量方面的统计，恰如医生手中的听诊器、手术刀，是整理、分析资料并由此得出较为可靠的结论的一个步骤。②

因此，犯罪统计学关于犯罪统计方法的论述，主要是把它当作一个调查与研究犯罪现象的工具来阐述的。用统计的方法来分析犯

---

① 李田夫、杨士祺、黄京平著：《犯罪统计学》，群众出版社 1988 年版，第 1 页。

② 高树桥、李从珠著：《犯罪调查及其统计方法》，群众出版社 1986 年版，第 119 页。

罪现象中的数量关系与数量规律，这就是其地位与价值。

犯罪学及相关学科关于研究方法的论述，对数理统计研究方法也给予了较多关注。有学者认为，统计调查法，是指运用统计原理和技术手段，收集能够客观反映犯罪现象的数量特征、数量规律和数量关系的犯罪学研究资料的方法。为犯罪学研究中应用最为广泛的调查方法之一。同时，犯罪学研究的定量分析方法，主要是指运用一系列基于概率论和数理统计原理的测量、计算和分析手段，对调查所获的犯罪学研究资料进行分析，以说明犯罪现象的数量特征、数量规律、数量关系，即犯罪现象量的规定性的方法。就某种意义而言，这实际就是犯罪统计学中的犯罪统计分析方法。[①] 因此，该学者把数理统计研究方法理解为两部分，一方面，它是犯罪学研究的调查方法之一；另一方面，它是犯罪学研究的分析方法之一，而且是一种定量分析方法。

另有学者认为，数量统计分析法，是在搜集和处理研究资料时进行定量分析的方法。犯罪人的心理过程、个性心理、心理状态以及犯罪心理的形成和发展变化过程，既有质的特点，又有量的特征。因此，在研究中，不仅要进行定性分析，而且要重视定量分析，正确处理两者的关系。定性方法需要定量方法的补充，定量方法必须以定性方法为基础。[②] 在这里，该学者把数理统计研究方法理解为对研究资料的定量分析方法，并且认为是定性研究方法的补充。

分析上述学者关于数理统计研究方法的论述，都认为该方法属于研究方法的具体方法层次，是一种收集和处理研究资料的定量分析方法。虽然在论述数理统计研究方法时，是从对社会现象的研究

---

① 康树华主编:《犯罪学通论》(第2版)，北京大学出版社1996年版，第25~26页。

② 罗大华主编:《犯罪心理学》(修订本)，中国政法大学出版社1999年版，第18~19页。

方法角度来阐述的，但是也不难看出，在其定义中本质上仍然是把数理统计研究方法作为一种研究工具来阐述的，而且对数理统计研究方法地位的认识是不一致的。学者们依然没有把数理统计研究方法作为一种研究思路来对待。

在监狱学科领域，有学者论述了狱政统计学的内涵，认为狱政统计学是一门方法论科学，它提供对狱政现象调查研究的理论、原则和方法，包括认识方法、工作方法以及组织方法等，是研究狱政统计工作的规律与方法的一门社会科学。① 这一论述，似乎包含着研究思路的意思，但是仔细分析却不难发现，它强调对具体统计工作的组织和对狱政统计工作规律的探讨，而且把狱政统计学论述为方法论科学，同时又指出该学科以监狱学、统计学和马克思主义哲学为其理论基础和方法论基础，表述显然不够清晰。

我们认为，数理统计研究方法不仅是一种认识社会现象的研究工具，而且更重要的，它是一种研究的思路。因为当人们运用数理统计方法研究社会现象以及犯罪与罪犯现象时，在运用描述统计与推论统计方法分析研究资料和数据之前，在研究工作的一开始，就必须按照统计分析的要求，来组织与开展调查研究与获取数据资料工作。

按照社会科学定量研究程序，首先是要根据理论或者已有的研究来提出研究假设，研究假设则是所要研究的变量之间的关系的描述；其次是根据研究的变量或研究对象来选择合适的研究方式，如调查研究或实验研究等；再次是选择调查对象（取样），进行调查问卷设计或实验设计；又次实施问卷调查或开展实验研究，以收集数据资料；最后是分析数据，并得出研究结果。在这一系列过程中，每一步都需要考虑到最后将要开展的统计分析方法与要求。在研究假设阶段，变量之间关系的描述，正是后面将要进行的统计分

① 李玉黔、刘福印著：《狱政统计学》，警官教育出版社 1997 年版，第 1~5 页。

析的对象——统计分析是对变量数据的分析；而研究方式不同，所要选择的统计分析的方法就会有区别，对统计分析结果的解释亦会有差异；取样则不仅影响到统计分析方法的选择，而且统计推论正是建立在随机取样的基础之上；而调查问卷的指标（项目）设计以及实验研究中自变量与因变量的选择，与统计分析方法直接相联系，统计分析的维度与素材来源于此。反过来，当人们对自己所要研究的问题计划采用数理统计研究方法时，那么整个研究就要按上述步骤与程序来展开，整个研究就浸透着统计分析的要求，就要以统计分析所规定的对研究过程、研究对象与资料获取的规范所指导。这正是我们所要阐明的主要观点。这其中特别需要指出的是，问卷的指标（项目）设计与研究变量的选择，一定要考虑到最后要实施的统计分析的要求。

我们愿意再次指出，当犯罪与罪犯研究工作者运用数理统计研究方法研究犯罪与罪犯现象时，研究假设的提出与对概念进行操作定义、抽样、调查工具设计与实施等，都需要考虑到最后的统计分析过程。否则，研究者计划采用数理统计方法作研究，但是只是到研究的最后阶段，即在收集了一大堆犯罪与罪犯现象的数据资料之后才考虑运用何种统计分析方法，此时往往会发现难以实施有效的统计分析。出现的问题常常是：或者是收集的数据资料不符合统计分析的要求，或者是指标设计不全造成分析维度过少或不全面，或者是自变量、因变量选择不妥当无法进行统计分析，又或者是数据有缺陷，如计量单位不统一，缺失值太多等可使用数据不多，等等。总之，花了大量精力收集的数据仅仅少部分有用甚至根本无法使用，造成研究工作事倍功半甚至是前功尽弃。造成这一现象的原因，正是因为没有把数理统计研究方法作为一种研究思路来对待的结果，也是一些刚从事定量研究的学者常常会出现的失误。

因此，数理统计研究方法本身就要求对所开展的社会现象的研究以及犯罪与罪犯现象的研究，在课题设计以及整个研究过程中都必须按照统计分析的要求来进行，即把课题研究设计、统计调查，以及统计整理与分析作为一个整体。希望犯罪与罪犯研究工作者们能够把这三个部分看成是一个连续体和一个完整的研究思路，从而有效地开展犯罪与罪犯领域的研究。

三、数理统计研究方法的研究思路

在犯罪与罪犯研究领域，可资分析的统计资料的类型与相应的分析方法有这样三类。

1. 已有统计数据资料的分析

已有统计资料有两种：一是他人研究所获得的统计数据资料和统计分析结果；二是国家以及各政法部门和社会有关部门的统计工作所得的统计资料。这两类不同的统计资料，其统计分析方法有所区别。

对前一种统计资料，主要是采用元分析①的方法或研究综述的形式来进行。具体如徐轶元等“国外对罪犯心理矫治研究的元分析”（人大复印资料《心理学》1999 年第 2 期）和张安民等“我国罪犯心理测量研究述评”（《犯罪与改造研究》1996 年第 7 期）。这类研究或超出本书论述的范围，或者是非统计分析的方法所做的研究，在此不作过多介绍。有兴趣的读者可参阅相关书籍。

对后一种统计资料，主要是概括地反映各政法部门执行法律的职权活动的基本情况，以及概括地反映全国或某省范围内各种违法犯罪现象的性质、特征和规律性的统计数据资料。对于这些统计资料，可做的统计分析主要有描述统计与回归分析等。不过，从认识和掌握犯罪与罪犯现象的规律性和探讨相应的防范对策角度来看，这类统计资料不是本书所说的研究与分析的重点。因为它只是一般性地反映全国政法机关职权活动和违法犯罪与惩治罪犯现象整体概

① 元分析，是指运用系统分析方法对有关某一特定研究课题的各种有一定内在联系的研究进行一种客观的且有统计量基础的综合，它是对已有研究结果的总体分析，是对原有“分析”的进一步分析。

括的数据资料，主要反映国家或省的总体的犯罪或罪犯的情形，往往难以作深入的原因、规律与对策探讨。

2. 统计调查资料的分析

准确地说，应当是对一次或数次独立进行的统计调查或测量所得的研究资料和数据的统计分析。这里的数次，可以分开进行各自独立的统计分析（不过也可以进行前后对比的分析），因此可以认为数次就是“多个独立的一次”。在调查研究中，对随机抽样的犯罪人或其他调查对象仅仅测量或调查一次，并且通过这一次调查，就得到了研究者所需要的信息资料。例如，若欲研究犯罪嫌疑人的心理健康状况，就可以设计一份有关犯罪嫌疑人个人背景信息与心理健康状况的调查问卷，对若干名犯罪嫌疑人实施调查；犯罪嫌疑人填答问卷后，研究者即获得了调查资料。调查过程就此结束，接下来就可以对调查中所获得的数据进行统计分析。又如，有研究者调查了某市1990~2002年的刑事犯罪人员20105人，具体分1990年、1993年、1996年、1999年、2002年五次，每次都对该市该年度被法院判决有罪并被投入监狱的全部犯罪人员作调查。① 这是大型的、数次独立进行的犯罪调查，调查数据可以独立作统计分析；亦可以进行前后对比的统计分析，不过作前后对比分析时，研究结论的得出应当谨慎。

上述例子所举的调查研究，是犯罪与罪犯统计研究中最多的情形。对这类统计资料和数据，一般来说，可以运用本书中所介绍的所有统计分析方法来进行深入详尽的分析。不过，由于调查方式的不同，有的调查研究后取得的数据资料，在运用一些统计分析方法时会受到一定限制。

3. 前后测所得研究资料的分析

这类统计分析资料和数据，主要是对犯罪人或其他研究对象先

① 周路主编：《当代实证犯罪学新编——犯罪规律研究》，人民法院出版社2004年版。

实施一个前测，然后加入一个实验处理（或称实验刺激），实验结束再进行一个后测，这样研究者得到前后两组数据。例如，对随机抽取的一些青少年犯罪人先作一个态度测验，然后对他们进行思想教育若干次，之后再次测试他们的态度，这样就得到这些青少年犯罪人有关态度的前后两组数据。在这里，前后两次测验不能少，而研究者最为关注的是前后两次测验有没有差异。这是一种在要求较为严格的研究设计中取得研究资料的过程，具体在第二章“研究设计”中详细介绍。对前后测研究资料的分析，主要应用推论统计的分析方法。不过，在犯罪与罪犯现象的研究中，这类研究及研究资料国内都很少。这是因为这一领域研究对象的特殊性，实施严格的实验研究较为困难甚至是无法实施的；同时，也缺乏经过严格的实验研究训练的研究人员。

在清晰了犯罪与罪犯研究领域的三类统计资料及相应的分析方法之后，接下来进一步阐述数理统计研究方法的基本思路。一般地，犯罪与罪犯统计研究有这样四个环节。

1. 研究设计

当确定了研究的任务与目的之后，首先需要开展的工作是进行研究设计。研究设计是对整个研究工作进行规划，并制定出研究的具体策略，确定研究的最佳途径，选择恰当的调查研究方法的过程。

研究设计并非数理统计方法所独有。采用其他研究方法进行犯罪与罪犯现象的研究时亦需要进行研究设计。但是，由于犯罪与罪犯现象的复杂性，研究对象的特殊性，以及数理统计分析方法在犯罪与罪犯研究中的应用现状，在此特别强调要做好研究设计工作。

应当说，开展犯罪与罪犯研究时，研究设计做得怎样，关系到整个研究工作的成败，或者是关系着整个研究工作所能达到的水平。正如上面所述，一些犯罪与罪犯研究领域的工作者之所以做了许多研究工作却得不到什么研究成果，或者是搜集了许多数据资料却无法进行数理统计分析，正是因为在研究设计上出了问题。

同时，运用数理统计法进行犯罪与罪犯问题的研究，在研究设计阶段，应当特别做好变量选择或者研究问题分析维度的确定工作。要从什么角度对犯罪问题或罪犯现象进行研究，研究的问题计划从什么维度进行分析，如何使研究资料的收集过程被研究对象所接受（因为许多关于犯罪的问题是非常敏感的）从而能够真实地反映调查对象的思想或实际状况等，都需要在研究设计阶段给予必要的考虑。当然，这些考虑有粗有细。对研究维度以及对这些维度的测量工具的编制，在研究设计阶段必须全面完成；而对自变量与因变量（常常是研究维度）的确定以及具体选择何种统计分析方法，可以是一个初步的考虑。但是，这个初步考虑必不可少，否则，就会犯前面所说的错误，即等到进行数据的统计分析时才发现存在问题或困难，此时为时已晚。

如何做好研究设计工作，研究者除了需要学习研究方法方面的知识之外，还有以下三点值得思考。一是对以往同类或类似研究的考察，从中获得研究分析的维度；二是召开课题研究专家论证咨询会，请专家对课题研究思路及研究维度进行批评、完善，或者是向专家个别咨询亦可，这个过程可反复进行多次；三是先做个初测或预备研究，以了解研究对象和获得研究课题的初步的感性认识。由于大型研究往往是由多名研究人员组成的，研究人员的选择及相互间的交流探讨也是非常重要的。

研究设计最好能形成书面的方案，特别是大型的研究，应当有书面的研究设计方案。而研究设计的结果，如测量工具或调查问卷的设计，可能是其中最重要的成果。

有关研究设计的详细阐述，请参阅本书第二章。

2. 统计调查

根据所确定的研究任务和目的，以及在研究设计阶段所形成的调查工具，接下来是实施统计调查的过程。

统计调查是根据研究工作所提出的统计任务以及前一阶段所设计的调查工具，搜集有关被研究对象——犯罪人或其他调查对象的数据资料的过程。统计调查是后面将要进行的两个环节的基础。有关统计调查的组织与实施等详细内容，请参阅本书第四章第一节。

在统计调查阶段，还需要进行调查样本抽取工作。运用数理统计法进行犯罪与罪犯现象的研究，要实施的统计调查往往是抽样调查。对研究对象的抽样，不能按照研究者的需要随意地选择，而应当按照有关抽样理论进行严格、科学地抽取。这是犯罪与罪犯研究人员应当加以注意的。具体内容请参阅本书第三章。

3. 统计整理

统计整理是对统计调查得来的资料与数据加以科学汇总，使其条理化、系统化的过程，以便于进一步的统计分析研究。因此，统计整理是统计调查的继续，又是统计分析的基础，处于犯罪与罪犯统计分析研究的中间环节。

通过统计整理，研究者对调查数据会有一个初步的印象或结果，有时甚至可以归纳出若干条规律或结论，在普查后所得的统计数据的整理中这种感受更强。不过，必须注意的是，对调查数据的整理后得到的规律与结论，应当非常谨慎。没有经过统计分析，其结果的正确性与有效性常常是值得怀疑的。

有关统计整理的详细内容请参阅本书第四章第二节。

4. 统计分析

统计分析是对经统计整理的数据资料进行分析研究，得出数据资料的描述分析结果与推论统计结果，并进一步得到有关犯罪与罪犯现象总体的推断结论。这是数理统计研究的最后环节，至此研究者得到统计研究的结果。

本书的描述统计与推论统计部分，较为全面地介绍了统计分析的方法。不过，介绍的这些方法，主要是单因素的统计分析方法，是统计研究与分析方法的初步知识。这一点请读者注意。同时，本书在阐述有关统计分析方法时结合了较多的例子，以便于读者更好地理解该方法。

在此还需要指出的一点是，对犯罪与罪犯现象的研究，定量分析虽然是非常重要的，但是仍然应当注意与定性分析相结合。无论是就整个犯罪学或监狱学（矫正学）的学科研究方法而言，还是就某一项犯罪学或监狱学（矫正学）的研究课题的具体分析方法而论，定量分析方法和定性分析方法，都占据着同等重要的地位。只有将两者有机地结合起来，联合使用，才能使我们对犯罪与罪犯现象的认识达到系统、全面和科学。

另外，在进行统计分析时还需要注意一些问题，如对统计分析的前提进行考察、制订统计分析方案等。具体在下一节作阐述。

由于计算机技术的发展，现在运用统计分析方法时，有了各种统计软件。在运用统计分析软件包之后，统计整理与统计分析常常是一步完成。研究人员只要把调查数据输入计算机统计软件包，对统计软件的相关功能项作选择之后，就可以非常快捷和方便地得到统计研究结果。因此，犯罪与罪犯研究工作者应当加强对统计软件包的学习、掌握。

犯罪与罪犯统计研究的上述四个环节，是相互依存、相互联系的，是一个有机的整体，任何一个环节都不可忽视。如果一个环节的工作未能做好，就会影响到整个统计研究的成果。例如，研究设计未能考虑周全，就会使统计调查以及统计整理与分析工作事倍功半甚至徒劳无功；而当统计调查有缺点，所得的调查资料出现遗漏或错误，那么统计整理与分析就变成了无效劳动。反之，如果统计整理和分析不按统计规律进行，即使有准确完善的调查资料，也不会有准确的结果。

上述四个环节，一般按照叙述的先后顺序，循序而行，但是也存在相互渗透的情况。例如，在研究设计阶段，有时需要进行初测，以检验研究设计是否完善，设计的测量工具或调查问卷是否达到一定的信度、效度，这就需要对初测后的数据进行统计分析。有时在对调查资料进行分析时，也会出现需要补充调查的情形。因此，只有按照上述四个基本环节开展数理统计研究，并且按照研究的需要对四个环节进行相互渗透式的研究过程，才能保证研究工作更加有效、科学和完美。

第二节　统计研究方法在犯罪学与监狱学研究中的地位与作用

一、犯罪与罪犯现象质与量的统一

犯罪与罪犯现象与任何其他社会现象一样，是质与量的统一。在犯罪与罪犯现象中，既包含着质的规定性，亦包含着量的规定性，它们共同构成一个完整的犯罪现象或罪犯的内在状态。因此，研究犯罪或罪犯现象“质的特征”和研究犯罪或罪犯现象“量的特征”，是相辅相成、紧密相关的两个方面。研究犯罪或罪犯现象“质的规定性”的一面，需要相应学科如犯罪学、监狱学（矫正学）来承担；而研究犯罪与罪犯现象“量的规定性”的一面，则需要犯罪与罪犯统计研究学科来承担。两者各自承担相应的研究侧面，共同为人们更深刻、更全面、更彻底地认识犯罪与罪犯现象服务。

对犯罪与罪犯现象质与量的不同范畴，通常需要不同的研究手段来概括与解释。犯罪与罪犯现象“质的规定性”，主要通过定性研究方式来概括；而犯罪与罪犯现象“量的规定性”，则主要通过定量研究方式来阐释。两种研究方式承担了各自不同的任务，形成一种基本的关系。犯罪与罪犯研究的定性分析方法，主要是指运用一系列基于逻辑学原理的思维规则、分析手段以及其他相关学科知识，对调查所得的犯罪与罪犯研究资料进行思辨、推理，以揭示犯罪与罪犯现象的本质与规律。犯罪与罪犯研究的定量分析方法，主要是指运用一系列基于概率论和数理统计原理的测量、分析和推断等手段，对调查所得的犯罪与罪犯研究资料进行统计分析，以说明犯罪与罪犯现象的数量特征、数量关系、数量规律。而在对犯罪与罪犯现象的认识过程中，不管是定性分析方法，还是定量分析方法，都占有同等重要的地位。只有将两者有机地结合起来，良好地配合使用，才能实现系统、全面、科学地认识犯罪与罪犯现象规律的目的。这就是犯罪与罪犯现象研究中定性分析方法和定量分析方法的基本关系。

犯罪与罪犯现象质与量的统一，要求人们对这一现象的认识既要有定性研究，又要有定量研究，两者不可偏废。对犯罪与罪犯现象的定性研究，常常是开展定量研究的基础。有了定性研究，即使对犯罪与罪犯现象的认识是初步的，对开展定量研究也是非常有益的。因为定量研究不能是“无米之炊”，对一个事物毫无认识，那么对它的定量研究往往无从谈起。而且，定性研究还能够促进对定量研究结果的解释，因为定量研究结果往往是一些干巴巴的数据结论，对这些数值结果需要定性研究结果来支撑与扩展。同时，对出现这样一个数值结果而没有出现另外一个数值结果的原因，亦往往需要定性研究结果的支持。定量研究结果常常只是表明犯罪与罪犯现象的数量表现是怎样的，而不能说明为什么会这样。而且，定量研究结果有时需要定性研究结果来指明方向。例如，犯罪与罪犯现象研究中非常重要的统计分析方法——相关分析，它能够分析、确定造成犯罪或罪犯现象出现的原因，可是，仅仅是采用定量研究方法的“相关分析”，它可以对任何两列或多列数据之间进行相关系数的计算，而不管它们之间有没有关系。有时两列偶然的数值之间计算的相关系数还非常大，此时如果没有定性研究的支持，仅仅凭相关分析的结果，就会把事实上没有任何关系的两个或多个事物判断为有密切相关，那样就违背了事实。但是，在犯罪与罪犯现象的研究中，定性研究亦必须向定量研究发展。因为定性研究是通过演绎和推理来实现对犯罪与罪犯现象的认识与把握。这种认识和理解往往没有坚实的事实基础，很可能与实际情况相脱节，从而存在与实际不符甚至是背离了实际的情况。定性研究与定量研究相结合，可以纠正定性研究的错误，或者是有缺陷的定性研究得到弥补与修正。同时，对一些经过初步定性研究的犯罪与罪犯现象，通过定量研究，可以实现认识的深化。因此，从定性研究开始，发展到定量研究，再进行进一步的定性研究，如此循环往复，才能最终实现对犯罪与罪犯现象的正确、全面、科学的认识。

二、犯罪与罪犯统计研究的地位和作用

（一）犯罪与罪犯统计研究的地位

1. 从研究方法体系分析，犯罪与罪犯统计研究处于具体研究方法层次

对犯罪与罪犯现象的研究，其研究方法的层次与其他社会现象的研究一样，构成研究方法体系。一般地，研究方法体系可分为三个层次：方法论、研究方式、具体方法与技术。

（1）方法论主要探讨研究的基本假设、规则、程序、原则等问题，是指导研究的一般的思想方法或哲学基础。在犯罪与罪犯现象的研究中，辩证唯物主义和历史唯物主义，应当是指导研究者开展调查研究的方法论基础。其中特别是辩证的观点、发展的观点、普遍联系的观点，是研究中需要坚持的。不过，在方法论层次，当前存在两种基本的也是相互对立的方法论倾向，这就是实证主义方法论和人文主义方法论。实证主义强调定量研究，而人文主义强调定性研究。在我国的犯罪与罪犯研究领域，实证主义还没有成为主流，定量研究还处于从属的地位。

（2）研究方式是贯穿于研究全过程的程序和操作方式，表明研究的主要手段与步骤。当犯罪与罪犯研究工作者选定了某个研究方式，那么整个研究就会以这一种方式来展开，并贯彻始终。研究方式主要有四种类型，即调查研究、实验研究、实地研究和文献研究。在前面的论述中已经指出，在犯罪与罪犯研究领域，重视实证研究的人员主要采用的研究方式为调查研究方式。有关研究方式的具体内容在本书第二章详述。

（3）具体方法与技术是在研究过程中所使用的各种资料收集

方法、资料分析方法，以及各种特定的操作程序和技术。这其中，资料分析方法主要是统计分析方法。犯罪与罪犯研究亦然，对收集到的犯罪与罪犯调查资料，应当主要采用统计分析的方法和技术。

实际上，方法论、研究方式、具体方法与技术之间是存在十分紧密的内在联系的。当研究者以实证主义的方法论指导研究工作时，常常会运用调查研究、实验研究等研究方式，并采用抽样的方法，问卷设计技术与统计分析过程来实现对犯罪与罪犯现象的研究。

2. 从定量研究与定性研究角度看，犯罪与罪犯统计研究属于定量研究范畴

在前面论述犯罪与罪犯现象质与量的统一时已经指出，犯罪与罪犯现象的研究应当坚持定性研究与定量研究相统一，两者同等重要，应当等量齐观。并且只有将两者有机地结合起来，才能达到系统、全面、科学地认识犯罪与罪犯现象的目的。而在定量研究方法中，统计研究是其中最主要的方法。在某种意义上可以这样说，定量分析方法，实际上就是统计分析方法。统计分析方法，亦即统计研究方法，应是定量研究方法的精髓。

3. 从我国当前犯罪与罪犯研究状况看，应当对统计研究给予足够的重视

由于犯罪与罪犯现象研究对象的复杂性，以及量化过程的困难，当前我国在犯罪与罪犯现象的研究中，研究人员总是较多地依赖于概念定义和逻辑推理，较少或很少使用实证研究方式，使我国的犯罪与罪犯研究成为一只“跛足的鸭子”。这一状况与西方欧美国家形成强烈反差。① 这种现状的存在，非常不利于我国犯罪学和

---

① 《比较犯罪学》（中国人民公安大学出版社 1992 年版）中有多处关于西方国家统计研究的描述，如“在美国，犯罪学者们广泛运用统计学方法、个案研究、实验方法、操作性研究和预测研究五种方法进行犯罪学的研究，其中统计学方法应用得最多最深。”“在英美国家，统计学方法在犯罪学中应用的最为广泛”等。

监狱学科的发展。造成这种现状的原因，一方面是由上面所说的犯罪与罪犯现象本身固有的特征所决定的，另一方面却与我国的犯罪与罪犯研究人员缺乏实证训练有关。统计分析、定量研究方法与逻辑思辨、定性研究方法在研究方法体系中处于同一地位，但是在犯罪与罪犯研究现状中却彼此不平等。长期以来统计分析等定量研究方法处于弱势，故而应当更加重视统计研究的运用。

（二）犯罪与罪犯统计研究的作用

1．描述——对犯罪与罪犯现状的把握

犯罪或罪犯现象作为社会秩序的对立面，国家管理机关及政法机关总是希望了解这些现象的现实状况，如它们的规模、程度、水平、特点等。对犯罪与罪犯现象现状的描述，定性研究亦可以做，但是往往会力不从心，甚至可以这么说，对犯罪与罪犯现象的现实描述采用定性研究方法，这样的研究人员有些不自量力。笔者认为，只有采用严格的定量分析方法，才能对一国或某地的犯罪与罪犯现象作出准确的描述。犯罪与罪犯统计研究就能够承担此重任。通过精心组织的统计调查、严密科学的统计分析，完全可以实现对犯罪与罪犯现象全面、准确地掌握。

通过统计方法对犯罪与罪犯现状的掌握，主要是由描述统计来完成。对犯罪与罪犯数据资料的描述统计分析，又主要是通过平均数、标准差等统计量，由这些反映犯罪与罪犯数据的集中趋势与离中趋势的度量值来完成。

例如，某项对我国华北、东北和中南地区四所监狱在押的1908名男性强奸犯的作案年龄统计调查结果（如表1-1所示）。调查者已对罪犯年龄进行了分组汇总。

表 1-1　1908 名男性强奸犯作案年龄分组统计表　　单位：岁

序号	年龄组	人犯数
1	16～17	81
2	18～25	660
3	26～35	547
4	36～55	499
5	56～60	73
6	61～70	48
合计	—	1908

（资料来源：李田夫等：《犯罪统计学》，群众出版社 1988 年版，第 424 页。）

在做统计分析之前，这些罪犯的年龄各有差异，纷繁复杂，偶然性突出。仅就个别罪犯分析，他们的作案年龄分散于各个年龄段，年龄大的有 70 岁，小的仅 16 岁，很难寻求出这些强奸犯的作案年龄的一般数量特征，即强奸犯作案的年龄状况。对此，从统计学角度说，欲掌握强奸犯的一般数量特征，要从分析其集中趋势与离中趋势来实现。

按照统计学理论，无论这些男性罪犯的作案年龄有多大的差异或偶然性，但在他们的总体中必然存在一种能够标志各差异数量情况的代表值，从而使这些罪犯的作案年龄集中趋向于一个数量标志，这就是平均数。平均数的具体计算过程参见本书第五章第一节。

计算这 1908 名强奸犯的年龄平均值为：

$$\bar{X} = \sum f_i X_i / N$$
$$= (16.5 \times 81 + 21.5 \times 660 + \cdots\cdots + 65.5 \times 48)/1908$$
$$= 32.65(\text{岁})$$

因此，这些强奸犯的作案年龄并不是趋向于高龄化，也不是简单地趋向于低龄化，而是趋向于一个代表值——32.65 岁。

同时，为了全面反映罪犯的作案年龄情况，还需要了解强奸犯作案年龄分布的离散情况。反映数据离散情况的统计量主要是标准差。标准差的具体计算过程可参见本书第五章第二节。

1908 名强奸犯作案年龄的标准差为：

$$S = \sqrt{\sum (X_i - \bar{x})^2 f / \sum f}$$
$$= \sqrt{(16.5 - 32.65)^2 \times 81 + (21.5 - 32.65)^2 \times 660 + \cdots + (65.5 - 32.65)^2 \times 48}$$
$$= 12.26(\text{岁})$$

因此，可以这样说，强奸犯作案的平均年龄为 32.65 ± 12.26 岁。

有了强奸犯作案年龄的平均数和标准差，也就掌握了强奸犯在作案年龄上的一般规律，并且可以进一步估计他们实施强奸犯罪最危险的年龄区间（统计估计在本书第七章介绍）。

2. 推论——从样本统计量到总体参数

对犯罪现象的研究，进行全面调查即普查往往是难以做到的。因为司法机关掌握的总是犯罪现象的一部分，相当部分的犯罪行为是司法部门没有发现或发现不了的（这就是所谓的“犯罪黑数”）。因此，人们对犯罪现象的研究总是只研究了部分。为了解决这个问题，可以采取的方法之一就是抽样调查。在有关监狱或罪犯的调查研究中，虽然实施普查是可能的，但是要花费大量的人力、物力、财力。而抽样方法和现代统计理论已经发展起了一整套关于从样本的数量特征推论到总体的数量特征的方法与技术。因此，完全可以对犯罪与罪犯现象中的部分个体——样本的调查统计值来推论犯罪与罪犯总体的特征值，从而实现对犯罪与罪犯总体的认识和把握。这一过程主要通过推论统计来实现。例如，运用统计估计即根据样本的统计量来估计总体的参数值。又如，抽取一定量的罪犯测量智商后就可以估计罪犯总体的智商水平。也可以通过统计检验即根据样本统计量之间差异情况的比较，来判断总体参数之间有没有差异，从而使人们能够把一事物与另一事物区别开来。例如，对一定量的犯罪青少年的文化水平与一定量的社会青少年的文化水平进行比较，就可以判断出犯罪青少年与社会青少年之间文化水平的差异情况；如果经统计检验两者有显著差异，那么犯罪青少年与社会青少年的文化水平就是有差异的，他们是两个不同的总体，从而使人们对犯罪青少年的文化水平有了更好的认识。

总之，人们可以通过抽样理论，在总体中抽取样本进行调查，然后对获得的样本数据进行统计分析；根据统计理论，就可以获得对总体参数的估计和总体特征的了解。从哲学角度讲，则是从个别到一般。这样对犯罪与罪犯现象的认识就更进了一步。

3. 判断——犯罪与罪犯现象的原因、规律与对策

在犯罪与罪犯现象的研究过程中，可以通过统计分析，寻找犯罪或罪犯现象与其他现象之间的数量关系，并据此观察、分析和判断与犯罪以及某类犯罪现象或者罪犯现象密切相关的其他现象，进而准确、科学地解释制约犯罪与罪犯现象的数量特征和规律，以及本质特征和规律的各种作用机制。统计推断特别是其中的相关分析，是进行此类定量分析的主要方法。通过相关分析，从微观角度可以分析、判断出引起个体犯罪的因素中那些有密切关系的因素，剔除那些关系较弱的因素，筛选出个体致罪因素；从宏观角度则可以用于分析、确认犯罪与罪犯现象与其他社会现象的变量之间是否存在相关以及相关的程度如何，从社会现象的整体或普遍联系中科学地搜索出与犯罪与罪犯现象的状况、结构及其动态变化紧密相关的其他社会现象，剔除与犯罪与罪犯现象的状况、结构及其动态变化无关或低度关联的因素，从而深入剖析制约、影响犯罪与罪犯现象的各种因素和作用机制，使人们对犯罪与罪犯现象的原因、规律有了更深入的认识，相关对策可以制定得更有效，从而促进预防犯罪工作的进步。

三、运用犯罪与罪犯统计研究方法注意事项

犯罪学研究的历史与现状都表明，统计方法在犯罪学研究中的

运用对于犯罪学理论的发展起着十分重要的作用。而统计方法对监狱学（矫正学）发展的作用正在逐步得到展示。然而，数理统计作为一种方法，关键还在于如何运用。运用得当，犯罪学和监狱学（矫正学）的研究可以因此而大大受益；反之，如果运用不得当，或者研究者对统计方法理解有误，犯罪学或监狱学（矫正学）也可以因此而误入歧途。所以，在运用统计研究方法时，应当遵循以下原则，并注意以下事项：

1. 明确统计分析的前提条件

即在应用统计分析前对统计分析的前提条件进行考察。由于统计分析是建立在数理统计理论基础上的，因此其应用必须满足一定的理论前提，如数据资料在总体中的分布是否满足了统计分析的要求；如果是抽样调查，抽样方法是否属于随机抽样等。同时，还要检查数据资料的信度和效度如何，数据资料收集方法是否科学等。如果数据资料的信度与效度很低，收集数据资料的方法不妥当，那么再精确的统计分析也无济于事。

2. 选择适当的统计分析方法

各种统计分析方法都有特定的假设前提、应用范围及其功能。在进行数据资料的统计分析时，必须根据研究目的和数据本身的特点选择正确、适当的统计分析方法。否则得到的统计结果，要么毫无意义，要么由于缺乏稳定性而不可信赖。

犯罪与罪犯现象的研究，其目的主要有两类：描述性研究和解释性研究。描述性研究的目的在于说明犯罪与罪犯现象的状况，因此一般可采用描述统计来作分析。解释性研究的目的在于寻找犯罪与罪犯现象之间，或者说变量之间（两变量之间、多变量之间）是否存在某种关系、关系的程度如何、关系存在的条件是什么等。此时，除了采用描述统计方法之外，还需要运用推论统计的方法，以及更为复杂的统计分析。

统计分析方法的选择还与研究资料的性质有关。这方面主要考虑以下四个内容：变量的测量层次、资料的收集方法、数据的分布形态和变量的个数。

变量的测量层次有四种，它们是：定类测量，也即分类测量，它把研究对象进行分类，如性别分男女，罪犯分为成年犯与未成年犯，犯罪类型分为财产型、暴力型、性罪错型及其他等；定序测量，也称等级测量或顺序测量，它把研究对象排列出顺序，如把犯罪人的文化程度分为文盲、小学、初中、高中、大专、大学及以上等；定距测量，亦称等距测量，它不仅能把事物区分为不同的类别与等级，而且可以确定它们之间不同等级的间隔距离和数量差别，如测量人的智力，对自然界的温度测量，对犯罪人各种能力测验分数等；定比测量，又称等比测量或比例测量，它除了具有上述三种测量的全部性质之外，还具有一个绝对的零点，可进行加减乘除运算，如犯罪人年龄、被捕前每月收入、贪污受贿的财物数量等。不同测量层次，所对应的统计分析方法也就不同，如定类测量的数据，一般常用的统计分析方法如百分比的检验、χ^2 检验等；定序测量的数据，常用等级相关作分析；而定距、定比测量的数据，可采用的统计分析就较多，t 检验、方差分析、回归分析等都可运用。因此，在作犯罪与罪犯现象的研究时，能够采用定距、定比较高层次测量的，不要采用定类、定序较低层次的测量，因为高层次的测量所包含的信息量更多，而且高层次测量的数据可以很容易转化为低层次的测量数据并进行相应的统计分析，而低层次的测量数据则不能转化为高层次的测量数据。这一点请研究者注意。

所谓资料的收集方法，是指统计调查的类型，是通过普查得到的还是通过抽样调查得到的。如果是普查所得的数据资料，那么常常使用描述统计分析的方法；如果是抽样调查所得到的数据资料，那么除了作描述统计分析之外，还必须运用推论统计的分析方法，将调查样本所得的结论推论到总体。

关于数据的分布形态，是指数据分布是正态分布还是偏态分布，是连续分布还是离散分布等。正如上面所述，要对统计分析的前提条件进行考察，因为统计分析所用的公式，都是在一些有关分布形态的假定下推演出来的。大部分统计推论的公式是假定数据分布为正态分布；对非正态分布的数据应当进行转换，以使数据转换为正态分布，或者抽取大样本进行调查，因为在大样本时数据近似于正态分布。关于这一点的具体情况，后面各章介绍具体统计分析方法时会作说明。请研究者在运用时注意各种统计分析方法的适用条件就行了。

至于变量的个数，是指研究时考察的指标是单变量还是多变量，或者说是单因素还是多因素。如果要概括研究对象的特征，可用单变量分析，如青少年犯罪人或罪犯群体的“平均年龄”，某地的“发案率”等。如果要分析犯罪与罪犯现象各因素之间的关系，犯罪现象的原因等，应采用多变量的分析方法。在本书中，主要介绍单变量或者说单因素的统计分析方法。由于犯罪与罪犯现象的复杂性，研究者更应该采用多变量的统计分析方法。希望读者在学习掌握了单因素统计分析方法之后，能够进一步去学习并注意应用多因素的统计分析方法。

3. 对统计结果作出正确的解释

对统计结果的解释，首先要实事求是，不能主观臆断地挑选那些能支持自己假设的结果而抛弃那些矛盾的结果；其次要与定性研究资料如社会、历史、文化等背景资料以及有关犯罪人的态度、动机等资料相结合；最后要参考其他分析方法所得到的结果，以共同反映和揭示调查数据资料所代表的犯罪与罪犯现象的本质的、深刻的意义和内容。

统计分析是一种定量的分析方法，但是任何具体的量都是有质的规定性的。如果不了解量的这种质的规定性以及数量关系背后的意义，对统计结果做就事论事式的说明或解释，那么很可能作出的是肤浅的、错误的甚至是荒谬的解释。因此，对于犯罪与罪犯统计研究结果的分析解释，有赖于对犯罪与罪犯现象作深入的观察和了解，同时要能够理解认识到犯罪与罪犯现象是质与量的规定性的统一，并以此作为分析与解释的思想指导。绝不能一有了数据与分析结果就轻易地、匆忙地下结论。

另外重要的一点是，在统计结果与先前所作的理论假设不相符时，研究者要对造成这种矛盾的原因进行认真深入的分析，不能放过不管。造成这个现象可能的原因是：原来的假设或理论是错误的；或者是研究过程有问题，如数据来源对象有问题、数据收集方法不当、测量工具信度与效度不高；又或者是统计分析方法选择不当或计算过程有错误，等等。在清晰了原因之后，要针对问题进行补救，然后对进一步分析之后的结果再作出说明与解释。

四、犯罪与罪犯统计研究方法应用举例

20 世纪 90 年代，国内运用统计研究方法开展犯罪与罪犯现象大型研究的案例主要有两个，一个是天津市 1990~1999 年犯罪情况的调查，另一个是关于“中国盗窃犯心理研究”。

1. 天津市 1990~1999 年犯罪情况调查

笔者以周路研究员主编的《犯罪调查十年——统计与分析》为资料，对天津市 1990~1999 年犯罪调查作一介绍。

天津市在 1990~1999 年，分别于 1990 年、1993 年、1996 年、1999 年进行了四次大型犯罪调查，并建立了“天津市犯罪调查科研数据库”。

调查研究过程是：

（1）调查指导思想：期望通过长期积累研究资料，推动犯罪问题的研究，为犯罪学的发展、为解决犯罪这一社会问题作出理论工作者应有的贡献。

（2）调查类型：采用全面调查的形式——普查法。于 1990 年、1993 年、1996 年、1999 年各进行一次全面调查。

（3）调查对象：调查当年 1 月 1 日至当年 12 月 31 日被人民法院判决有罪而被投入监狱的全部犯罪人员。四次普查的人数是：1990 年 4266 人（其中青少年罪犯 2620 名，占 61.4%）；1993 年 3859 人（其中青少年罪犯 2174 名，占 56.3%）；1996 年 4512 人

（其中青少年罪犯2175名，占48.2%）；1999年3369人（其中青少年罪犯1387名，占41.2%）；四年调查总数共计16006名（其中青少年罪犯总数共计8356名，占52.2%）。调查对象中不包括死刑犯和未进入监狱服刑的短刑犯。

（4）调查方法：问卷法。问卷中题目基本为封闭型。① 四次犯罪调查所使用的问卷，在内容上既有相同点又有不同点。相同点主要体现在研究犯罪规律所需要了解的那些最基本的内容，如罪犯性别、文化程度、职业、经济收入等个人背景条件，以及犯罪目的、罪名、时间、地点、前科等犯罪的情况；对不同时期的犯罪人员进行同样内容的调查，有利于在时间序列上进行比较研究、动态研究。四次调查的问卷内容也有不同点，不同点主要体现在每次调查的重点有所调整。

在开始实施全面调查之前，调查问卷经过反复修改，并经过试验性调查后定稿。

（5）调查步骤：第一步，确定调查地点。在天津市各监狱的入监监区即罪犯入监教育时实施。第二步，培训调查人员。每次调查编写"调查员手册"，内容包括问卷结构、变量和指标说明、调查注意事项以及技术要求等，培训时要求调查员先以接受调查的服刑人员身份自己亲自填写一遍，一方面熟悉内容，另一方面发现不明白的地方提出问题进行咨询。第三步，调查对象填写问卷。由服刑人员自己填写，对少数文化水平很低的人和聋哑人则采取调查人员直接帮助填写的方式。第四步，检查问卷填写质量。收回的每一份调查问卷都要经调查员和复核员的两度验收，特别是对容易发生填写错误的地方进行重点检查，以确保调查质量。

（6）建立数据库和进行计算机统计分析：合格的调查问卷回收后，开始进行建立数据库的工作，并据此开始计算机的统计分

① 封闭型问题，是指在问题之后给出了若干个答案，回答者根据自己的实际情况选择符合自己的一个或数个答案的问题，与开放型问题相对应。

析。首先是资料编码。编码方法是对于问卷中的选择题，编码方法一般以调查对象所选择的答案（“指标”）的标识编号为代码；对于调查问卷中的数字题，则以调查对象填写的数字直接作为编码。其次是数据录入。由操作人员直接在计算机上录入。再次是查错、改错。最后是计算机统计分析。采用“SPSS 社会统计软件包”对数据库进行定量统计分析。

已有的对天津市犯罪调查的统计分析，以单变量描述统计为主，这也与实施普查这种调查方式有关。目前的研究结果中主要报告了“绝对值”（频数）、“相对值”（百分数），集中趋势和离散趋势的各度量值，如平均数、中数、众数、标准差等。描述统计中的“相关分析”及多变量分析尚未进行。

2. 中国盗窃犯心理研究①

该研究由中国监狱学会罪犯改造心理学专业委员会发起并组织实施。具体研究过程及相关结果是：

（1）研究目的：通过调查，清晰盗窃犯的一般心理特征、盗窃犯的群体和个体心理特征以及盗窃犯心理形成的因素及其相互关系，从而科学地认识罪犯心理，掌握罪犯心理发展变化的规律，明确罪犯及罪犯心理矫治的目的和内容，为预防和打击犯罪，惩罚和改造罪犯尤其是深化“三分”工作提供依据。

（2）研究对象：盗窃犯心理。选择盗窃犯心理作为研究对象，主要原因在于盗窃犯罪和盗窃罪犯是犯罪和在押罪犯的第一大类，具有一定的代表性，以此为突破口，以点带面，从总体上研究犯罪与罪犯心理。

在我国内地 21 个省、市、自治区以及新疆生产建设兵团共抽取 98 个监狱和未成年犯管教所，按 9∶1 的比例抽取男犯与女犯、成年犯和未成年犯，共调查盗窃犯 10036 名（实际有效 9594 人），

---

① 朱济民主编：《来自监狱的报告——中国盗窃犯心理研究》，百家出版社 1999 年版。

这10036人中实施心理测验1100名（实际有效1064人）（不过《来自监狱的报告——中国盗窃犯心理研究》第282页指出实际有效为1060人——作者注），盗窃犯个案分析为100名。

（3）研究假设：第一，在社会转型的大背景下，由于社会环境、生活经历与犯罪性质的不同，犯罪人的心理过程、个性心理和心理状态也不尽相同；盗窃犯有其特定的心理特征。第二，犯罪人（盗窃罪犯）的心理特征，具体表现在犯罪心理（犯罪动机、法制观念、道德观念及其他相关的个性心理特征），改造心理（改造动机、改造态度、自我意识、群体心理、违规心理、重新犯罪心理以及变态心理等）和回归心理等具体方面。第三，犯罪人（盗窃犯罪）有着类型差异，即不同类型的盗窃犯，其犯罪心理、改造心理和回归心理具有不同的特征，心理形成和发展变化的特征及规律也不尽相同。

（4）研究方法：采用问卷调查、心理测验和个案分析相结合的综合性实证研究方法。

问卷调查与心理测验的样本采用分层随机抽样的方法抽取，个案分析的样本采用典型抽样的方法取得。

对调查问卷和心理测验所得到的数据运用“社会科学统计软件包”（SPSS）进行了计算机统计处理。主要做了描述统计分析，同时采用推论统计中的假设检验与方差分析方法对数据作分析。

（5）主要研究结果：从总体上说，盗窃罪犯犯罪心理的一般特征是，贪图享乐、明知故犯、自私自利、崇尚金钱和人格偏离。但在农村罪犯中，犯罪动机以贫困型为主；无知或冲动是这类罪犯法制观念的特征；而自私自利和崇尚金钱这类道德观念上与享乐型罪犯没有本质区别。

盗窃罪犯接受或参与改造的“功利性”、“实用性”心理十分明显，几乎体现在改造动机、改造态度、奖惩心理等各个方面。

盗窃罪犯在服刑改造期间存在较为严重的孤独感、焦虑感、身体不适感以及偏执、多疑等心理问题。这些问题与上述“功利性”

等心理形成一定的反差，表明了罪犯内心的冲突状态。

除了农村罪犯的贫困型犯罪动机居首位之外，各类年龄、不同性别和地域（城镇与农村）罪犯的心理特征与总体倾向基本一致，差别在于不同年龄、性别与地域之间的比较。

综合犯罪心理、刑罚心理和改造心理的各类要素，对这一差别作一比较，可以看到：未成年罪犯、女性罪犯和农村罪犯犯罪心理的恶性程度较低，刑罚和改造心理的正面效应较高，但不稳定性较强，较多地受到外在因素尤其是人际关系的影响；而重新违法犯罪罪犯的犯罪心理的恶性程度最高，刑罚惩罚和改造心理的正面效应较低，再犯的可能性也大。

第二章 研究设计

数理统计研究法是一种定量分析的研究方法。其研究思路的第一步是进行研究设计。研究设计做得如何，决定着整个研究工作的成败。因此，在开始实施具体研究之前，应当首先进行研究设计。

研究设计，是指对整个研究工作作出规划，制定出探索犯罪和罪犯现象的具体策略，确定研究的最佳途径，选择恰当的调查研究方法的过程。同时，还包含着制定详细的操作步骤及研究方案等方面的内容。研究设计在整个研究过程中举足轻重。因为当研究者确立了一个研究课题后，只是对整个研究工作提出了要达到的目标，有时则仅仅是努力的方向。而如何去实现这一目标，则是研究设计阶段所要完成的任务。

第一节 研究目的

研究目的一般有三种，即探索、描述和解释。研究者所做的研究，一般是这三种目的中的一个。当研究目的不同时，在研究设计的要求、研究对象和研究方法的选择，以及具体操作程序上都会有所不同。

一、探索性研究

探索性研究常常出现这样两种情形：一是所研究的问题很特殊，前人还很少有人涉及；二是犯罪学家或监狱学（矫正学）研究工作者对所要研究的犯罪问题或监狱现象还不太熟悉，了解很少。例如，生理问题与老年犯罪之间的关系研究，神经生理干预措施对罪犯的影响效应等。这些问题或者比较特殊，或者国内研究很少，需要进行一些探索性的研究，才能作更深入的研究分析。因此，探索性研究是一种对所研究的现象或问题进行初步了解，以获得初步的印象和感性认识，同时为今后更周密、更深入的研究提供基础和方向的研究类型。

探索性研究的目的，不是去形成精确的结论、完整的理论或对总体的全面的认识，只是对研究对象的一般性考察和初步了解。一般在大型研究之前，应当进行一次或数次探索性调查，以形成关于犯罪或罪犯现象的初始假设，尝试研究的方法，判定进一步研究的可能性和可行性。

二、描述性研究

当人们对总体或现象的特征和规律进行全面把握和认识时，需要进行描述性研究。例如，犯罪现象在一定历史时期的分布规律与特征，全国或某省犯罪现象的特征描述，各类型犯罪的增减情况，或者某一类罪犯的生理、心理特征等课题，都可以进行描述性研究。描述性研究一般不关心为什么的问题，而是关注于其特征或规律是怎样的。换言之，描述性研究的主要目的是收集资料，发现情况，提供信息，特别是从杂乱的现象中，描述出主要的规律和特征。

描述性研究与探索性研究所用的方法有较大差异。描述性研究通常采用严格的随机抽样方法（详见本书第三章）来选择研究对象，并且研究样本的规模比探索性研究要大得多。随机抽样所得样本的信息资料要进行统计处理，得出以数量形式为主的各种结果，并将这些结果和结论推论到总体。或者说，要用来自样本的资料和数据去描绘总体的面貌。这也正是本书着力介绍的。

总而言之，描述性研究在对犯罪与罪犯现象的认识上，比探索性研究大大前进了。研究者可以获得对犯罪或罪犯现象的总体的认识。不过，对描述性研究的有关论述或见解，不应与本书中的“描述统计”画等号，描述性研究一般总是要用到推论统计的知识与技术。

三、解释性研究

解释性研究，是指那种探寻犯罪或罪犯现象背后的原因，揭示这些现象发生或变化的内在规律，回答各种“为什么”的研究类型。例如，青少年犯罪问题，研究者除了想知道当前青少年犯罪的现状之外，通常还希望知道造成青少年犯罪的原因，以及为什么青少年犯罪在全国或世界范围内会越来越多，越来越严重。这一现象的背后有没有什么规律可循等。这些研究课题，就属于解释性研究的范围。

由于解释性研究的目标是回答“为什么”，是解释原因，说明关系，因而它的理论色彩往往更浓。解释性研究通常从理论假设出发，先有一个或数个理论假设，然后通过深入的实地调查，收集资料与数据，进而对资料进行整理分析，并用所得结果来检验假设，最后实现对犯罪或罪犯现象的理论解释。因此，解释性研究的研究方案设计更严谨，对研究过程的控制更严，研究设计的要求也更高。一般地，解释性研究不大可能通过单因素的统计分析来实现，往往需要进行双变量和多变量的统计分析。但本书对多变量的统计分析方法介绍不多。请有兴趣的读者参阅相关书籍。

需要说明的是，对研究目的的上述划分不是绝对的，而是相对的，而且一项具体的研究，往往表现为侧重于某一种目的，同时会兼顾其他两方面的目的。在犯罪与罪犯研究领域，大多数研究往往是描述与解释两方面兼而有之，单对某个研究而言，只是在描述与解释二者的侧重点有所不同而已。

下面以列表形式对三种不同目的研究类型的特征作总结。①

表 2-1　三种不同目的的研究类型的特征

	探索性研究	描述性研究	解释性研究
对象规模	小样本	大样本	中样本
抽样方法	非随机抽样	简单随机、按比例分层	不按比例分层
研究方式	观察、无结构访谈	问卷调查、结构式访谈	调查、实验等
分析方法	主观的、定性的	定量的、描述统计等	相关与因果分析
主要目的	形成概念和初步印象	描述总体状况和分布特征	变量关系和理论检验
基本特征	设计简单、形式自由	内容广泛、规模很大	设计复杂、理论性强

第二节　研究性质

研究的性质，是指理论性研究与应用性研究两大类，又可称为基础研究与应用研究。前者是运用研究来发展知识，后者则是运用研究来解决实际问题。犯罪与罪犯领域的基础研究，主要是揭示犯罪与罪犯现象的特征与规律，探求犯罪的原因与本质等，以增加对犯罪与罪犯现象的认识。基础研究服务于应用研究。应用研究则主要是为预防和减少犯罪，矫正罪犯，减少重新犯罪等方面的内容。

一、理论性研究（基础研究）

理论性研究指的是那些侧重于发展犯罪与罪犯领域的基本知识，特别是侧重于建立或检验各种理论假设的研究。这类研究力图理解和解释犯罪与罪犯领域的事物是如何发生、发展与变化的，犯罪与社会各方面又是如何相互作用、相互联系的。它致力于探索犯

① 风笑天著：《社会学研究方法》，中国人民大学出版社 2001 年版，第 70 页。

罪与罪犯各现象间的因果关系，以建立起犯罪现象与社会其他现象之间的结构关系，从而加深对犯罪现象的内在规律的认识。

目前，我国对犯罪与罪犯领域的基础性研究仍然较为薄弱，对我国犯罪根本规律的认识与理论探讨仍显不够深入，研究方法亦有加强探索的必要。犯罪与罪犯领域的基础性研究工作，尚满足不了现实发展的需要。

二、应用性研究

应用性研究则是指那些侧重于解决现实社会的犯罪问题，提供有针对性的治理犯罪与矫正罪犯的对策方面的研究，如犯罪预防对策研究、犯罪治理政策研究、对罪犯不同矫正方案的效果比较研究，等等。这类研究在当前我国犯罪与罪犯领域中是大量的，其研究的人员数量与研究成果要多于基础研究。但是，从目前我国社会对该领域的要求相比，却还是有相当大的差距，是仍然需要大力加强的一类研究。

在犯罪与罪犯研究领域，基础性研究与应用性研究往往不能截然分开。在开展基础性研究的同时，应用性研究常常需要联合进行，这是由该研究领域的特征所决定的。犯罪与罪犯现象的研究是一个实践性、应用性很强的领域，研究的资料来源于现实生活，研究的结论应当服务于现实生活；对犯罪问题的研究，仅仅限于去构建犯罪现象的知识体系，不开展针对性的对策探讨，研究者只是完成了任务的一半，常常不是一个完整的研究。

第三节 研究方式

在犯罪与罪犯研究领域，研究者可以选择的研究方式主要有四种：一是调查研究；二是实验研究；三是文献研究；四是实地研究。每种研究方式有其自身的特征与适用的方面，研究者应当根据研究现象的性质、研究对象的规模、研究的目标、研究资料的可及性及研究者自身的特点等方面来选择具体的研究方式。同时，同一个研究课题，研究者亦可以采用不同的研究方式进行研究。

一、调查研究

调查研究的方式，是指采用自填式问卷或结构式访谈[①]的方法，系统地、直接地从一个来自总体的样本身上收集量化资料（数据），并通过对这些资料的统计分析来认识犯罪与罪犯现象及其规律的研究方式。这是犯罪与罪犯研究工作中最常用的研究方式。

调查研究方式的主要特征有：研究内容广泛，获取资料及时，描述全面、概括，研究结果可以在实际工作中得到较好应用。

调查研究方式中主要的资料收集方法是采用直接或间接询问（如填写问卷等）的方式；而抽样、问卷、统计分析则是构成调查研究方式的三个基本元素，也是从事调查研究的三个关键环节。有关抽样的知识，请参阅本书第三章；对资料的统计分析，则正是本书着力介绍的。在此主要对如何设计问卷作介绍。

问卷主要有自填问卷和访谈问卷两种。自填问卷是由被调查者本人填答的问卷；访谈问卷则是由访问员根据被调查者的回答填写的问卷。自填问卷直接面对被调查者，而访谈问卷则直接面对访问员。由于有这种差异，使得两种问卷在具体的形式、设计的方法和要求等方面都存在一定的区别。适用于某种调查形式的问卷往往不一定适用于另一种调查形式。犯罪与罪犯研究工作者须对此加以注意。

自填式问卷又可分为邮寄问卷和现场答卷。邮寄问卷通过邮局寄给被调查者，被调查者完成问卷后又通过邮局寄回。现场答卷则由调查者或相关人员组织被调查者在一定的场所进行问卷填答，被调查者完成答卷后当场收回。在犯罪与罪犯研究情形中，现场答卷

① 结构式访谈又称标准化访谈，是一种对访谈过程高度控制的访问，要求访谈对象按照统一标准和方法选取，对所有被访谈者提出相同的问题，提问次序及记录方式完全统一，通常采用事先设计的有结构的问卷作访问。

的形式可以更多采用。

问卷通常由指导语、问题与答案等部分组成。指导语，是指用来指导被调查者如何正确填答问卷的陈述。例如，“艾森克人格问卷”的指导语——请回答下列问题，回答“是”时，就在“是”上打“√”；回答“否”时，就在“否”上打“√”。请不要在每道题目上太多思索。回答时不考虑应该怎样，只回答你平时是怎样的。这是直接用来指导被调查者对某一类问题的回答方法与注意事项的。而在一份自填式问卷中，开头部分还可以简要写上本次调查的目的与感谢参与调查等内容的话语。对被调查者的背景信息（如性别、年龄、职业、文化程度、刑期、案由等内容），可以放在开始部分，也可以放于问卷的最后。问题与答案是问卷的主体，是问卷设计的主要内容。从形式上看，问题可分为开放式与封闭式两大类。开放式问题是那种只提出问题不提供具体答案，回答者可自由填答的问题。而封闭式问题则是在问题之后还给出了若干个答案，回答者根据自己的实际情况选择最符合自己的一个答案或符合自己情况的若干个答案。一般地，在研究的预阶段或探索性研究中，较多运用开放式问题；在正式调查中，或在描述性研究与解释性研究中，以封闭式问题为主。

问卷中的问题的形式有这样几种：

（1）填空式。一般用于了解被调查者有关人口统计学方面的情况。

例1：你的出生年月：________年________月。

例2：你初次犯罪的年龄是几岁？________周岁。

（2）是否式。以是、否或者正、误对问题作出回答。

例3：如果有把握永远不会被别人发现，你会逃税吗？是　否

例4：你曾有过把他人的东西据为己有的情况吗？是　否

（3）多项选择式。在数个备选答案中选择最符合自己的一项。这是各种调查问卷中采用的最多的一种问题形式。

例5：你（指罪犯）被捕前的工作情况是（　）

①有固定工作；②有临时工作；③无工作

例6：你（指罪犯）被捕前有多少关系密切、可以得到支持和帮助的朋友？________（只选一项）

①一个也没有；②1~2个；③3~5个；④6个或6个以上

例7：你（指罪犯）认为监狱教育改造工作对服刑人员思想的针对性是：（　　）

①很强；②比较强；③不那么强；④缺乏针对性

（4）矩阵式。一种将同一类的若干个问题集中在一起，构成一个问题的表达方式。

例8：以下列出了有些人可能会有的问题，请仔细阅读每一条，然后根据你最近一星期内的情况，就下列问题影响你或使你感到苦恼的程度，在方格内选择最合适的一格，画一个钩，如"√"。

	从无	轻度	中度	偏重	严重
①头痛	□	□	□	□	□
②头昏或昏倒	□	□	□	□	□
③胸痛	□	□	□	□	□

（5）表格式。它其实是矩阵式的一种变体，其形式与矩阵式十分相似。

例9：从家庭成员得到的支持和照顾（在合适的框内画"√"）

	无	极少	一般	全力支持
夫妻（或恋人）				
父母				
儿女				
兄弟姐妹				
其他成员（如嫂子）				

在一份问卷中，并非所有问题一定要以一种形式贯穿到底，可以采用多种问题形式来构成一份问卷，但在由多个方面的调查内容所构成的一份问卷中，某一方面的问题一般要求以一种形式来表达。例如，一份问卷由犯罪类型与犯罪原因两部分内容组成，那么有关犯罪类型的问题一般要求用一种问题的形式，如多项选择式，犯罪原因则可以用同一种或另一种问题形式，如是否式，一般不能在同是调查有关犯罪类型的问题时既用多项选择式，又用是否式，但也不是绝对不能用。

问卷中问题的数量与排列是有讲究的。研究表明，问卷中题目（项目）的数量一般不要超过 60~70 个，过多影响问卷的效果。这样一个题目量，使回答者在 20 分钟内能够完成，一般不会超过 30 分钟。题目编排时，要注意以下几点：一是把简单易答的问题放在前面，把复杂难答的问题放在后面；二是把被调查者熟悉的问题放在前面，把他们感到生疏的问题放在后面；三是一般先问行为方面的问题，再问态度、意见、看法方面的问题；四是把能引起被调查者兴趣的问题放在前面，把容易引起他们紧张或产生顾虑的问题放在后面；五是若有开放式问题，则应该放在问卷的最后。

问卷设计的一般步骤主要包括以下几点：（1）根据研究目的与假设，收集所需资料；（2）确定问卷形式，可以从研究者的时间、研究范围、对象、分析方法和解释方法等方面考虑；（3）列出标题和各部分题目；（4）征求意见，修订题目；（5）试测，选择 30~200 人的初测样本进行试测；（6）根据试测结果对每个题目作分析，并重新修订题目；（7）正式实施问卷调查。

二、实验研究

实验是一种在高度控制的条件下，通过操纵某些因素来研究变量之间因果关系的方法。在实验过程中，研究者通过引入、控制或操纵某个变量，同时观察另一个变量所发生的变化，以此来探讨不同现象之间的因果关系。

实验研究方式的本质特征在于对研究的控制。实验的场景、对象、操作程序、测量方法等，都需要进行控制。这与调查研究大不相同。

实验组与对照组、自变量与因变量、前测与后测，是构成实验研究的三组基本元素。但是，各种政治的、伦理的、道德的和法律的限制，往往使实验研究难以在犯罪与罪犯研究中得到广泛的应用。虽然严格的实验研究方式，特别是实验室实验，在犯罪与罪犯研究领域难以施展，但还是可以进行一定的尝试，如为了测量路灯同犯罪的关系程度，可以在城市的某些街道有意识地做开、关路灯试验，来观察路灯开、关的不同情况下犯罪发生的件数与规律，为制定适当的治安措施服务。又如，为了研究监狱警察的评价（表扬或批评）对罪犯改造态度的影响，就可以采用实验研究的方式进行。选择一批罪犯作为被试，随机地把他们分到三种不同评价性质的实验小组中，对于A组罪犯总是予以表扬，不管他们实际工作结果如何，即表扬组；对于B组罪犯则总是批评，也不考虑他们工作的实际效果，即批评组；C组为控制组，对于该组罪犯既不表扬也不批评，采取一种忽视的态度。这样经过一段时间之后来对比三组罪犯改造态度是否有差异，如果有，就可以认为是由不同评价造成的。不过，对实验研究方式，犯罪与罪犯领域的研究者，主要是学习其中做研究的思路，学习掌握实验设计的内在规律与要求，并且主要掌握现场实验（自然实验）的设计要领。

实验研究的基本思路如下：

如果根据某种理论得到两个变量之间存在因果联系的假设，或者根据经验事实和主观判断，推测现象X是造成现象Y的原因，即X ⟶Y。为了证明这一假设，则首先观察Y的变化情况，即先测量在没有受到X的影响之前，Y的情况如何，然后，通过操作某些条件，引入被看做自变量和原因的实验刺激，即引入X，接着再对引入X以后Y的情况进行测量，并比较前后两次测量的结果。如果前后两次的情况发生变化，则可以初步认为X是导致Y变化的原因，即有 X ——→Y。这就是实验研究最基本的分析逻辑（如图 2-1 所示）。

图 2-1　实验研究基本思路

就上述实验研究思路举一例如下。

例如，某监狱矫正工作者先对一组罪犯的态度倾向作测量（测量因变量 Y），然后，对这些罪犯进行态度转变的教育矫正活动（X），完成该项教育活动后，再次测量该组罪犯态度情况（再测量因变量 Y）。比较两次测量结果，如果有变化，那么可以认为对罪犯态度的教育矫正产生了效果，所实施的教育矫正活动转变了这些罪犯的态度。这应当是目前我国监狱开展循证矫正研究活动的一个基本思路。

然而，犯罪与罪犯现象与其他社会现象一样是复杂的，彼此间相互联系、相互作用，常常并非是单一维度或单一因素的联系与作用。例如，上述例子中，罪犯态度的转变也许不是教育活动的结果，而是其他偶然因素的作用，如这些罪犯即将刑满释放，态度正处于剧烈变化之中。不过，上述实验研究的思路，则是最基本、最简化的情形，是理解更复杂的实验研究设计方式的基础。

为了控制无关变量（偶然因素）对实验研究结果与过程的影响，实验研究时需要进行多方面的控制。可以采取的措施之一是设立控制组，即与实验组相对等的一组被试，他们与实验组一样接受前测与后测，但不接受实验刺激。这样，在实验组产生的变化之中，减去控制组的变化，即实验的效果，如上述例子中，可以再设立一组罪犯（控制组），同时作态度的前后测量，那么实验组的态度变化减去这组罪犯的态度变化，才是罪犯态度教育矫正的真正效果。

在定义控制组时，用了“与实验组对等的一组被试”的词语。这也是控制无关变量影响的措施之一。为了保证实验组与控制组被试“相等”，可以采取随机化和匹配两种方法来选择被试。实验对象（被试）的随机化，可以采用随机抽样的方法。这一点非常重要。大多统计分析方法的前提之一就是保证实验对象是随机选取的。而匹配的方法，则是依据一定的标准或特征，找到两个完全相同或几乎完全相同的实验对象进行配对，将其中的一个对象分到实验组，将另一个对象分到控制组的方法。在实际上，完全相同的对象是不存在的，要求实验组与控制组中的研究对象相同，是指可能影响实验效果的被试特征两组要相同或基本相同。

在实验研究中，设立了实验组与控制组，对两组实验对象都作前测与后测，对实验组实施实验刺激，而对控制组不实施实验刺激。这种实验设计就是经典的实验设计（如图 2-2 所示）。

实验组：前测 1	……	实验刺激	……后测 1
控制组：前测 2	……	……	……后测 2

图 2-2　经典实验设计模型

在上述经典实验设计中，对实验组和控制组都作了前测，而这个前测是有可能影响实验效果的。为此，可以设立两个控制组，“控制组 1”实施前测，“控制组 2”不实施前测（如图 2-3 所示）。

实验组：前测 1	……	实验刺激	……后测 1
控制组 1：前测 2	……	……	……后测 2
控制组 2：		实验刺激	……后测 3

图 2-3　所罗门三组设计模型

在这样的实验设计中，就可以鉴别出前测的影响效应，而且还可以检测出前测与实验刺激的“交互作用”，即前测与实验刺激一起的共同作用。为了排除更多无关因素的影响作用，还可以采用更为复杂的实验设计。有兴趣的读者可以进一步参阅有关实验设计的书籍。

在犯罪与罪犯研究领域，上述实验研究设计模型对我们开展研究工作有其指导意义。然而，在这一研究领域，往往存在这样的情形，首先，在许多情况下研究者不能随意选择研究对象，如研究者一般只能选择犯罪者作为实验组，选择一些没有违法犯罪的人作为对照组（控制组），因为犯罪者才是研究者关注的对象；其次，即使确定了犯罪者作为研究对象，但是却常常不能随机选择被试，如在一般情况下，某省某监狱的罪犯只能在该省该监狱服刑，不能为了实验研究的需要，把一省的罪犯调到另一省去，甚至不能把某监狱的罪犯调到另一监狱去，这样有时就不能实现实验组与控制组被试的匹配。因此，在犯罪与罪犯研究领域，准实验设计和非实验设计应当予以积极关注。准实验设计、非实验设计的思路与实验设计的思路是类似的，不过，在准实验设计与非实验设计中，研究者可以做得更简单，有时仅对实验组与对照组实施后测就行了。例如，非实验组设计中的“固定组比较设计”，即利用在研究之前已经形成的两个原有整组，仅对其中一组给予实验处理，然后对两组进行后测比较的一种研究设计（如图 2-4 所示）。

实验组：实验刺激…………………………后测 1

………………………………………………………………………………

控制组：………………………………………后测 2

图 2-4　固定组比较设计

图中实验组与控制组之间用虚线隔开，表示这两组不是随机等组，即两组被试不是由研究者按随机化原则选取与分配的，他们是诸如原监狱、原监区、原分监区，或原班级、原车间等整组。图中实验刺激作为自变量 X，“后测 1”作为因变量 Y，“后测 2”表示控制组在未经实验刺激处理的条件下，与实验组接受同样后测的成绩。两组均无前测。这种固定组比较设计，在犯罪与罪犯研究中也可以采用。

三、文献研究

文献研究是一种通过收集和分析现存的，以文字、数字、符号、画面等信息形式出现的文献资料，来探讨和分析犯罪与罪犯现象的研究方式。它是一种与其他几种研究方式在策略、思路、材料等方面差异较大的研究方式。

文献研究的最大特征是不直接接触研究对象。它主要是利用第二手资料进行研究，具有明显的间接性、无干扰性和无反应性。

根据文献研究的具体方法和所用文献类型的不同，可以把它划分为内容分析、二次分析和现存统计资料分析三种。内容分析是一种对文献内容进行客观、系统和定量描述的研究技术。二次分析，是直接利用其他研究者为其他目的所收集的原始数据资料进行的新的研究。二次分析中的元分析技术，则是利用其他研究者的研究结果作进一步深入分析的研究技术。现存统计资料分析，是对各种官方统计资料进行的分析研究。

在犯罪与罪犯研究领域，各种文献资料是较为丰富的，各级各类的统计资料也很多，文献研究是大有用武之地的。只是由于涉及资料的保密性等问题，一般的研究者在资料的可及性上会遇到一些困难。

四、实地研究

实地研究是一种深入研究现象的生活背景中，以参与观察和非结构访谈的方式收集资料，并通过对这些资料的定性分析来理解和解释犯罪与罪犯现象的研究方式。

实地研究是一种定性的研究方式，其基本特征是深入所研究对象的生活环境中，如打入犯罪团伙或装扮成罪犯，成为他们的一员，与他们共同生活一段相当长的时间，通过参与观察和询问，去感受、感悟研究对象的行为方式及其在这些行为方式背后的含义，实现对研究对象更深入的认识与了解。

实地研究的形式主要有参与观察和个案研究。参与观察就是研究者深入所研究对象的生活背景中，在实际参与研究对象日常社会生活的过程中所进行的观察。我国著名社会学家、犯罪学家严景耀先生所作的《中国犯罪问题研究》就是一个典型的参与观察的案例。另外，如研究者把自己装扮成一个罪犯，在监狱里与罪犯同吃、同睡、同劳动、同学习等，在与罪犯的共同生活过程中，观察罪犯的一言一行，与罪犯进行交谈与思想交流，了解掌握罪犯的行为方式和思想特征，以及罪犯的行为与思想在监狱环境中的发展变化，并从中建构起关于罪犯的有关理论。由于犯罪与罪犯现象的特殊性，参与观察的研究方法有一定危险性，研究者应当注意对自己的保护。个案研究是对一个人、一件事、一个社会集团等所进行的深入全面的研究。个案研究由于对个案的了解全面深入，因此能够获得丰富、生动、具体、详细的资料，能够较好地反映出事物或事件发生、发展及变化的过程。在犯罪与罪犯研究领域，个案研究是非常需要的，也是需要大力加强的。然而，对犯罪者的个案研究较不容易，因为研究者常常不知道谁是犯罪者，此时个案研究应与文献研究相结合。对罪犯的个案研究则是可以实现的，研究者完全可以从罪犯一入监开始进行非常仔细的观察研究，从而获得丰富的个案资料，开展富有成效的个案研究。

第四节　研究的时间维度

按照研究的时间维度，可以把研究设计分为横向研究和纵向研究。当研究者确定了一个研究课题，就要围绕研究的目标，确定是开展横向研究，还是纵向研究。

一、横向研究

横向研究，是指在一个时间点上收集研究资料，并用以描述研究对象在这一点上的状况，或者探讨这一时间点上不同变量之间关系的研究方法。全国人口普查，可以说是横向研究最典型的例子。需要说明的是，定义中所说的“一个时间点”，并非一定是指一天，或某时某刻，而是相对比较短的一段（连续的）时间，可能是一天，也可能是一个星期、一个月甚至三个月等。

与纵向研究相比，横向研究是社会研究以及犯罪与罪犯研究领域更常见的一种研究形式。各种探索性研究和描述性研究，基本上是采用横向研究的形式进行的。当然，一些解释性研究也同样可以采用横向研究方式。

横向研究的主要目标是对犯罪与罪犯现象或犯罪与罪犯总体的特征的横截面进行了解，亦可以用来分析比较犯罪与罪犯现象的总体中某一部分或不同部分的特点及其相互关系。例如，要了解当前罪犯的心理健康状况，可以通过随机抽样的方法抽取一定量的被试，然后在同一时间点对这些罪犯实施心理健康测查，根据测查结果去推论罪犯总体的心理健康状况。

从我国目前的犯罪与罪犯领域的研究现状看，大多数的研究采用了横向研究的形式。这在一定程度上限制了我国犯罪与罪犯研究工作向纵深发展。

二、纵向研究

纵向研究，是指在若干个不同的时间点上收集资料，用以描述现象的发展变化，以及解释不同现象前后之间联系的研究方法。纵向研究主要有三种不同的类型。

1. 趋势研究

趋势研究，是指对一个或数个总体随时间推移而发生的变化的研究。例如，我国通过在 1953 年、1964 年、1982 年、1990 年四次人口普查结果，得出我国人口发展变化的趋势和规律，就是趋势研究的一个非常典型的例子。

趋势研究的目的是通过对一个或数个总体在不同时期的态度、行为或状况进行比较，以揭示和发现总体（某一社会现象）的变化趋势和规律。因此，为了实现此目标，对该总体前后数次的研究必须是相同的研究内容，同样的测量方法。如果前后研究的问题不同，就无法进行比较了。

例如，在犯罪与罪犯研究领域，研究者可以根据数年的犯罪资料，通过统计分析（如回归分析）找到变化的规律，得出犯罪发展的趋势，并可以用之预测将来的犯罪发展趋向。这样的研究是很有价值的。

2. 同期群研究

同期群研究，是指对某一特殊人群随时间推移而发生变化的研究。在同期群研究中，每次研究的样本并不相同，但各样本都必须属于这一特殊人群。例如，以 1966 年“文化大革命”开始时的高中学生为一特殊人群，分别在 1986 年、1996 年调查他们中的某些人的犯罪情况，以反映“文化大革命”初期高中生在今后的人生过程中越规行为发展变化状况。

3. 跟踪研究

跟踪研究又称为同组研究，是指对同一组人随时间推移而发生变化的研究。跟踪研究与同期群研究的区别，在于每次跟踪研究时，所用的都是同一个样本，即第一次研究是这些人，以后各次研究都还是这些被试，无论这些人分散在哪里，都要一一找到进行研究。

跟踪研究的主要目的是探讨人们的行为、态度或意向的改变模式和变化过程，深入分析影响这种改变的各种因素。由于跟踪研究每次使用同一个样本，但被研究者随时间推移所发生的各种变化往往是难以预料的，因而，进行跟踪研究时最大的困难在于第二次、第三次等随后的研究中，无法找全首次研究样本中的全部被研究者。越是后来的研究，找全样本越难。这样，就会使得不同时期的比较难以进行。

试举跟踪研究一例如下。

对一组刑满释放人员，在刑满释放前进行态度、思想等方面的调查，在监狱的行为表现作观察记录并建立档案，从中得出关于他们在监狱服刑表现的综合评价。在刑满释放后一年、二年、三年、四年、五年，甚至更长时间，每年的一定时间调查其现状及表现，是表现好、表现一般、违规违纪、轻微犯罪，还是重新犯罪，其人数比例如何，影响重新犯罪那部分人的原因怎样，从而获得刑满释放人员的行为思想发展规律，以及他们重新犯罪的原因与规律，为预防犯罪服务。

应当指出，纵向研究与横向研究相比，在描述事物变化的过程，探寻不同现象相互之间的因果关系，对社会现象认识的深刻度等方面要优越得多。但是，纵向研究的这种优越性是以比横向研究多得多的时间和金钱作为代价的。纵向研究有时一个研究也许需要数年甚至数十年时间才能出成果，需要研究者对科学研究的奉献与牺牲精神，以及对研究工作的孜孜追求。这些可能都是导致纵向研究较少被研究者采用的一个重要原因。

第五节　研究设计与数理统计的关系

研究设计的关键是研究方式的选择，研究设计的灵魂体现于研究方式之中。研究设计与数理统计的关系，可以从研究方式与数理统计的关系上去认识。在研究方式与数理统计的关系方面，存在包含关系与从属关系两种情况。

一、研究设计与数理统计的包含关系

数理统计作为一种研究思路，它是研究方式的一部分，研究方式的任何一种类型都离不开或者需要运用数理统计，因此数理统计

是构成研究方式的不可或缺的一个部分。

在调查研究方式中，抽样、问卷与统计分析，构成这一研究方式的三个基本元素。数理统计构成了调查研究的重要部分，是调查研究的应有之义。换句话说，当研究者从事调查研究时，必须考虑到对调查结果的处理方式——数理统计。只有在开始调查研究之前，对调查结果的处理方式考虑周全了，才能使研究工作最后取得成效。如果研究者在从事调查研究之前没有考虑到对调查结果的处理方式，对调查结果如何适用数理统计没有给予应有的重视与思考，那么很可能在完成了对研究对象的资料收集后，对这些资料的处理就会束手无策，收集的资料会成为一堆无用的废物，调查工作就会无功而返。这是一些初学者或初次从事调查研究工作的人员容易犯的主要错误之一。

在实验研究方式中，实验组与对照组、自变量与因变量、前测与后测，是构成这一研究方式的三组基本元素。对实验组与对照组前后测的结果，即对自变量与因变量的前后测数据，需要进行数理统计分析。通过统计分析，建立自变量与因变量之间的关系，从而实现实验研究的终极目标。对实验研究产生的数组数据，不进行统计分析，是不能够明确自变量与因变量之间关系的。因此，实验研究没有数理统计是不可能的事件。在进行实验研究之前、之中、之后，都需要考虑数理统计的要求，或者是直接运用数理统计方法解决实验研究中的问题，处理实验过程中产生的数据。实验研究、数理统计，两者密不可分。

在文献研究方式中，不管是内容分析，还是二次分析或现存统计资料分析，都需要进行定量分析。定量分析的方法，也就是数理统计的过程。内容分析，可以采用定量分析；而二次分析是对原始数据的再分析；现存统计资料分析则是对统计数据进行的分析。这些研究方式，离不开数理统计过程。当研究者需要运用文献研究方式时，特别是在运用二次分析和现存统计资料分析的研究方法时，必须考虑文献资料与统计分析方法之间的匹配关系，即必须对文献资料了解准确，对各种统计分析方法理解深刻。亦即在做文献研究时，对所获资料如何进行统计分析的思考，应当成为研究设计的必要部分，应当是整个研究工作的组成部分。因此，数理统计包含于文献研究方式之中。

实地研究方式，虽然是一种定性的社会研究方式，但是实地研究的某些方法却需要数理统计的配合。实地研究有参与观察与个案研究两种主要的形式。其中的参与观察法，观察所获得的资料常常需要进行统计分析，特别是结构式观察，由于是按照一定的程序、采用明确的观察提纲或观察记录表格对研究对象或现象所进行的观察，因而其结果可以用来进行定量分析。因此，在结构式观察中，在拟定观察提纲，设计观察记录表格时，应当考虑如何有利于进行数理统计，也即在作结构式观察的研究设计时，就应当考虑到观察结果取得之后，可以采用何种统计分析方法作结果分析，亦即研究设计时应按照有利于统计分析的思维来设计观察的记录表格。

二、研究设计与数理统计的从属关系

研究设计与数理统计的从属关系的意思是，研究方式作为犯罪与罪犯现象研究方法体系的第二层次，而数理统计是属于研究方法体系的第三层次——研究的具体方法和技术，它从属于研究的基本方式（如图 2-5 所示）。从这一层面理解的数理统计，是指由各种具体的统计分析方法构成的数理统计分析方法的集合体。

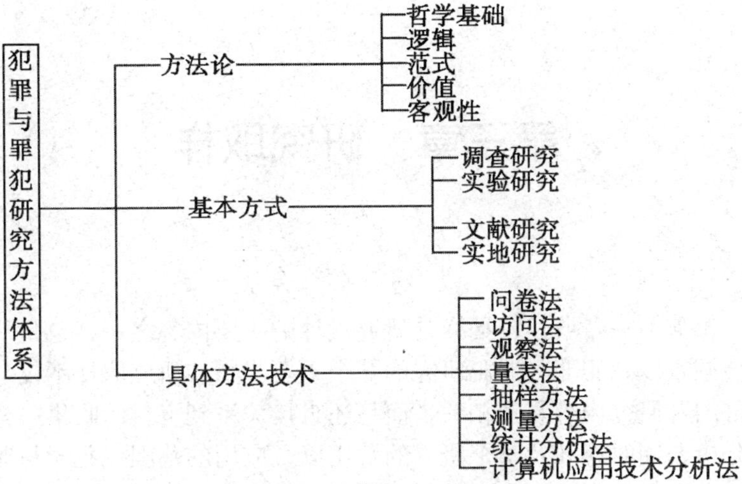

图 2-5 犯罪与罪犯研究方法体系

研究方式与数理统计的从属关系表明，数理统计作为一种处理数据的工具，是从事犯罪与罪犯现象研究的工作人员应当掌握的一种重要技术。要开展犯罪与罪犯领域的研究工作，就应当掌握研究的具体方法与技术。只有这样，才能使研究走向深入和科学。

第三章　研究取样

正如前一章所述，抽样是研究设计的主要内容之一，也是从事社会调查以及犯罪与罪犯研究的一个重要步骤。研究取样不仅与研究目的及研究内容紧密相关，而且还直接关系到资料的收集、整理与分析，同时还涉及整个研究的费用以及应用的范围。犯罪与罪犯的研究亦如此。因为对犯罪预防与侦查工作水平的提高，刑事政策的制定，罪犯矫正工作的实施等，都离不开对我国犯罪原因及其规律、罪犯状况及其特征等方面的了解。要做到这些，靠个案调查、典型调查往往是不够的，而实施犯罪情况的普查有时亦不可能，必须采用抽样调查的方法才能奏效。

第一节　抽样与抽样调查

一、抽样

通常，犯罪与罪犯研究的总体是由千差万别的个体所组成的。如果能对总体作全面的、普遍的调查，即将研究对象的整体无一例外地全部作为调查对象，其所得结果应该说是最有普遍意义、最能反映总体特征的。但是在很多情况下，实施这种整体调查是非常困难的，研究者通常只能通过抽样过程来解决这个困难，因此常常代之以抽样调查。

抽样是一种选择调查对象的方法，也就是从犯罪与罪犯总体中选择一部分个体以备研究者从中搜集研究所需要的资料的过程。这一选择过程，研究者可以根据自己的主观判断来实现，一般称之为非随机抽样，也可以根据概率理论采取随机的原则来选择，这一般称之为概率抽样。通常，本书所说的抽样都是指概率抽样。

为了实现对犯罪与罪犯研究工作的科学化，使研究工作更有成效，更好地为我国的犯罪预防与惩治工作服务，必须提高研究工作的科学性。为此，要采用科学的研究设计，实施准确的研究取样（抽样），并对研究结果作正确的统计分析。只有这样，才能提高犯罪与罪犯研究工作的水平。

二、抽样调查

所谓抽样调查，就是从犯罪与罪犯研究对象的整体中选出一部分代表加以调查研究，然后用所得的结果去推论和说明犯罪与罪犯总体特性的方法与过程。要获得有价值的资料并由此得出可靠的结论，这中间涉及许多理论、方法和技术性问题。这一点往往被一些犯罪与罪犯研究工作者所忽视，从而导致失误甚至整个调查工作的失败。而综观我国的犯罪与罪犯研究，应用抽样调查的情形还不那么多，抽样调查的方法还没有被犯罪与罪犯研究工作者所自觉掌握与运用。为此，下面作一个较为详细的介绍。

三、抽样调查的特征

与整体调查（普查）、个案调查、典型调查相比，抽样调查具有以下特征：

（1）调查费用比较低。与整体调查相比，抽样调查由于只调查总体中的一部分，所需费用要少得多。

（2）速度快。因为调查的数量少，工作量相对也少，调查的速度自然也就快。因此，当要求快速而又较准确的调查结果时，应当采用抽样调查。

（3）准确度高。整体调查需要大批访问员，或者常常需要他人帮助进行调查，由于一些访问员缺乏经验和专业训练，或者对从事的研究工作不了解，往往使调查质量降低。抽样调查则可以使用少量素质较高的工作人员并对他们进行充分的训练，或者是课题组成员亲自实施，因而使抽样调查的资料往往更准确、更可靠。

（4）可获得内容丰富的资料。由于经费等原因，普查通常只了解少量项目，而且多是一些行政上的基本资料以及人口统计学方面的资料，很少有关于态度、行为、意见等方面的内容，无法进行深入分析。而抽样调查因调查对象数目少，因而可以设置数量较多和较复杂的调查项目，并能集中精力和时间作详细的分析。

（5）具有可推断性。抽样调查的一个基本特征就是可以从样本推断总体，而且根据概率理论可以精确地知道把握程度有多大。这是个案调查和典型调查做不到的。

第二节　抽样相关概念与抽样程序

一、抽样中的有关概念

1. 总体与样本

总体，是指要调查研究的对象的所有个体。例如，研究者想了解某市 2013 年青少年犯罪人的情况，那么该市 2013 年所有犯罪青少年的全体就构成一个总体。又如，研究者想了解某种新的罪犯管理措施对罪犯的影响作用，那么所有接受这种管理的罪犯的全体就构成了这次调查的总体。

样本，是指按照一定的程序从总体中选择出来的所有个体的集合体，而这其中的每一个个体则称之为样本单位。例如，研究者想了解 2013 年某市青少年的犯罪情况，则可以从这个总体中抽取 100 名犯罪青少年进行调查研究，这 100 名犯罪青少年就构成一个样本，这 100 名青少年中的每一个人称之为样本单位。

2. 统计值与参数值

统计值是关于调查样本中某一变量的综合描述，参数值则是关于总体中某一变量的综合描述，换句话说，统计值是反映样本数量特征的，而参数值是反映总体数量特征的。例如，通过对某市100名犯罪青少年的调查，其初次犯罪的平均年龄是14.52岁，进而可以估计该市青少年初次犯罪的年龄在14.5岁左右，那么前面的14.52岁就是一个统计值，后面的14.5岁就是一个参数值。抽样调查的根本目的就在于通过统计值来推论参数值，也就是通过部分来认识整体。

3. 抽样框

抽样框又称之为抽样范畴，是从中抽取样本的抽样单位名单。例如，要调查某监狱罪犯的认罪态度，那么该监狱所有罪犯的花名册就是一个抽样框。抽样框的数目与抽样单位的层次相适应。又如，要调查全国罪犯的基本情况，就要编制三个层次的抽样框，全国各省监狱管理局名单、省所属监狱名单、具体监狱中的罪犯名单。三个名单就是三个不同层次的抽样框。

4. 抽样误差

抽样误差，是指统计值与参数值之差。由于总体的异质性和样本与总体范围的差异性，在用样本的统计值去推算总体的参数值时总会有偏差，这种偏差就是抽样误差。需要清楚的是，抽样中因误抄、误算等人为过错和其他一些因违反随机原则而产生的误差并不是抽样误差。

5. 置信水平与置信区间

置信水平，是指总体参数值落在样本统计值某一正负区间内的概率，而置信区间是指在某一置信水平下，样本统计值与总体参数值的误差范围。详细内容参阅本书第七章“统计估计”。

二、抽样的基本程序

1. 准确界定犯罪与罪犯调查研究的总体

抽样是从一定的总体中去抽的，并且是要通过样本来推论总体的，因此事先必须对所要调查的总体有明确的界定。在这里，有一个研究总体与调查总体的问题。研究总体是研究工作所关心的那个总体，在进行研究时，应当对它的内涵与外延有个明确的认识。调查总体则是研究过程中研究者所能触及的总体，在抽样之前对它亦应当有一个明确的认识与界定。有时研究总体与调查总体两者是一致的，有时却是不一致的。例如，要对青少年罪犯作调查，那么青少年罪犯的内涵与外延在研究之前要明确，这是研究总体；然而，在实际调查过程中，限于各种原因，研究者甚至不能做到把国内的全部青少年罪犯作为调查对象，因为我国台湾或香港等地的青少年罪犯就难以触及，有时甚至只有在某省或国内几个省的青少年罪犯中进行调查。这样，调查总体与研究总体是不一致的。此时研究者从调查总体抽样后所得的数据，推论到研究总体时应当谨慎，有时甚至是不能推论到研究总体的。这是犯罪与罪犯研究工作者在作调查研究时应当注意的。

2. 设计和抽取样本

设计主要有两个问题：抽多少个样本和怎样抽，也就是要确定样本容量的大小和采取哪种抽样方法。样本容量的大小与抽样的具体方法对样本代表性有重大影响。样本大小和抽样方法确定之后，就可以进行实际的抽样了。

3. 样本评估

为了使抽取的样本对总体具有较好的代表性，需要对样本进行评估。样本评估可以分为前评和后评。前评，是指在样本抽出来后，还未实施调查之前对样本的代表性进行的评估；后评，是指调查结束后根据统计值来估计总体参数值。犯罪与罪犯研究工作者在实施抽样时要做好前评工作。

如何进行前评？一个简便易行的方法就是找到一些关于总体常见的、容易得到的资料，如年龄、性别、文化程度等资料，然后将这些资料的结构与样本的相关方面进行比较。样本的这些相关方面与总体的结构越接近，则证明样本越具有代表性；如果两者资料相差甚多，则表明前面的步骤有问题，要检查、修正。一般地，比较的变量越多，样本越可靠。例如，研究者抽取了一个关于罪犯的样本，获得样本有关性别、年龄、文化程度、婚姻状况等方面的数据，同时研究者又知道罪犯总体有关性别、年龄、文化程度与婚姻等方面的资料，那么就可以对两者进行比较。如果两者相差不多，则说明样本代表性较好；如果相距甚远，则表明代表性不高，甚至根本就不能代表总体。

第三节　随机抽样方法介绍

一、简单随机抽样

简单随机抽样，是指总体中的每一个体有相同的机会被抽到，而且样本中每一个体是被单独地选出来的。它是最基本的概率抽样，其他概率抽样方法都是由它派生出来的。

简单随机抽样又可分为重复抽样和不重复抽样。所谓重复抽样就是把已被选中的个体仍然放回总体中参加下一个体的抽样，而不重复抽样则是每一被抽中的个体不再参与下一个体的抽样。根据概率理论，重复抽样比不重复抽样更严谨一些，但是只要总体足够大，二者的差异是很小的。所以，在大规模的抽样调查中，通常采用不重复抽样。

简单随机抽样通常有两种方法：

1. 抽签法

先将研究总体中的每一个案统一编号，使每一个案都有一个号，然后将每一个号做成一张卡片并且混合均匀，最后从中随机抽取卡片，直到抽到额定的数目为止。这部分签所对应的个体就组成一个样本。这种方法由于不能保证完全随机，在犯罪与罪犯研究中一般不大采用。

2. 随机数字表法

所谓随机数字表，是由一些任意的数字毫无规律地排列而成的数字表。本书附表1是一张一万个随机数字表。运用随机数字表抽取样本，能够保证抽样的随机性。具体方法是：要从50名罪犯中随机抽取10人参加调查，先将50人从1~50编上号，然后从随机数字表中任取二列构成一排二位数，从最上一个二位数或者从中间任一个二位数开始依次往下取数，当所取的两位数是50之内，该号码即所对应的罪犯取入样本，直到取满10人为止。例如，在附表1中，任取第8、9两列随机数字，并任意地从第2行开始，这样第一个随机数字组合是71，超出50，舍弃；再往下取，为18，这样编号为18号的罪犯取为第一个样本；再往下看，可以依次得到在50之内的随机数字组合有：23、41、26、25、09、28、01、36，由于从第2行开始在这两列中只有9个随机数字组合符合要求，因而还需要再随机地取两列，如18、19列，并从00行开始，又可得到符合要求的随机数字组合10，这样就从50名罪犯中抽取编号为1、9、10、18、23、25、26、28、36、41的罪犯组成为调查样本。

简单随机抽样是一种纯随机抽样，所以在数理上有最健全的由统计值推论参数值的法则。但问题是，如果调查总体非常大，那么抽样框的编制与编号就会是一项很烦琐的工作，费时又不经济。例如，要调查一省青少年的违法犯罪情况，该省的青少年也许有几百万名，把几百万名青少年登记造册并编上号，这在一般的研究中是近乎不可能的，并且抽出来的样本个体会很分散，不利于调查的展开。另外，如果总体的异质性很高的话，调查结果就会容易受极值的影响。因此，简单随机抽样一般适用于：①总体不是太大且异质性不太高；②对调查对象的了解很少；③总体单位的排列没有秩序；④被抽单位很分散也不影响调查工作的开展。在实际的调查研究中，由于全部满足上述四个条件的情况不多，因此简单随机抽样的方法用得较少。

二、系统抽样

系统抽样，又称等距抽样或机械抽样，是简单随机抽样的一个变种。它是在调查总体中，每隔相等的若干个案抽取一个样本个体的抽样方法。其具体做法是：

（1）将总体的所有个体前后排列起来。

（2）计算抽样距离。抽样距离是由总体大小和样本大小决定的，假设总体所含个体数为 N，样本所含个体数为 n，则抽样距离应为 $K=N/n$。

（3）对第一个要抽取的个体，用完全随机的方式抽取，设其所在位置的序号是 k。

（4）自 k 开始，每隔 K 个个体抽取一个个体，即陆续抽取的个体所在位置序号为 k，k+K，k+2K，k+3K……k+(n-1)K。

例如，某未成年犯管教所共有罪犯 2000 人，现要抽取 200 人作调查。

第一步，对这 2000 名未成年罪犯从 1 到 2000 进行编号；

第二步，计算抽样距离，$K=2000/200=10$；

第三步，按简单随机抽样法抽出第一名罪犯，如是第 11 号；

第四步，每隔 10 个罪犯抽一人，则第一个是 11 号，第二个应是 21 号，第三个应是 31 号，直至抽足 200 名。若抽到最后仍不足所需样本时，可再回头累积抽取。

系统抽样法在犯罪调查中使用较多，因为它操作比较方便，有时总体太大时可以不编号，按照总体原来已成形的编码（如户籍卡）亦可以进行抽样。但是必须注意该抽样方法的缺陷，如果总体呈现规律性分布时，就会使系统抽样产生很大的误差，使样本的代表性大为降低。例如，罪犯小组一般是按小组长、组员系列编排的，当每个小组人数相同时，间隔一定的人数抽一个个体时，可能刚好抽到的都是小组长，那么由罪犯小组长组成的样本，会是一个有偏样本，常常不能代表罪犯总体。

三、分层抽样

分层抽样，又称分层随机抽样，是指先将总体依照一种或几种特征分为几个子总体，每一个子总体称为一层，然后从每一层中随机抽取一个子样本，将它们合在一起，即为总体的样本。由于在犯罪与罪犯研究中，研究对象往往较为复杂，且异质性程度较高，有必要将他们按不同特征分为不同类型（或层），因此分层抽样在犯罪与罪犯研究中可以积极应用。

按各层的子样本容量的确定方式，分层抽样可分为按比例分层抽样和非比例分层抽样。按比例分层抽样，是指各层的子样本在总体的样本中所占比例与本层在总体中所占比例相同。例如，某地2000名未成年犯中，男性为1600人，女性为400人，现采用分层抽样从中抽取100人的一个样本，那么男未成年犯应抽80人，女未成年犯应抽20人。这样，样本的性别构成比例与总体的性别比例一样。非比例分层抽样，则是为了解决各层个案数相差悬殊的情况，防止某些层因个案数目太少而抽不到从而失去代表性，因而采取在个案很少的层中抽取的比例高些来解决此问题。例如，某监狱共有罪犯2000人，按文化程度分类，小学占28%，中学占58%，大专占13%，大学占1%，现需抽取40人的一个样本作调查，如按文化程度比例抽取，那么大学层次的罪犯应抽0.4个，一个都不到。为了解决这个问题，可以采取每种文化程度都抽10人组成一个样本来参加调查。不过，对样本所获统计值进行总体参数估计与推论时，应当进行加权处理。这一点研究者需要注意。

分层抽样的一个关键点就是分层。那么分层标准如何选取呢？最理想的分层标准自然就是研究者所要调查的变量，如要调查罪犯犯罪之前的年平均收入情况，此时，按罪犯收入来分层显然最理想，这样抽出来的样本当然最具有代表性。但是，遗憾的是，在调查之前常常是无法知道罪犯的收入状况的，若知道了，也就不需要调查了。所以，研究者只能选择与要调查的变量相关的标准来进行分层。如要调查罪犯犯罪之前的年收入状况，就可以选择罪犯被捕之前工作有无情况、教育程度等与收入相关的标准来分层。犯罪与罪犯研究工作者要注意的是，不同的研究目的与对象自然要用不同的分层标准，但是即使是同样的研究对象，由于研究目的的差异，其分层标准也会不同，要注意正确选择。

下面举两个分层抽样的例子。

【例 1】　某地共有犯罪者 10000 人，现从中抽取 1000 人作犯罪特点的调查。调查者认为文化程度不同其犯罪特点亦不同，因此根据文化程度来进行分层抽样。已知该总体文化程度情况是：文盲占 10%，小学文化占 30%，中学占 40%，大专及以上占 20%。那么各文化层次所抽取的样本数（如表 3-1 所示）。

表 3-1　一个标准的分层抽样举例

层	每层个案数（人）	每层所抽样本数（人）
文盲（10%）	1000	100
小学（30%）	3000	300
中学（40%）	4000	400
大专及以上（20%）	2000	200
合计	10000	1000

【例 2】　在［例 1］中的调查者还认为，不同性别的犯罪者其犯罪特点亦不同，这样分层抽样时除考虑文化程度外还要再加上性别来进行抽样。假如各文化层次中男女比例都是 8∶2（在实际调查中这种情况是不大可能的，但其中的原理是一样的），那么每层（共有 8 层）中应抽的样本数（如表 3-2 所示）。

表 3-2　两个标准的分层抽样举例

层		每层个案数（人）	每层所抽样本数（人）
文化程度	性别		
文盲	男	800	80
	女	200	20
小学	男	2400	240
	女	600	60
中学	男	3200	320
	女	800	80
大专及以上	男	1600	160
	女	400	40
合计		10000	1000

四、整群抽样

整群抽样又称聚类抽样，是指将总体按照某种标准划分为一些子群体，每一个子群体为一个抽样单位，用随机的方法从中抽取若干个子群体，将抽出的子群体中所有的个体合起来作为总体的样本。整群抽样与前几种抽样的最大差别在于，它的抽样单位不是单个的个体，而是成群的个体。例如，整个监狱、派出所、街道等。

整群抽样与分层抽样有相似之处，即它们在第一步都是根据某种标准将总体分为一些小群，但两者的抽样方式又不同。在分层抽样中，每一个子群体都要抽取一个子样本，并作为总体样本的一部分；而在整群抽样中，只是按随机原则抽取若干个子群体，并将这若干个子群体中的全部个体合起来作为总体的样本，其他子群体的个体就不参加调查了。例如，要调查某市犯罪情况，就可以采用整群抽样方法，以派出所为单位，给该市派出所编号，并按简单随机抽样或系统随机抽样的方法，随机抽取若干个派出所作为样本进行调查，抽到的派出所要进行全面调查（普查）。

整群抽样与分层抽样的另外一个区别在于，分层抽样要求层与层之间差异要大，层内差异要小；而整群抽样则相反，要求群间差异要小，群内差异要大。因此，整群抽样与分层抽样各自适用于不同总体状况。

整群抽样的优点之一是方便与节省。由于简单随机抽样、系统抽样、分层抽样都需要有一份总体的清单，但在有些情况下，总体名单是无法得到的，或者是得到这样一份名单代价相当高，如要对一个几百万人的大城市中的个体犯罪情况进行调查，先要编制几百万人的名单，这在理论上是可能的，但在实际操作中几乎是不可能的，即使得到了，代价也是非常昂贵的，如采用整群抽样，以派出所（或社区、居委会）为抽样单位，只要把派出所编号就行了。优点之二是整群抽样还可以使样本分布不致过于分散，为调查工作提供方便，如对全国的进城务工人员的法律知识现状作调查，若以个人为单位，在全国范围内进行简单随机抽样或分层抽样，样本中的个案可能分布于全国各地，非常分散，调查非常不方便。若采用整群抽样，以省为单位或以地级市为抽样单位，就会使调查工作方便许多。

整群抽样的缺点，一是样本分布不均匀，样本的代表性较差；二是样本的大小不好控制，因为子群体的大小不一，抽这几个子群体与抽另外几个子群体，样本大小就会不一样。但是，虽然整群抽样有这些局限性，却由于其实施方便，而且节省人力、物力、财力，因此在大规模、大范围调查时，仍常常被采用。

五、多阶段抽样

多阶段抽样又称为分段抽样或多级抽样，是指按照抽样过程中的某种隶属关系或层次关系，把抽样过程分为几个阶段进行，先从总体中随机抽取若干大群，再从这几个大群内抽取几个小群，这样一层层抽下来，直到所抽出的单位是研究者最终所需要的调查单位。在此过程中，既可以将上面介绍的四种抽样方法多次使用，也可以交替使用。

多阶段抽样方法是一种综合抽样法，抽样过程中可以用到上面所介绍的各种随机抽样方法。它特别适用于总体范围特别大、研究对象层次特别多的社会研究。在犯罪与罪犯研究中，有关全国性或全省性的调查研究常常需要它。由于多阶段抽样不需要总体的全部名单，各阶段的抽样单位数一般较少，因而抽样比较容易进行。但是由于每个阶段抽样时都会产生误差，因此，多阶段抽样方法的误差较大，这是其不足。

下面举一多阶段抽样法的实例：

欲调查全国青少年犯罪特点，若以青少年犯罪人为抽样单位是不可能实施的，应当采用多阶段抽样的方法。这样第一阶段可以省为抽样单位，抽取若干个省；第二阶段可以是地、市，在第一阶段所抽的省里再抽地、市；第三阶段可以是县、区，在所抽取的地、市中抽；第四阶段为派出所，在县、区的派出所中抽若干个；第五阶段才是青少年犯罪人，对该派出所在一定时间内所有的青少年犯罪人的犯罪特点作调查研究，亦可以对该派出所的青少年犯罪人再进行抽样，对所抽的青少年犯罪人作调查。

上面所介绍的简单随机抽样、系统抽样、分层抽样、整群抽样与多阶段抽样等抽样方法皆为随机抽样方法。此外，还有非随机抽样的方法，如方便抽样、主观抽样、定额抽样、滚雪球抽样等，读者可参阅有关书籍。

第四节　样本容量的确定

一、确定样本容量的意义

样本容量又称样本大小或样本规模，是指样本内所含个体数量的大小。样本容量的确定是研究抽样的最重要的内容之一。样本大小不仅影响了样本的代表性，而且还直接影响到调查的费用和人力的花费。样本太大会浪费人力、财力，增加工作量，并且增大过失误差；样本太小，又会减少调查的效果，或者使调查结果难以进行统计处理，使调查工作事倍功半。因此，样本的大小“适当”是非常重要的。

有研究表明，根据一定的方法和调查研究的要求确定了样本容量之后，如果样本较小，适当增加一些个案，可以明显提高调查效果，同时经费并不一定增加很多；如果确定的样本较大，则不宜随便增加个案，因为个案增加的数量不太多时，对于减少误差作用不大，而增加数量太多又要受经费的限制，同时有增大调查中过失误差的可能性。

二、影响样本容量大小的因素

既然样本容量的确定意义重大，那么对哪些因素影响了样本容量的大小，首先必须明确。

1. 研究的精确度要求

根据数理统计的有关公式，当调查研究要求有较高的精确度时，即要求误差较小，就需要有较大的样本。一般地，精确度要求越高，样本容量就越大。同时，样本容量还与置信水平有关。下表（如表 3-3 所示）是简单随机抽样中不同精确度（允许误差）和置信水平下所需要的样本容量，这是一种样本容量的经验确定法。

表 3-3 精确度、置信水平与样本容量的关系

精确度	置信水平	
	95%	99%
1%	9604	16589
2%	2401	4147
3%	1067	1849
4%	600	1037
5%	384	663

2. 研究总体的性质

研究总体的特征主要在两个方面影响样本容量的大小：一是总体的大小，二是总体的分布状况。

在精确度要求相同的情况下，研究的总体越大，所需要的样本容量也就越大。例如，要研究现阶段犯罪类型特征，如果就想了解一省的犯罪类型特点，显然比要了解全国的犯罪类型特征所需的样本容量要小。这是不言而喻的。然而，需明确的是，样本容量的增加并不是与总体的大小成正比的。当总体规模达到一定程度后，再增大样本容量并不会提高多少代表性。下表（如表 3-4 所示）是不同总体规模所需样本数的一个经验范围。

表 3-4 总体规模与样本容量关系

总体规模	100 人以下	100～1000 人	1000～5000 人	5000～1 万人	1 万～10 万人	10 万人以上
样本占总体比重	50%以上	50%～20%	30%～10%	15%～3%	5%～1%	1%以下

总体的分布状况就是总体的异质性程度。当精确度要求一定时，总体的异质性越高，所需的样本容量就越大，反之就越小。这一点也是很明显的。例如，假如全国所有的犯罪者智力状况都一

样，那么要了解犯罪者的智力水平，测量一个就够了，因为在这一前提条件下全国犯罪者在智力水平上是高度同质的。然而，事实当然是全国犯罪者的智力水平是不一样的，是有高低区别的。因此，要抽一个一定量的样本去测量它，然后根据样本的测量值去推论罪犯总体的智力水平。

3. 分析的维度

在犯罪与罪犯研究中，往往不仅仅只是为了了解总体的特征，而且还想了解总体中某些部分的特征，即研究者对总体分析的维度不是一维的，而是多维的。此时，如果样本过小，则分配到某一维的样本数会因太少而无法进行分析。例如，研究者不仅想要了解犯罪者的职业、婚姻状况与其犯罪的关系，而且还想了解文化程度与犯罪的关系，此时，如果样本过小，可能在职业的有或无、已婚与未婚两个维度上罪犯人数有一定的量，但在不同文化程度上，可能会出现在小学、中学文化程度上有一定量的罪犯分布，但在大专程度却无罪犯个案或仅有个别罪犯，那么对文化程度与犯罪之间的关系就会因个案不足而无法进行分析。因此，在确定样本大小时，应当估计一下样本需作哪些维度的分析，并保证每个分析维度都有一个能够统计分析的子样本。按照统计分析的要求，一般每个维度的子样本容量不得小于10，最好在30人以上。

4. 无效回答情况

在社会现象的调查研究中，由于调查对象未找到或拒绝访问等原因，实际上最终收集到的样本数与理论决定的样本数不同，存在缺失现象。而在犯罪与罪犯现象的研究中，这种情况更为普遍。在笔者做的历次有关犯罪嫌疑人或罪犯的问卷调查或心理测量中，回答全部有效的情形很少见，而无效回答总是占一定比例。这是因为，犯罪现象是国家法律所惩治的现象，是不能公开进行的行为，犯罪人能隐瞒就会竭力加以掩盖，在犯罪人“自我保护”机制作用之下，常常会出现歪曲或无效的回答，使调查问卷无效。对罪犯的调查也存在类似的情况，无回答或无效回答在每次调查中都会出现。因此，研究者在确定样本大小时，应将这些情况考虑进去，即适当扩大样本容量。例如，初步确定调查样本量为 1000，但估计出现无效回答的比例为 10%，则实际调查时所取的样本容量应为 1000/90% = 1111 人。

5. 研究经费

研究经费与样本容量的关系有时是一个无奈的选择，因为从理论上讲，研究要求有怎样的精确度，所取的样本容量就应当是多大，但是，在现实中往往是当研究者按要求取了这样的样本容量，可是由于研究经费所限，做不了这么多样本，不得不缩小样本量。所以研究经费就成为制约调查取样的一个因素。此时，研究者需要作出选择：是减少样本规模，但达不到所要求的精确度；还是增加调查力量，增加样本量，以保证研究的精确度；或者是干脆放弃这次调查。

三、确定样本容量的方法

上面虽然给出了一些确定样本容量的办法，但这只是一种经验方式，没有经过精确的计算。而按统计学的一般要求，常常以 30 作为抽样的一个分界线，抽样大于 30 个个案，称为大样本，个案在 30 个以下，称为小样本。之所以这样区分，是因为当样本规模大于 30 个时，样本平均值的分布近似于正态分布，那么许多统计学的公式就可以运用，可以作的统计分析就较多。但是样本量为 30 个，这是就单因素、单维度的统计分析所需的一个样本数量，而在社会研究以及犯罪与罪犯的研究中，往往是多因素、多维度的分析，30 个样本容量常常是不够的。统计学中的大样本和犯罪与罪犯研究中的大样本就不是同一回事。这一点应当加以注意。不过，样本量 30 个，仍然是研究者在作犯罪与罪犯研究时一些小型研究所应关注的一个数字。

那么如何来精确确定调查研究所需的样本容量呢？根据是进行统计估计还是作假设检验的不同，以及是进行“平均数的估计与检验”或“比率的估计与检验”的差异，其样本容量的计算公式是不同的。因此，计算样本容量的公式是较为复杂的，要根据抽样方法和要做的统计分析的不同而不同，但计算样本容量的基本公式是一样的。

作参数估计时是：$\frac{d}{s/\sqrt{n}}=Z_{\alpha/2}$

作假设检验时是：$\frac{s}{s/\sqrt{n}}=(Z_{\alpha/2}+Z_{\beta})$

一般地，确定样本容量的计算方法，都是以简单随机抽样的样本容量计算公式为基础。这是在实践中采取的一种方便方法。对各种类型的计算样本容量的公式有兴趣的读者，可参阅有关著作。下面仅就简单随机抽样中计算样本容量的方法作一简要介绍。

推论总体均值时的样本容量 n 的计算公式为：

$$n=\frac{t^2\times\sigma}{e^2}$$

其中，t 为置信水平所对应的临界值；σ 为总体的标准差；e 为抽样误差。

而推论总体比率（或百分比）的样本规模计算公式为：

$$n=\frac{t^2\times p(1-p)}{e^2}$$

其中，p 为总体的比率或百分比；t、e 的含义同上。

在上述计算公式中，t 可以从正态分布表中查到，e 是研究者根据需要预先确定的，但总体的标准差、比率或百分比却往往是研究之前不知道的。因此，在实际抽样时，往往无法直接运用上述公式计算所需的样本容量，而只能采用某种变通的办法。变通方法有：①通过以往曾经作过的同类调查资料来估算 σ；②请教相关专家，根据其提供的信息估计 σ；③抽取一个小样本作试调查，以样本的标准差 s 来代替总体的标准差 σ。所以，总体标准差的估计往往是确定样本容量的关键，一些长期专门从事调查研究的机构都有很多的数据库，一般可以比较正确地估计出所要研究的总体的 σ 值。

下面举例说明样本容量的计算过程：

【例 1】　已知某监狱罪犯的平均月消费额的标准差为 20 元，在置信水平为95%，允许误差为5元的要求下，在采用简单随机重复抽样中至少需要抽取多少名罪犯作调查？

查正态分布概率表可得 $F(t)=95\%$ 时，$t=2$；又因为 $\sigma=20$ 元，$\Delta=5$ 元，则样本容量为：

$$n=t^2\sigma^2/\Delta^2=2^2\times20^2/5^2=64 \text{（人）}$$

也就是说，要达到规定的要求，并以此来确定罪犯月平均消费额情况，至少需要抽取 64 名罪犯作调查。

【例 2】　韦氏智力测验平均智商为 100，标准差 $\sigma=15$。有关研究估计，罪犯的智商至少比平均智商（常模水平）低 6 分。为了对这个估计进行验证，现需要从有关监狱随机抽取罪犯样本来做韦氏智力测验，若确定 $\alpha=0.01$，$\beta=0.10$，则至少应当抽取多大的样本。

根据上述内容，可知 $\Delta=6$，$\sigma=15$；单侧检验 $Z_{0.01}=2.32$，$Z_{0.10}=1.28$，则样本容量：

$$n=[(Z_\alpha+Z_\beta)\times\sigma/\Delta]^2=[(2.32+1.28)\times15/6]^2=81 \text{（人）}$$

因此，要按照规定的要求，对这个研究假设（统计估计）进行验证，需要抽取 81 名罪犯来做测验。

第二部分

描述统计

第四章 数据的搜集与整理

第一节 统计资料的搜集

一、统计调查的种类与方法

犯罪与罪犯现象的统计调查，是犯罪与罪犯统计研究的基础。没有准确有效的统计调查，就不会有正确的统计研究工作。统计调查，是指采用科学的统计调查方法，按照预定的统计任务，有组织有计划地向实际工作部门（主要是政法机关）、社会有关领域或者研究对象（主要是犯罪人或相关人员）搜集资料的过程。这一过程的工作有两方面：一是对原始资料的搜集，二是对次级资料的搜集，即对已经加工整理过的统计资料的搜集。而统计调查主要是对前一类资料的搜集。

（一）统计调查的种类

根据犯罪与罪犯统计调查的不同目的，其调查种类主要有普遍调查、典型调查和抽样调查三类。

1. 普遍调查

普遍调查又称普查，是对调查对象的全体无一例外地逐个进行的调查。根据调查对象涉及的范围大小，普查有宏观、中观和微观之分。大至全国（全球），小至一个具体单位，只要是对每个个体进行的调查，都是普查。

普查有两种方式，一是填报表，即由上级或研究者制定普查表，由下级或他人根据已经掌握的资料进行填报；二是直接登记，即组织专门普查机构或研究课题组，派出专门调查人员，对调查对象进行直接登记。

普查的优点是调查资料的全面性，但缺点也很明显，这就是工作量大，费用亦大。

普查由于是全面调查，一般地，所获得的资料适宜作描述统计分析，当然亦可作一些多变量统计分析。

2. 典型调查

典型调查，就是从研究对象中有意识地选择若干或部分具有代表性的调查单位进行调查，以认识和掌握犯罪与罪犯现象的本质及规律的方法。典型调查可分为重点调查和个案调查。

典型调查的特点，是对调查对象中的个别或少数几个单位进行的调查，是一种系统、深入、面对面的直接调查，主要属于定性调查。这是与普查及抽样调查的区别。

典型调查的优点是调查资料真实可靠，调查内容丰富广泛，花费的人力、物力小；缺点是易受调查者主观意志的影响，代表性不强，难以作定量的统计分析。因此，在作犯罪与罪犯统计研究时，并不是不需要典型调查，而应当是把典型调查与抽样调查结合起来。在抽样调查之后，可以再做典型调查，从而加深对调查研究对象的认识，丰富抽样调查的结果。

3. 抽样调查

本书第三章对抽样调查已作了详细的论述，这里不再赘述。应当指出的是，统计资料的搜集，或者说犯罪与罪犯现象的统计调查，主要是指抽样调查。

（二）统计调查的方法

除了明确调查的类型之外，还需要清晰统计调查的具体方法。

统计调查的具体方法，是指用什么样的方法搜集犯罪与罪犯现象的统计资料和数据。在犯罪与罪犯统计研究领域，统计调查的具体方法主要有：

1. 问卷法

问卷法是犯罪与罪犯研究工作者运用统一设计的问卷，以书面形式向犯罪人及罪犯或其他被调查者了解情况、搜集研究资料和数据的一种调查方法。有关问卷法及问卷的设计，在第二章已作了较为详细的介绍，在此不再赘述。

2. 报告法

报告法是在犯罪与罪犯调查研究中，由被调查单位或相关人员利用各种记录和次级资料，按照统一的要求和表格形式，向研究组织单位或研究者提供统计资料的方法。我国现有的各企事业单位、政法部门所填报的统计报表，就属于这种调查方法。这种方法，可以同时进行大量的调查，因此效率较高；而且如果填报单位或相关人员所做的记录和核算工作健全，可以保证提供的资料和数据的可靠性。但是，采用报告法进行犯罪与罪犯情况的统计调查，需要组织调查部门具有足够的权威性。一般的研究人员是难以做到的。

3. 直接观察法

直接观察法，也称之为实地观察法，是由犯罪与罪犯研究工作者自己在调查现场，对调查对象直接进行观察（或测量、计数等），以取得所需要的统计资料和数据的一种调查方法。

直接观察法，可以获得真实的第一手资料，是获得感性认识和发现问题的重要途径，能够保证所搜集的资料和数据的准确性。但是在某些情况下，这种方法也有局限性。例如，对宏观情况的调查，对历史资料的搜集，就不能采用直接观察法。对涉及私人的一些问题也不宜采用直接观察法。同时，应用此方法要花费较多的人力、物力和时间。因此，在犯罪与罪犯现象的研究中，直接观察法应用范围有限。

4. 访谈法

访谈法是由犯罪与罪犯研究人员向犯罪人或被调查者提出所要了解的问题，然后根据犯罪人或被调查者的回答来取得统计资料与数据的一种调查方法。这种方法可进一步分为个别访谈和集体访谈两种方法。

个别访谈是由犯罪与罪犯研究人员向犯罪人或被调查者逐一谈话询问，以取得统计资料和数据的方法。这种方法，可以了解犯罪人或被调查者的真实想法或数据资料，不受其他人意见或他人在场的影响。

集体访谈法，是召集了解情况的有关人员，以座谈会形式对要调查的问题展开讨论和分析，以取得统计资料的方法。这种方法，由于参加人员较多，访谈时间有限，因此会前一定要认真做好有关访谈的各项准备工作，否则就不能取得好的效果。对于集体访谈，根据长期的实践经验，一次集体访谈的参加人数通常以 5~7 人为宜，最多不超过 10 人。集体访谈存在的主要问题，是容易产生和形成“团体压力”和“从众行为”，使得参加集体访谈的犯罪人或被调查者在其他人面前有意无意地隐瞒或改变真实情况，使自己的回答和看法顺从、接近或符合多数人的意见，而不愿或不敢表示不同的意见。因此，犯罪与罪犯研究人员对集体访谈中所得资料的真实性和客观性，要有一个比较清楚的认识。对于那些有关犯罪或罪犯现象中的敏感问题，是不适宜采用集体访谈的。

上面四种调查方法，对收集统计资料和数据，都是有效的。但是，相对而言，采用问卷法来收集统计资料和数据，不仅节省时间与物力，而且效率较高，因此它是犯罪与罪犯研究人员较理想的收集统计资料和数据的调查方法。

另外要说明的一点是，后面将要介绍的统计分析所需的数据资料，并非一定是上述统计调查方法才能得到。第二章介绍的实验研究，从中得到的数据资料当然是可以进行统计分析的。

二、统计调查的组织与实施

统计调查的组织包含两层含义，一是对整个统计调查的组织工作，二是在具体统计调查时的组织工作。这第二个层次的含义，亦即统计调查的实施工作。

对整个统计调查的组织，是研究者需要给予相当重视的一个环节。在进行统计调查之前，研究者头脑里需要有对整个统计调查的思考。一方面要有如何开展统计调查的设计，另一方面要思考统计数据搜集后如何进行统计分析，前后都应考虑到。当然，主要是对整个统计调查的设计。

对于大型的调查研究，统计调查的组织是需要专门作思考的。思考的结果就是形成统计调查方案。在对整个统计调查工作作思考时，既要有大的工作步骤的考虑，还要有局部的、细节方面的考虑。换言之，研究者对如何开展统计调查要心知肚明，而不能走一步看一步，摸着石头过河。这是初次作统计调查的研究人员需要面对的比较困难的一关。因为对初学者来说，不管是统计调查大的步骤，还是细节，他们都会感到无从下手。实际上，统计调查的步骤可以在书本上找到，初学者在一定程度上可以照搬，而调查的具体细节，却需要研究者自己去深入思考和体会。从一次又一次的经验教训中去吸取知识当然是可以的，然而，对统计调查的理论知识的学习掌握仍然是相当重要的。理论能够指导实践，犯罪与罪犯研究工作者要掌握好统计调查的相关知识，从而为开展有效准确的统计调查服务。

除了对整个统计调查的组织作思考外，还有对具体调查工作的思考。在统计调查的具体实施方面，主要是应做到严格按照调查方案来组织实施，做到调查工作的标准化。一些研究工作者，虽然做了调查方案，但在具体组织调查时，会另搞一套，怎样有利于出数据和成果，就怎样来做调查。这是必须避免的。同时，在第二章“研究设计”中已经讲到，调查研究时应注意控制无关变量的影响。这在组织统计调查时就应当做到调查工作的标准化，如保证前后调查内容、方法、评判标准甚至环境条件等方面的一致性，控制调查人员个人因素影响，对调查对象施加相同影响等。这些都要在统计调查组织实施时事先考虑到。

三、统计调查方案设计

在搜集统计数据之前，需要制订出一个周密、完整的调查方案，以指导整个调查工作，使调查得以顺利地实施和完成。调查方案设计得好坏直接影响到调查数据的质量。不同调查方式的调查方案在内容和形式上虽然有一定的差异，但大体上都包括调查目的、调查对象、调查单位、调查项目和调查表等内容。

1. 确定调查目的

在调查方案中首先应明确本次调查的目的、任务和意义。调查目的是调查所要达到的具体目标，即犯罪与罪犯调查是为了研究和解决什么问题。如果目的不明确，必然会使整个犯罪与罪犯调查活动陷入盲目性的境地。调查目的应尽可能规定得具体明确，突出中心。只有明确了调查目的，才能确定犯罪与罪犯调查的对象、设计调查项目。

2. 确定调查对象和调查单位

调查对象是根据调查目的确定调查研究的总体或调查范围。调查单位是构成调查对象的每一个个案，它是调查项目和指标的承担者或载体，是搜集数据、分析数据的基本单位。调查对象和调查单位所解决的是向谁调查，由谁来提供所需数据的问题。例如，当研究者要调查我国的刑事犯罪情况，那么调查对象为“刑事犯罪”，这是一个由各类犯罪组成的一个犯罪统计总体，调查单位则是一个个具体的刑事犯罪案件与人员情况。又如，若要调查我国监狱矫正罪犯情况，那么调查对象就是所有的监狱，调查单位是每所监狱。

在实际调查中，调查单位可以是调查对象的全部单位，也可以是部分单位，根据调查方式而定。如果是普查，则调查对象的每一个单位（个案）都是调查单位，二者一致；如果是抽样调查，调查单位只是调查对象中的一部分，二者就不一致。

另外，还有一个调查单位与报告单位的关系问题。例如，上面第二个例子中关于监狱的调查，调查单位是监狱，报告单位也是监狱。这是调查单位与报告单位一致的情况。还有不一致的情形，如在罪犯调查中，调查单位是每一名罪犯，但报告单位是监狱或监狱下辖的监区。

3. 设计调查项目和调查表

调查项目是调查的具体内容，可以是调查单位（个案）的数量特征，如年龄、收入等，也可以是调查单位（个案）的某种属性或品质特征，如性别、职业、文化程度、态度类型等。一般地，研究者对什么内容感兴趣，其就反映在调查项目中。

在统计调查中，调查项目通常会以表格的形式来表现，称为调查表。调查表简洁、明确，便于调查后对资料的整理汇总和统计分析。调查表一般由表头、表体和表外附加三部分组成。例如，表4-1就是一种形式的统计调查表。

表 4-1 跨省作案的“流窜犯”基本情况调查表

填表单位（盖章）：

<table>
<tr><th colspan="2">年末押犯数</th><th rowspan="2">新收押</th><th rowspan="2">释放</th><th colspan="5">押犯年龄（岁）</th></tr>
<tr><th>合计</th><th>其中：外省籍打工犯罪的人数</th><th>18~25</th><th>26~35</th><th>36~55</th><th>56~60</th><th>60以上</th></tr>
<tr><td></td><td></td><td></td><td></td><td></td><td></td><td></td><td></td><td></td></tr>
</table>

单位负责人：______ 填表人：______ 报出时间： 年 月

说明：本表为年报表，在年末填报。

当然，也有不是以表格形式来反映调查项目的，而是把研究者感兴趣的问题按一定的顺序排列后，形成一个调查问卷。有关问卷设计的内容已在第二章作了详细介绍。

4. 明确调查方法和调查时间

调查方案应明确调查的具体方式，是全面调查还是非全面调查。如果是非全面调查，还要明确是抽样调查，还是典型调查。若是抽样调查，还应明确抽样框、具体的抽样方法、数据的推断方法等。

另外，还需要明确具体的调查方法，是由研究人员直接调查，还是组织人力成立调查组进行调查；是组织被调查者集体答题，还是个别访问调查，抑或是邮寄问卷调查、电话调查等。在犯罪与罪犯统计研究中，建议少用邮寄问卷的调查方法。

调查时间有两层意思。一是指调查数据所属的时间，二是指整个调查工作的时间安排。由于犯罪现象随时间推移有所变化，统计调查时应规定统一的调查时点或哪个时期，这样才能保证调查的科学性。在实际上，什么时间开始调查、什么时间结束调查，调查哪个时段的数据等，都应有所规定。调查的时间还指整个调查工作的时间安排。在调查方案中，应当对调查的时间、数据处理时间、数据分析和完成调查报告的时间等作出规定。特别是在大型的调查研究中，有了这样的时间规定，相互之间可以做到协调一致，从而保证调查研究的高效有序。

5. 调查方案的其他相关内容

调查方案中还应包括其他一些内容：在大型调查中调查人员的选择与培训；调查表格、问卷的印刷安排；必要的调查工具的准备；调查经费的来源与开支预算等。在犯罪与罪犯统计调查工作中，取得相关管理部门的支持非常重要。否则，即使研究者有非常美好的设想，亦难于取得需要的研究数据。研究者对此要有心理准备。

第二节　统计数据的整理

一、统计资料的审核

所谓统计资料的审核，是指在着手整理统计资料之前，对统计调查所得的资料进行审查与核实的过程。此处所说的统计资料，包含较宽泛的意义，是指一些可供定量分析的资料，包括编码后可做定量分析的问卷资料、结构性访谈和观察的记录，以及他人收集的原始的统计资料。

针对上述不同的统计数据资料，采用的审核内容有所差异。但审核的目的是一样的，都是为了消除统计资料中不符合要求的成分，如虚假、差错、短缺的成分，以保证资料的完整性、统一性和合格性。

资料的完整性，是指资料总体的完整性和单份资料的完整性。检查资料总体的完整性，主要应检查抽样调查中样本数有没有达到要求，回收后的问卷数如何（回收率）等。由于在犯罪与罪犯现象研究中存在一定的敏感性，回收率不那么高，因此抽样时样本数可适当大些。检查单份资料的完整性，则主要是检查调查问卷回答的是否完整，以及回答的质量如何。根据笔者的调查经验，在犯罪与罪犯现象的调查研究中，调查题目漏答的情况经常有，而无效的回答或无效的答卷更多，犯罪人往往是一份问卷从头到尾是同一个选择项。这肯定是无效卷，应当剔除。

资料的统一性，主要是几份统计资料之间或问卷填报方式方法是否统一，它们的度量单位是否一致等。例如，在问卷调查中常常需要被调查者填报年龄，初次作问卷调查的人往往直接问被调查者几岁，此时，被调查者有的会填写出生年月，有的直接填写年龄；而填写的年龄中有的填写虚岁，有的会填周岁。为此，问卷设计者在设计问卷时或要求被调查者填写出生年月，或填写周岁，这应当在设计问卷时就解决好。另外，研究者对获得的几份原始的统计资料作分析时，应当注意其度量单位的统一性，因为不同的研究者所作的统计口径往往是不一样的，分析者应注意认真审核。

资料的合格性，主要是指资料提供者的身份是否符合规定的要求，资料收集的方式是否恰当，提供的资料是否正确无误。在犯罪与罪犯现象的研究中，可能存在诸如资料收集的方式不妥当的问题，如对被调查者施加了压力；或者是调查者不慎重、不认真，明明按要求是调查犯罪者的同事，却调查了其同学；或者是道听途说的一些资料汇总交差；又或者是对犯罪者提供的资料不认真审核，谎言与事实一起上报。对资料合格性的审查，还有一点是检查被调查者前后回答是否存在逻辑矛盾，如前面回答一家人中只有父母两人工作，后面又称自己是工人；或者前面填写是单一的盗窃犯罪，后面又在流氓罪选项上打钩等。对此，要根据相关内容作出判断并进行纠正。

对统计资料的审核，不应当在所有数据资料都收集完成以后才来做，而应当在资料收集时就开始，特别是在大规模的调查中。一般在一批资料收集完后就应进行检查，有漏登、漏写的，能马上弥补的应立即补上，这中间涉及计算的，还应检查计算有无错误。不能弥补的，应及时总结经验与错答规律，在下一次调查时注意提醒被调查者或有关调查工作人员注意。当然，全部统计资料收集完成后必须进行全面审核。另外，统计资料的审核其实还包括资料整理过程中和结束后对已整理数据的审核，特别是输入计算机进行统计分析的数据，一定要对输入过程中是否有差错进行检查，因为输入成千上万的数据，差错有时在所难免。总之，统计资料的审核是非常重要的一步，也是必不可少的。

二、统计分组

犯罪与罪犯统计研究中所获得的大量数据往往是杂乱无章的，需要整理，才能为研究所用。统计数据的整理，其基础是统计分组。所谓统计分组，就是将情况相同或相近的资料加以分门别类的归并，使之简化明晰，以便为统计分析提炼各种有用信息打下基础。

统计分组具有两方面的含义：对总体而言是“分”，即将总体中的各个单位按照它们的差异性区分为若干部分；对总体单位而言是“合”，即将性质相同的个体组合起来。通过统计分组，一方面能够把在一个或若干个标志上存在差异的各个总体单位区分为各个性质不同的组成部分，使组与组之间显示出差异性；另一方面能够把性质相同的总体单位组合起来，使同一组内各单位保持相对的同质性，达到组内同质性、组间差别性的分组目的。

1. 统计分组前的准备

在犯罪与罪犯现象的调查研究中，通过一定的调查手段，可以得到大量的计数数据或测量数据。但是这些数据在获得过程中，由于调查者所掌握的测量标准不同，调查手段差异，以及调查者方面某些异常因素的影响，可以使调查数据产生一些因过失而造成的误差。因此，在对数据进行分组之前，正如上面所讲的要作进一步的核实。如果有充分的理由证明某个数据是受这些过失误差的影响，那就要将这些数据剔除出去，以免它们影响对结果的分析。在这个过程中必须要注意一个问题：那就是切忌随心所欲地挑选那些能够符合自己主观假设的数据。因为如果那样做，不仅违背科学原则，还是缺乏科研道德的表现。

2. 统计分组的要求和基本原则

进行统计分组，有三点基本要求：（1）周延性，即分组分类后必须将全部数据包含进去，不能有数据遗漏，如对某省监狱警察进行分类，以性别为标志，分为男性与女性两类。（2）互斥性，组与组之间不能互相重合，不能既是这个又是那个，如某罪犯 18 岁，按年龄分为成年犯与未成年犯，则该罪犯要么划为成年犯，要么划为未成年犯，而不能既是成年犯又是未成年犯。（3）分组标志的同一性，即每一次分组只能以一个标志为划分依据，不能同时采用两个或两个以上的标志为划分依据。遵守上述基本要求，就可以达到组内同质性、组间差别性的分组目的。

统计分组还需要遵循两个基本原则：（1）正确选择分组标志。统计分组的核心问题之一就是如何正确地选择分组标志，这关系到能否确切地反映总体的特征，实现统计研究的任务。因此，在统计分析和研究中，为了正确地选择分组标志，必须清晰被研究现象的本质。只有选择与被研究现象的本质有关的特性作为分类的依据，才能确保分类正确。分类时如果误用了非本质的标志，会导致错误的结论。（2）正确确定分组的界限。分组标志确定后，就可以进一步在分组标志的变异范围内，具体划分各组的界限。分组标志按其形式，可分为品质标志和数量标志。如果某一统计总体是按品质标志来分组，则其差别比较明确，区分也较容易。例如，把罪犯按民族、地区、职业等分组，这种分组无须专门阐述也很容易理解。按数量标志来分组则不同，对于划分各组界限，变量数列有较大的任意性。如果划分不当，不仅容易混淆各组的差别，而且可能无法反映变量的分布特征。按数量标志分组，具体涉及组距、组数和组限的确定，等距分组和异距分组等，是需要重点掌握的。

三、变量数列的编制

变量数列即能够表示变量分布及其特征的统计表。变量数列有两个构成要素：一是变量值，即用来分组并按大小顺序排列的数量标志的具体数值，一般用符号 X_i 表示；二是频数，即总体单位在各组中出现的次数，一般用符号 f_i 表示。将各组频数除以总体单位数 N，就得到相对频数，简称频率，一般用符号 P_i 表示。有以下关系式：$P_i = f_i/N$。

变量数列又可分为离散变量数列和连续变量数列。

1. 离散变量数列

离散变量所描述的对象的数量特征是整数值，如年龄，一般相邻两变量值不出现小数（如表 4-2 所示）。

表 4-2　未成年犯管教所某中队罪犯人数统计表

年龄（X）	人数（f）	频数（P）
14	23	0.094
15	31	0.127
16	45	0.184
17	67	0.273
18	79	0.322
合计	245	1.000

如果离散变量的整数值变动幅度较大，且总体单位数又多，则要编制组距式变量数列（如表4-3所示）。

表4-3为异距分组；此外还有等距数列（如表4-4所示）。一般地，凡是现象的变动比较均匀，宜采用等距分组。对等距数列，有以下几个概念需明确：（1）组数，即组的数目。表4-3组数为5，表4-4组数为4。

表4-3　某分监区罪犯刑期情况统计表

刑期	人数	比例
5年以下	3	0.044
5~10年	5	0.074
10年以上	36	0.529
无期	17	0.250
死缓	7	0.103
合计	68	1.000

表4-4　2001年某监狱全体民警收入情况统计表

收入（元）	人数
11000~16000	17
16000~21000	138
21000~26000	194
26000以上	63
合计	412

（2）组限，即分组的数量界限，包括上限和下限。每组的起点数值称为下限，其终点数值称为上限。表4-4中第一组的上限为16000元，下限为11000元。（3）闭口组和开口组。上限和下限都齐全的组，称为闭口组，如表4-4中的第一组。而有上限缺下

限或有下限缺上限的组称开口组，如表 4-4 中的最后一组。一般当资料中存在少数特大或特小的变量值时，往往采用开口组形式表示。(4) 组距，即各组上限与下限之差。通常以 i 表示，如表 4-4 中第一组组距为 5000。各组组距之和等于全距。(5) 组中值，即各组上限与下限的中点数值。在闭口组条件下，其计算公式为：组中值=（上限+下限）/2。对于缺上限或缺下限的开口组的组中值，其计算公式为：缺下限组中值=上限-邻组组距/2；缺上限组组中值=下限+邻组组距/2。

组中值是用来代表各组内实际变量值的，其前提条件是：各组的变量值在其组内是均匀分布的，或在组中值两侧呈对称分布。实际上，完全满足这一条件几乎不可能。因此，组中值只是各组变量值平均水平的一个近似的代表值。这一点是研究者应当明确的。

2. 连续变量数列

连续变量数列的编制比较复杂，通常包含以下几个步骤：

（1）求全距。全距指最大数与最小数之间的差距。从数据（已进行大小排序）中找出最大值与最小值，两者相减就是全距。

（2）确定组数与组距。在全距一定的条件下，组距的大小和组数的多少成反比关系。组距增大，组数就会相应减少，这样就容易把不同性质的单位归入一组，从而不能确切地反映出总体的分布特征。反之，组距减少，组数就会增多，这样也容易把同质单位划入到不同的组，同样不能反映出总体的分布特征。因此，在编制组距数列时，如何合理地确定组距的大小和组数的多少，是正确确定分组界限的一个技术。通常，当数据个数在 100 个以上时，习惯上分为 10~20 组，常取 12~16 组。如果数据的总体分布为正态，可用下面的经验公式计算组数（K）。

$K=1.87(N-1)^{2/5}$（N 为数据个数，K 取近似整数）

这个公式计算出的组数，只是一个近似约数，不是说 K 的整数值是多少，组数就是多少，因为究竟能分多少组，还与分组时最低组的下限以及组距 i 有关，因为 i=全距/K。

等距变量数列的组距 i 的计算公式为：

i＝全距/（1+3.322LgN）

（3）确定组限，列出分组区间。确定组限时，应注意以下几点：第一，组限最好采用整数表示，且各组下限尽可能取所选定组距的倍数。第二，组限通常不用负数表示，最小至零。第三，应使最小组下限不大于数据中的最小变量值；最大组上限不小于数据中的最大变量值。

组限的表示方式有多种，常用的如表 4-5 所示：

表 4-5　组限的各种表示方式

1	2	3	4	5	6	7
0~10	10 以下	0~	1~10 以下	0~9.99	0~10	0~9
10~20	10~20	10~	10~20 以下	10~19.99	10 以上~20	10~19
20~30	20~30	20~	20~30 以下	20~29.99	20 以上~30	20~29
30~40	30~40	30~	30~40 以下	30~39.99	30 以上~40	30~39
40~50	40~50	40~	40~50 以下	40~49.99	40 以上~50	40~49
50~60	50 以上	50~	50~60 以下	50~59.99	50 以上~60	50~59

表 4-5 中，（1）~（6）式，适用于表示连续型变量的组限，（7）式用于表示离散型变量的组限。

（4）登记并计算各组单位数。依次将数据登记到各个相应的组别内，然后计算各组内的总体单位数，并得出各组总体单位的分配次数和频数。

（5）采用统计表表示次数分布数列，完成编制。

四、统计表

统计表是用于显示统计数据的基本工具。在数据的搜集、整理、描述和分析过程中，都要使用统计表，同时，由于统计表给人以一目了然、简洁、清晰的印象，表中的数据易于比较分析，因此犯罪与罪犯统计研究中经常要用到统计表。

不过，分析目前现实犯罪与罪犯研究中使用统计表的情形，发现统计表使用的不那么规范，或者是统计表构成缺失，不完整；或者是不符合统计表的编制要求。综合以上因素，统计表的构成及编制要求有以下几点，希望能对犯罪与罪犯统计研究中统计表的规范使用起到一定作用，也便于相互间的学术交流。

统计表的构成及编制要求：

1. 序号

序号一般写在统计表的左上方，以在文章中出现的先后顺序排列。

2. 名称

又称标题，是一个表的名称，应写在统计表的上方。标题用语要简明扼要，使人一看就明白表的内容。一般需要表明统计数据的时间、地点以及何种数据。

3. 行标题和列标题

行标题和列标题通常安排在统计表的第一列和第一行，它所表示的主要是所研究问题的类别名称和指标名称。行标题和列标题很重要，它决定统计表的质量。

一份统计表，如果分类的标志只有一个，则写在表的第一列或第一行都可以（如表 4-4 所示）。如果分类的标志有两个，且二者没有隶属关系，则第一列和第一行各一个。如果两个分类标志有隶属关系，则都要在一个方位（或第一列或第一行），并分两行分述（如表 4-1 所示）。

4. 数字资料

数字资料是统计表的语言，又称统计指标。它占据统计表的大部分空间。数字资料书写一定要整齐划一，位数要以小数点为标准上下对齐，小数点后缺位的要补零，即一张统计表中小数点后的位数要一致，缺数字的项要划“—”，一张填好的统计表不应出现空白单元格。

5. 表注

表注写于表的下面。它不是统计表的必要组成部分。如果需要可对标题作补充说明。数据来源、附记等都可作为表注的内容，文字可长可短。

另外，还应注意以下几点：表的各纵行（或称纵列）之间一般要用线条隔开，但表的两边纵线可以省去；上下两边须有横线，列标题与数字间亦须有横线；而数字与总计间，两行数字之间，可以用线条，亦可以不用线条；表的上下二横线线条要粗些等。

五、统计图

统计图是依据数字资料，应用点、线、面、体、色彩等的描绘，制成整齐又有规律、简明又知其数量的图形。与统计表相比，统计图虽然不如它精确，但却更直观、生动、醒目。

统计图的结构有：

1. 图号与图题

图号是图的序号，图题即统计图的名称。图号与图题一般写在图的下方。

2. 图目

图目是写在图形基线上的各种不同类别、名称，或时间、空间的统计数量，即横坐标上所用的各种单位名称。

3. 图形

图形是图的主要部分。一般除图形线外，避免书写文字。要表示不同的结果，可用不同的图形线加以区别。各种图形线的含义可用图例标明，图例应选图中或图外适当位置表示。

4. 图注

凡图形的某个局部或某一点，需要借助文字或数字加以补充说明的，均称为图注。

另外，一个统计图中有各种线条，这些线条因在图中的位置不同而有不同的名称，包括：图形基线（横坐标）、尺度线（纵坐标）、指导线、边框线等，具体如图 4-1、图 4-2、图 4-3 所示。

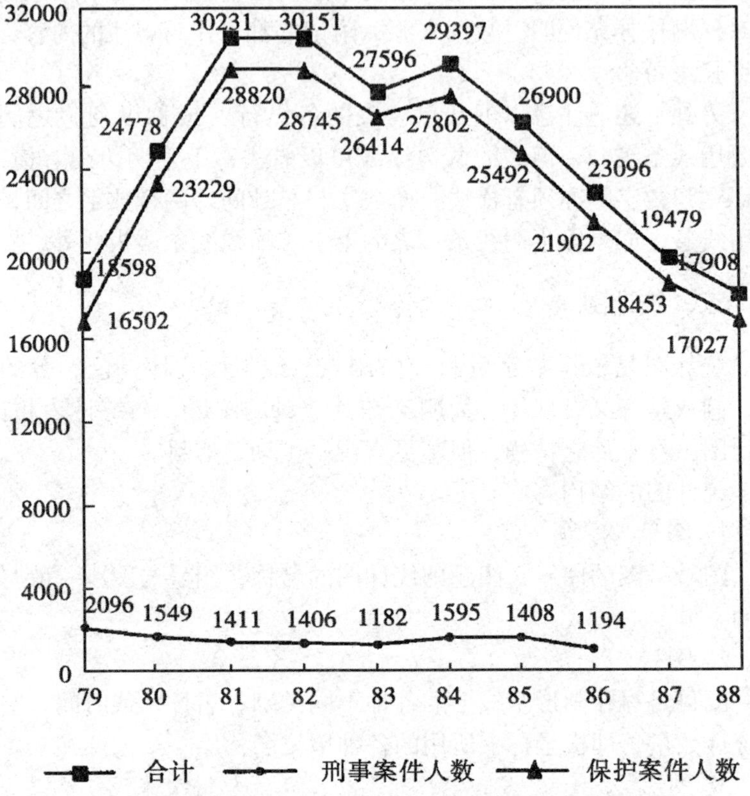

图 4-1　曲线图示例（近十年我国台湾地区少年儿童犯罪人数）

（资料来源：杨士隆著：《犯罪心理学》，高等教育
出版社 2002 年版，第 248 页。）

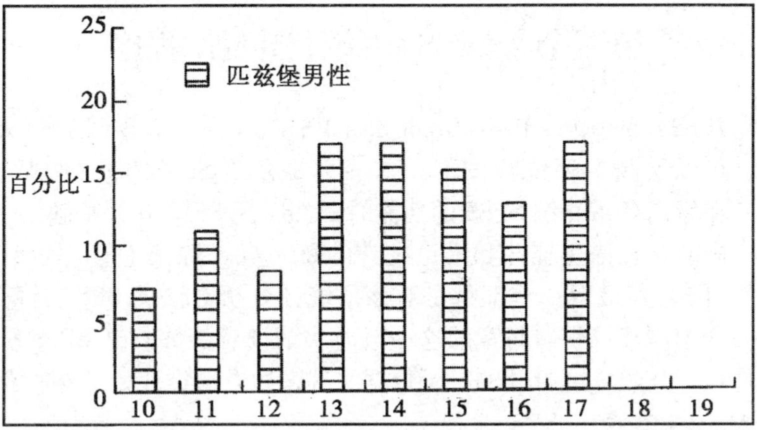

图 4-2 直条图示例（严重暴力行为在匹兹堡不同年龄段的流行趋势）

［资料来源：［美］Frank E. Hagan 著：《犯罪行为研究方法（第七版）》，刘萃侠等译，中国轻工业出版社 2009 年版，第 252 页。］

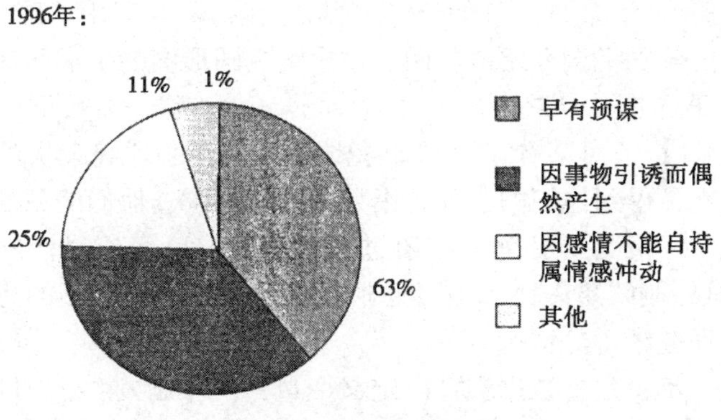

图 4-3 圆形图示例

（资料来源：周路主编：《犯罪调查十年——统计与分析》，天津社会科学院出版社 2001 年版，第 272 页。）

第三节 SPSS中统计图制作程序

SPSS（Statistics Package for Social Science）具有很强的制图功能，可以绘制多种统计图形。本书主要介绍SPSS10.0的制图过程。在后面各章介绍SPSS的功能时，都以SPSS10.0为基础。

同时，在描述统计和推论统计的每一章（除第七章“统计估计”外），其最后一节都将是对该章统计分析方法的SPSS计算过程的介绍。建议在看每章的这一节时，请读者能够打开SPSS统计软件包，并建立或打开的一个数据文件，边看边操作，这样收获会更大。

SPSS图形的制作可分为三个过程：

（1）建立数据文件；

（2）生成图形；

（3）修饰生成的图形。

有关SPSS数据文件的建立过程见附录SPSS应用基础。

下面分别举例介绍线条图、条形图、圆形图的生成步骤。

1. 线条图

【例1】 对某看守所85名犯罪嫌疑人作心理健康状况（SCL-90）测查，得到他们的心理健康数据，同时调查他们的犯罪类型以及法庭审理情况（分为未经历过法庭审理与已经历过法庭审理两类），试绘制线条图比较不同犯罪类型和法庭审理情形的犯罪嫌疑人的心理健康得分情况。

第一步：建立数据文件。定义变量：“总分”（心理健康测验得分）、“法庭审理”、“犯罪类型”。变量“法庭审理”中“未经法庭审理”赋值为1，“已经法庭审理”赋值为2；变量“犯罪类型”中“财产型”赋值为1，“暴力型”赋值为2，“性罪错型”赋值为3。把上述值与调查所得的数据输入SPSS中，并建立犯罪嫌疑人的数据文件。

第二步：从“Graphs”→“Line”，进入 Line Chart 对话框，弹出 Line Chart 定义选项框，有 3 种线图可选：Simple 为单一线图、Multiple 为多条线图、Drop-line 为落点线图。我们选取多条线图。

第三步：点击“Define”按钮，进入 Define Multiple Line：Summaries for Groups of Cases 对话框，在左侧的变量列表中选中“总分”并点击向右的箭头按钮使之进入 Lines Represent 栏的 Other summary function 选项的 Variable 框，选中“犯罪类型”，点击向右的箭头按钮使之进入 Category Axis 框，选中“法庭审理”，点击向右的箭头按钮使之进入 Define Lines by 框。

第四步：点击“Titles”按钮，弹出 Titles 对话框，在 Titles 栏内输入“犯罪嫌疑人 SCL-90 总分线条图”。点击“Continue”按钮返回 Define Multiple Line：Summaries for Groups of Cases 对话框，再点击“OK”按钮提交 SPSS 运行即可得到犯罪嫌疑人 SCL-90 总分线条图（如图 4-4 所示）。

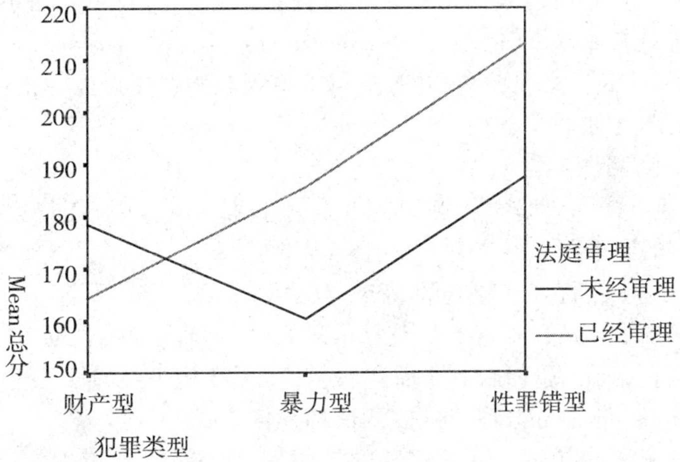

图 4-4　某看守所不同犯罪类型与法庭审理情况的犯罪嫌疑人 SCL-90 总分线条图

2. 条形图

【例2】 数据同［例1］。试绘制条形图比较不同犯罪类型和法庭审理情形的犯罪嫌疑人的心理健康得分情况。

第一步：打开已建立的SPSS数据文件。

第二步：从“Graphs”→“Bar”过程，进入Bar Chart对话框。有3种直条图可选：Simple为单一直条图、Clustered为复式直条图、Stacked为堆积式直条图。我们选复式直条图。

第三步：点击“Define”按钮，进入Define Multiple Line：Summaries for Groups of Cases对话框，在左侧的变量列表中选中“总分”并点击向右的箭头按钮使之进入Lines Represent栏的Other summary function选项的Variable框，选中“犯罪类型”，点击向右的箭头按钮使之进入Category Axis框，选中“法庭审理”，点击向右的箭头按钮使之进入Define Lines by框。

第四步：点击“Titles”按钮，弹出Titles对话框，在Titles栏内输入“犯罪嫌疑人SCL-90总分直条图”。点击“Continue”按钮返回Define Multiple Line：Summaries for Groups of Cases对话框，再点击“OK”按钮提交SPSS运行即可得到犯罪嫌疑人SCL-90总分直条图（如图4-5所示）。

3. 圆形图

【例3】 数据同［例1］。试绘制犯罪嫌疑人中不同犯罪类型的比例的圆形图。

第一步：打开已建立的SPSS数据文件。

第二步：从“Graphs”菜单的“Pie”过程，弹出Pie Chart定义选项框，在三种统计量描述模式中选择其中一项，我们选择Summaries for group of cases观测值描述模式。

第三步：点击“Define”按钮，弹出Define Pie：Values of individual cases对话框，在左侧的变量列表中选“犯罪类型”，点击向右的箭头按钮使之进入Slices Labels栏的Variable框，选“总分”，点击向右的箭头按钮使之进入Slices Represent框。点击“OK”按

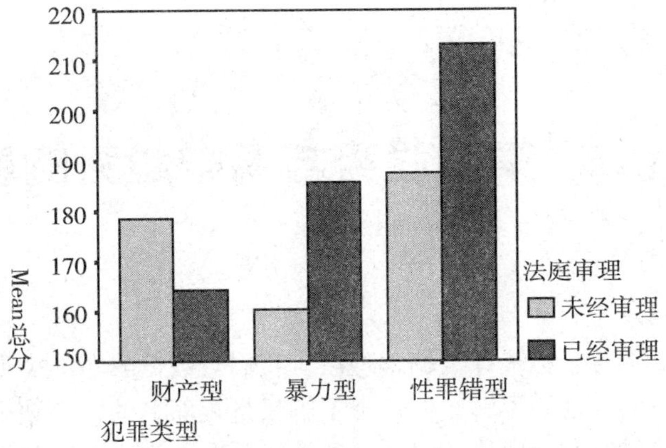

图 4-5 不同犯罪类型与法庭审理情况 SCL-90 总分关系的直条图

钮提交运行。

第四步：对所生成的圆形图进行编辑：双击 Output 中的圆图，产生图形编辑窗口，单击并选择“Chsrt”→“Options”，产生 Pie Options 圆图要素选择对话框。其他采用系统默认值。在 Label 标识处，选择 Text（扇面文字标识）和 Percent（扇面占整个百分比标识）。选择好后点击“OK”按钮。编辑后的圆图如图4-6 所示。

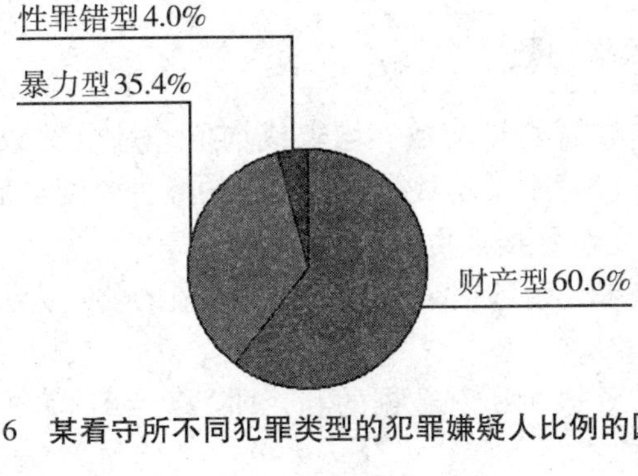

图 4-6 某看守所不同犯罪类型的犯罪嫌疑人比例的圆形图

第五章　集中趋势与离中趋势的度量

把犯罪与罪犯统计数据整理后，我们对数据分布的类型和特点就有了一个大致的了解，但这种了解只是表面上的，还缺少代表性的数量特征值准确地描述出统计数据的分布。为进一步掌握调查数据分布的特征和规律，进行更深入的分析，我们还需要找到反映数据分布特征的各个代表值。对统计数据分布的特征，可以从两方面进行测度和描述：一是分布的集中趋势，反映各数据向中心值靠拢或聚集的程度；二是分布的离散程度，反映各数据远离中心值的趋势。

第一节　集中趋势的度量

一、算术平均数

算术平均数简称平均数、均数或均值，是全部数据的算术平均，用 $\bar{X}$ 表示。算术平均数是集中趋势的最主要度量值。

（一）未分组数据平均值的计算方法

对于一组未分组数据，计算算术平均值的公式为：

$$\bar{X} = \sum X_i / N \qquad (5-1)$$

公式中 $\sum X_i$ 表示所有数据的和，即 $\sum X_i = X_1 + X_2 + \cdots\cdots + X_i$；N 为数据的个数。

【例 1】　10 名罪犯智力测量值如下，求平均智商。

87、96、100、88、98、109、102、94、93、99

根据公式（5-1）计算如下：

$\bar{X}=\sum X_i/N=(87+96+100+88+98+109+102+94+93+99)/10=96.6$

10名罪犯的平均智商为96.6分。

（二）已分组数据平均值的计算方法

原始数据经统计分组后，列成了一个次数分布表。这时，原始数据不见了，只能见到各分组区间和各组的次数（频率）。但是通过简单计算，可以得到组中值。在第四章已经介绍过组中值的计算方法。在犯罪与罪犯统计研究中，对他人调查所得的次级数据的统计分析会更多地遇到这种情况。此时，如何计算平均值？首先假设：散布在各区间内的数据围绕着该区间的组中值均匀分布，这就是说各区间的组中值可以代表落入该区间的各原始数据。有了这一基本假设，就可以根据计算未分组数据平均值的计算公式，计算分组数据的平均值了。具体计算公式为：

$$\bar{X}=\sum f_i X_i/N \qquad (5-2)$$

公式中 X_i 为各区间的组中值；

f_i 为各区间的次数；

N 为数据的总次数，即 $N=\sum f_i$。

【例2】 抽取某监狱100名罪犯，调查他们每月花费情况（单位：元），将得到的数据按第四章的方法整理成表5-1，试计算罪犯每月平均花费金额。

表 5-1　分组数据求平均数方法说明

分组区间	组中值（X）	f	fX
60~	61	1	61
63~	64	1	64
66~	67	3	201
69~	70	7	490
72~	73	10	730
75~	76	14	1064
78~	79	19	1501
81~	82	17	1394
84~	85	11	935
87~	88	8	704
90~	91	4	364
93~	94	3	282
96~	97	2	194
i=3		∑f=100	∑fX=7984

$\bar{X}=\sum fX/N=7984/100=79.84$（元）

这样就得到了罪犯平均每月花费金额为 79.84 元。

在第一章中曾举了一个男性强奸犯作案年龄的统计调查的例子。现在运用公式（5-2）计算如下：

强奸犯各组年龄的组中值为：16.5、21.5、30.5、45.5、58、65.5；

计算平均年龄的方法是：各年龄组的组中值乘以各自的人犯数，并求和，然后再除以总人数，即得到平均年龄。

$$\begin{aligned}\bar{X}&=\sum f_i X_i/N\\&=(16.5\times81+21.5\times660+\cdots\cdots+65.5\times48)/1908\\&=32.65\ (\text{岁})\end{aligned}$$

因此，1908 名男性强奸罪犯的平均年龄为 32.65 岁。

顺便指出的一点是，在本例原书稿中（李田夫、杨士祺、黄京平著：《犯罪统计学》，群众出版社 1988 年版，第 425 页），作者介绍时是要求计算调查数据的平均数以反映犯罪现象的一般的量，但在实际例子的计算中呈现给读者的却是计算强奸犯年龄中数的公式与 1908 名强奸犯的年龄中数。这一点请读者在阅读原例子时注意。

需要指出的是：用原始数据与用分组统计表计算的平均值，二者在数值上有少许差异。这是由于用分组统计表计算平均数时，先假设落入各区间的数据均匀分布在组中值上下，而实际情况却常常并非如此。从实际计算的结果看，二者相差不是很大，这对于后面将要涉及的统计分析没有什么影响。

（三）平均数的意义与应用

算术平均数是应用最普遍的一种集中量数，它是真值的最好的估计值。

1. 算术平均值具有以下优点

（1）反应灵敏。测量数据中任何一个数值的或大或小的变化，都能在算术平均数上反映出来。

（2）确定严密。计算平均数有确定的公式，只要数据相同，则所得平均数一定相同。

（3）简明易解。平均的概念简单明白，容易理解，较少数学抽象。

（4）计算简单。计算公式只是用简单的四则运算。

（5）符合代数方法进一步演算。可运用平均数作进一步的数学演算，如求离均差，以及方差等。

（6）较少受抽样变动的影响。在进行观测时，样本大小或个体的变化，对计算平均数影响很小。

2. 算术平均数也有一些缺点

（1）易受极端数据的影响。由于平均数反应灵敏，因此数据中若出现极端数据（极大或极小），就要影响平均数。例如，在对罪犯的某项测量中，大多罪犯得分较高，但是由于少数罪犯采取不合作态度而得分很低，这时若用平均数代表全部罪犯的成绩，则肯定偏低。

（2）出现模糊不清的数据时，无法计算平均值。因为计算平均数时需要每一个数据都加入计算。只要有一个数据含糊不清，就无法计算平均数。

（3）不同质的数据不能计算平均值。所谓同质数据，是指使用同一观测手段、采用相同的观测标准，能反映某一问题的同一方面特质的数据。如果使用了不同质的数据计算平均数，则该平均数不仅不能作为这组数据的代表值，而且有时反而会掩盖事物的本来面目，使人产生误解等问题。例如，罪犯参加“三课”学习，得到三个成绩，如果“三课”考试的难易程度和评分标准各不相同，此时若用总平均分数来表示某个罪犯的学习成绩，是不准确的。这就是因为应用了不同质的数据计算平均值的结果。

因此有以下结论，如果一组数据比较准确、可靠又同质，而且需要每个数据都参加计算，同时还需要作进一步的代数运算时，就要用算术平均数表示其集中趋势。如果一组数据中出现两极端的数据，或者有一些数据不清楚，或数据不同质，就不宜使用算术平均数。

二、中数与众数

（一）中数的概念与求法

中数，又称中位数，常用符号 Md 表示，是指位于一组数据中间位置的值。中数可能是数据中的某一个，也有可能不是。

1. 未分组数据求中数的方法

根据中数的概念，首先将数据按其数值大小排序，然后找出位于中间的那个数，就是中数。如果数据个数为奇数，则取序列为第（N+1）/2 的那个数据为中数；如果数据个数为偶数则取序列为第 N/2 与第 N/2+1 这两个数值的平均值为中数。

【例 3】　调查一组罪犯的服刑时间，得到一组数据，依大小排列为：1、5、6、7、9、10、11、15 年，计算其中数。

这组数据个数为偶数，则应计算序列为第 N/2 与第 N/2+1 这两个数值的平均值为中数。序列为 N/2=4 者是 7，序列为 N/2+1=5 者为 9，得中数为（7+9）/2=8。

2. 已分组数据求中数的方法

$$Md = L_b + (N \div 2 - F_b) \div f_{Md} \times i \qquad (5-3)$$

式中 L_b 为中数所在那一分组区间的精确下限，F_b 为含有中数那一区间以下各区间的次数和，f_{Md} 为中数所在那一分组区间的数据次数，i 为组距。

【例 4】 从［例 2］可以得到表 5-2 的分组数据，试求中数。

表 5-2 分组数据求中数方法说明

分组区间	F	CF	N=100
60~	1	1	（1）N/2=50
63~	1	2	（2）中数所在组区间是 77.5~80.5
66~	3	5	（3）中数所在组以下的次数和 F_b=36
69~	7	12	（4）f_{Md}=19，i=3
72~	10	22	用公式（5-3）
75~	14	36	Md=77.5+（50−36）/19×3=79.71
78~	19	55	
81~	17	72	
84~	11	83	
87~	8	91	
90~	4	95	
93~	3	98	
96~	2	100	

3. 中数的意义与应用

中数的优点：计算简单，容易理解。

中数的缺点：反应不够灵敏，两极端数值变化，对中数不产生影响；计算中数时，不是每个数据都加入计算，受抽样的影响较大，不如平均数稳定；中数不能作进一步的代数运算等。

下述情况应当用中数：（1）当一组测量数据出现两极端数值时；（2）当次数分布的两端数据或个别数据不清楚时；（3）当需要快速估计一组数据的代表值时。

（二）众数

1. 众数的概念与求法

众数，常用符号 Mo 表示，是指一组数据中出现次数最多的变量值。

众数可通过直接观察求得，不论是分组数据还是未分组数据。即通过观察找出出现次数最多的数据就是众数。例如，有一组数据为 3、5、6、3、2、7、3、8，其中 3 出现次数最多，3 即为众数。

对于分组数据，则次数最多的那一组区间的组中值即为众数。但是对于同一组数据，由于分组时组距大小可不同，各区间的上下限也可能不一致，故分组数据中，次数最多的那一组的组中值就可能不同，故众数也可能不同，可见，众数受分组的影响。

众数亦可通过公式求得。在分布接近正态的情况下，可用皮尔逊经验法：

$$Mo = 3Md - 2M \tag{5-4}$$

【例 5】 根据表 5-1 数据得 $\bar{X} = M = 79.84$，$Md = 79.71$，

则众数为：$Mo = 3 \times 79.71 - 2 \times 79.84 = 239.13 - 159.68$

$= 79.45$

用公式（5-4）计算的众数，只能作为一个近似值。

2. 众数的意义与应用

众数的优点：容易理解，较少受极端数值的影响。

众数的缺点：不稳定，受分组和样本变动的影响；不够灵敏，不是严格计算而来；众数不能作进一步的代数运算。

众数的应用：（1）当需要快速而粗略地寻求一组数据的代表值时；（2）当一组数据出现不同质的情况时，可用众数表示典型

情况；（3）当粗略估计次数分布的形态时，有时用平均数与众数之差，表示次数分布是否偏态的指标。

除上述介绍的均值、中数与众数之外，度量数据集中趋势的其他测度方法还有加权平均数、几何平均数、调和平均数、四分位数等。关于这些度量方法的计算公式与计算过程，有兴趣的读者可参阅相关统计学的书籍。

（三）平均值、中数、众数之间的比较

1. 平均值、中数、众数的关系

从分布的角度看，众数始终是一组数据分布的最高峰值，中位数是处于一组数据中间位置上的值，而均值则是全部数据的算术平均。因此，对同一组数据计算众数、中位数和均值，三者之间具有以下关系：在单峰分布条件下，如果数据分布是对称的，则众数（Mo）、中位数（Md）、均值（$\bar{X}$）必定相等，即 $Md = Mo = \bar{X}$；如果数据是左偏分布，说明数据存在极小值，必然拉动均值向极小值一方靠，而众数和中位数由于位置代表值，不受极值的影响，因此三者关系表现为：$\bar{X} < Md < Mo$；如果数据是右偏分布，说明数据存在极大值，必然拉动均值向极大值一方靠，则 $Mo < Md < \bar{X}$。

例如，调查天津市 1999 年犯罪人开始失业的年龄，[①] 以开始失业的日期减去出生的日期得到的数值，计算其平均值 $\bar{X} = 22.45$ 岁，中数 $Md = 19.33$ 岁，众数 $Mo = 16.61$ 岁。符合 $Mo < Md < \bar{X}$，说明数据存在极大值。

2. 平均值、中数、众数的特点与应用场合

前面已经就平均值、中数、众数的特点与应用场合作了介绍。下面结合数据的类型以列表形式再作总结。其中定类数据是指只按照事物的某种属性对其进行平行的分类或分组所获得的数据，如性别分为男、女，罪犯可分为成年犯与未成年犯，犯罪人的婚姻状况

① 周路主编：《犯罪调查十年——统计与分析》，天津社会科学院出版社 2001 年版，第 83 页。

可分为未婚、已婚、离婚、丧偶等。定序数据，是指对事物之间等级或顺序差别测量后所获得的数据，如犯罪人的文化程度可分为小学、初中、高中、大学及以上。定距数据，是指对事物类别或次序之间间距测量后所获得的数据，它表现为一个数值，如用百分制表示的考试成绩、智商值等。定比数据亦是事物类别或次序之间间距的测量后所获得的数据，但它有一个绝对固定的“零点”，如罪犯的收入，“0”元表示没有收入，犯罪人的年龄等。

表 5-3　数据的类型和所适用的集中趋势测度值

数据类型	定类数据	定序数据	定距数据	定比数据
适用的测度值	☆众数 — — — — —	☆中位数 四分位数 众数 — — —	☆均值 众数 中数 四分位数 — —	☆均值 调和平均数 几何平均数 中数 四分位数 众数

（注：☆为该数据类型最适合用的测度值。）

第二节　离中趋势的度量

集中趋势只是犯罪与罪犯现象统计数据分布的一个特征，它所反映的是各变量值向中心值聚集的程度。要了解各变量值之间的差异状况，还需要考察数据的分散程度。数据的分散程度是数据分布的另一个重要特征，它所反映的是各变量值远离中心值的程度，因此也称为离中趋势。集中趋势的各测度值是对数据一般水平的一个概括性度量，它对一组数据的代表程度取决于该组数据的离散水平。例如，某组罪犯自由活动时间中用于学习的时间分别是 20、25、30、35、40 分钟；另一组罪犯则是 5、15、30、45、55 分钟。两组罪犯自由支配时间中用于学习的平均时间都是 30 分钟，但是前一组罪犯平均时间 30 分钟代表性好，后一组罪犯平均时间 30 分钟代表性差。因此，数据的离散程度越小，集中趋势的测度值对该组数据的代表性就越好；离散程度越大，其代表性就越差。而离中趋势的各测度值就是对数据离散程度所作的描述。

一、方差与标准差

方差，也称变异数、均方，作为统计量，常用符号 S^2 表示；作为总体参数，常用符号 6^2 表示。它是每个数据与该组数据平均数之差乘方后的均值。标准差即方差的平方根，常用符号 S 或 SD 表示。若用 6 表示，则是指总体的标准差。

（一）方差与标准差的计算

1. 未分组数据求方差与标准差

基本公式是：

$$S^2=\sum(X_i-\bar{X})^2/N=\sum x_i^2/N \tag{5-5}$$

$$S=\sqrt{\sum(X_i-\bar{X})^2\div N}=\sqrt{\sum x_i^2\div N} \tag{5-6}$$

【例 6】 调查一组罪犯的刑期（如表 5-4 所示），试计算其方差与标准差。

表 5-4 方差与标准差计算方法说明

X_i（年）	$X_i-\bar{X}=x$	$x^2=(X_i-\bar{X})^2$	X_i^2
6	0	0	36
5	−1	1	25
7	1	1	49
4	−2	4	16
6	0	0	36
8	2	4	64
N=6 $\sum X_i=36$	$\sum x=0$	$\sum x^2=10$	$\sum X_i^2=226$

应用公式（5-5）、（5-6）的具体步骤是：（1）先求平均数 $\bar{X}=36/6=6$（年）；（2）计算 $X_i-\bar{X}$；（3）求 $(X_i-\bar{X})^2$ 即离均差 x^2；（4）各离均差的平方求和（$\sum x^2$）；（5）代入公式（5-5）、（5-6）求得方差与标准差。

本例计算结果如下：

$$S^2=10/6\approx1.67$$

$$S=\sqrt{10/6}\approx1.29$$

如果用原始数据求方差和标准差，则公式为：

$$S^2=\sum X_i^2/N-(\sum X_i/N)^2=\{N\sum X_i^2-(\sum X_i)^2\}/N^2$$

$$S=\sqrt{[N\sum X_i^2-(\sum X_i)^2]/N^2}=\sqrt{\frac{\sum X_i^2}{N}-(\frac{\sum X_i}{N})^2}$$

式中 $\sum X_i^2$ 为原始数据的平方和；

$(\sum X_i)^2$ 为原始数据总和的平方；

N 为数据个数。

2. 已分组数据求方差与标准差

对于已分组数据，方差与标准差的标准计算公式为：

$$S^2=\sum(X_i-X)^2f/\sum f \qquad (5-7)$$

$$S=\sqrt{\sum(X_i-\bar{X})^2f/\sum f} \qquad (5-8)$$

亦可用下述简便公式：

$$S^2=[\sum fd^2/N-(\sum fd/N)^2]\times i^2 \qquad (5-9)$$

$$S=\sqrt{\sum fd^2/N-(\sum fd/N)^2}\times i \qquad (5-10)$$

式中 $d=(X_C-AM)/i$；

AM 为估计平均数；

X_C 为各分组区间的组中值；

f 为各组区间的次数；

$N=\sum f$ 为总次数或各组次数和；

i 为组距。

【例 7】 以［例 1］的调查数据（如表 5-5 所示），来说明分组数据求方差与标准差的过程。

表 5-5　分组数据求方差与标准差方法说明

分组区间	X_C	F	d	fd	fd^2	计算
60~	61	1	-6	-6	36	$S^2=3^2\times[570/100-(28/100)^2]=50.5944$
63~	64	1	-5	-5	25	$S=7.113$
66~	67	3	-4	-12	48	
69~	70	7	-3	-21	63	
72~	73	10	-2	-20	40	
75~	76	14	-1	-14	14	
78~	79	19	0	0	0	
81~	82	17	1	17	17	
84~	85	11	2	22	44	
87~	88	8	3	24	72	
90~	91	4	4	16	64	
93~	94	3	5	15	75	
96~	97	2	6	12	72	
i=3		$\sum f=100$		$\sum fd=28$	$\sum fd^2=570$	

具体计算步骤：

第一步：设估计平均数 AM，任选一区间的组中值 X_C 充任；

第二步：求 d；

第三步：用 F 乘 d，并计算 $\sum fd$；

第四步：用 d 与 fd 相乘得 fd^2，并求 $\sum fd^2$；

第五步：代入公式（5-9）、（5-10）计算。

再对第一章中男性强奸犯作案年龄的调查结果来计算其年龄标准差。用公式（5-8）计算如下：

强奸犯各组年龄的组中值为：16.5、21.5、30.5、45.5、58、65.5；

计算强奸犯作案年龄的标准差的方法是：各年龄组的组中值减

去平均年龄后平方，乘以各自的人犯数并求和，然后除以总人数，所得到的值再开平方根，即得到标准差。

$$S=\sqrt{\sum(X_i-\overline{X})^2f/\sum f}$$

$$=\sqrt{(16.5-32.65)^2\times81+(21.5-32.65)^2\times660+\cdots+(65.5-32.65)^2\times48}$$

$$=12.26（岁）$$

再次指出的一点是，在本例原书稿中（李田夫、杨士祺、黄京平著：《犯罪统计学》，群众出版社 1988 年版，第 426~427 页）中，作者计算的标准差为 10.9963 岁，与在此计算的值不同。这是由于原书稿中在计算组中值时有错误，年龄组 16~17 岁的组中值应为 16.6 岁，36~55 岁的组中值应为 45.5 岁。这一点请读者在阅读原例子时注意。

（二）方差与标准差的意义

方差与标准差是表示一组数据离散程度的最好指标。其值越大，说明离散程度越大，其值小说明数据比较集中。它是统计描述和统计分析中最常应用的差异量数。特征是：（1）反应灵敏，每个数据取值的变化，方差或标准差都会随之变化；（2）有一定的计算公式严密确定；（3）容易计算；（4）适合代数运算；（5）受抽样变动的影响小，即不同样本的标准差或方差比较稳定；（6）方差还具有可加性，它是对一组数据中造成各种变异的总和的测量，能利用其可加性分解并确定出属于不同来源的变异性并可进一步说明每种变异对总结果的影响，是以后统计推论部分常用的统计特征数。

在描述统计部分，只需要标准差就足以表明一组数据的离中趋势了。标准差比其他各种差异量数都具有数学上的优越性，特别是当已知一组数据的平均数与标准差后，便可知占多少百分比的数据落在平均数上下各两个标准差或三个标准差之内。对于任何一个数据集合，至少有 $1-1/h^2$ 的数据落在平均数的 h（大于 1 的实数）个标准差之内（切比雪夫定理）。例如，某组数据的平均数为 100，标准差为 10，则至少有 75%（$1-1/2^2=0.75$）的数据落在 100±2×

10，即 80~120，至少有 88.9%（$1-1/3^2=0.889$）的数据落在 100±3×10，即 70~130。如果数据是呈正态分布，则数据将以更大的百分比落在平均数上下两个标准差之内（95%）或三个标准差之内（99%）。

（三）从不同样本的标准差求总标准差

由于方差具有可加性的特点，在已知几个样本的方差或标准差的情况下，可以计算几个样本联合在一起的总的方差或标准差。这种计算常在犯罪与罪犯研究的科研协作中应用。但这种方差或标准差的合成，只有在应用同一种观测手段，测量的是同一个特质，只是样本不同时，才能应用。

计算总方差或总标准差的公式如下：

$$S_T^2=[(N_1S_1^2+N_2S_2^2+\cdots\cdots+NnS^2n)+(N_1d_1^2+N_2d_2^2+\cdots\cdots+Nnd^2n)]/(N_1+N_2+\cdots\cdots+N_n) \quad (5-11)$$

$$S_T=\sqrt{[(N_1S_1^2+N_2S_2^2+\cdots\cdots+N_nS^2n)+(N_1d_1^2+N_2d_2^2+\cdots\cdots+N_nd^2n)]/(N_1+N_2+\cdots\cdots+N_n)} \quad (5-12)$$

式中 S_T^2 为总方差；

S_T 为总标准差；

$N_1\cdots Nn$ 为各样本数据个数；

$d_1=\bar{X}_T-\bar{X}_1$　$d_2=\bar{X}_T-\bar{X}_2$　$\bar{X}_T$ 为总平均数，$\bar{X}_n$ 为各样本的平均数。

【例 8】　某监区有四个分监区，各分监区罪犯的焦虑自评量表得分为：一分监区 110 名罪犯平均得分 38 分，标准差 8 分；二分监区 98 人平均得分 37 分，标准差 10 分；三分监区 102 人平均得分 36 分，标准差 7 分；四分监区 87 人平均得分 39 分，标准差 11 分。求该监区所有罪犯的焦虑平均得分和总标准差。

总平均得分：

$$\bar{X}_T=(38\times110+37\times98+36\times102+39\times87)/(110+98+102+87)$$
$$=14871/397=37.46(\text{分})$$

$d_1=37.46-38=-0.54$　　$d_2=37.46-37=0.46$

$d_3=37.46-36=1.46$　　$d_4=37.46-39=-1.54$

将上述数值代入公式，得：

$$S_T^2=(110\times8^2+98\times10^2+102\times7^2+87\times11^2)/(110+98+102+87)+[110\times(-0.54)^2+98\times0.46^2+102\times1.46^2+87\times(-1.54)^2]/(110+98+102+87)=82.72$$

总标准差 $S_T=9.37$。

二、全距、平均离差、四分位差

（一）全距

全距又称极差，用符号 R 表示，是一组数据最大值与最小值之差，即 R=最大值-最小值。全距是描述数据离散程度的最简单的测度值，计算简单，易于理解，但它容易受极端值的影响，不稳定、不可靠，不能准确地描述出数据的分散程度。因此，它一般用于研究的预备阶段，用它检查数据的大概散布范围，以便确定如何进行统计分组。

（二）平均离差

平均离差又称平均差，一般用符号 AD 表示。它是各变量值与其平均值离差绝对值的平均值。其计算公式为：

$$AD=\sum|X-\bar{X}|/N \tag{5-13}$$

平均差以均值为中心，反映了每个数据与均值的平均离差程度，能够全面准确地反映一组数据的离散状况。平均差越大，说明数据的离散程度越大；反之，则说明数据的离散程度越小。但由于平均差的计算要取绝对值，不利于代数方法的运算。同时，平均差在数学性质上也不是最优的，在进一步的统计分析中难以利用，因而实际中应用较少。

（三）四分位差

四分位差通常用符号 Q 来表示，它是上四分位数与下四分位数之差的一半。其计算公式为：

$$Q=(Q_3-Q_1)/2 \qquad (5-14)$$

四分位差反映了中间 50%数据的离散程度，其数值越小，说明中间的数据越集中；数值越大，说明中间的数据越分散。四分位差通常与中数联系起来共同应用，它不适合代数方法运算，反应不够灵敏，故实际中应用不多。其优点是，在两极端数据不清楚时，可以计算四分位差，而其他差异量数却难以发挥作用。

正如上面所说，方差和标准差是度量数据离散程度的最好指标。但是它有适用范围，即仅适用于定距数据和定比数据。对于一组定类数据，要度量其离散程度，可计算异众比率；而对一组定序数据，度量其离散程度的指标是四分位差。有关异众比率的计算方法请参考相关统计学书籍。数据的类型和所适用的离中趋势度量方法如表 5-6 所示：

表 5-6 数据的类型和所适用的离中趋势测度值

数据类型	定类数据	定序数据	定距和定比数据
适用的测度值	异众比率 — — — —	四分位差 异众比率 — — —	方差 标准差 全距 平均离差 四分位差

第三节 SPSS 中集中趋势与离中趋势的计算过程

对一组数据的集中趋势与离中趋势的度量，在 SPSS 中是最基本的统计运算，也是统计分析的第一步。做好第一步是后面要进行的推断统计的先决条件。SPSS 中关于集中趋势与离中趋势的计算，集中在频数分布表分析（Frequencies）中。

下面结合例子介绍 SPSS 对集中趋势与离中趋势的计算步骤。

【例9】　对某看守所132名犯罪嫌疑人情况作调查，现要求计算这132名犯罪嫌疑人的年龄的均值、中数、众数与标准差、四分位差。

计算过程：

第一步：建立数据文件。定义变量“年龄”，把132名犯罪嫌疑人的年龄输入SPSS中，从而建立起犯罪嫌疑人“年龄”变量的数据文件。

第二步：从“Analyze”→“Descriptive Statistics”→“Frequencies”，进入Frequencies对话框。点击对话框左边的“年龄”，再点击中间的箭头，把“年龄”选入Variables框。

第三步：单击“Statistics”按钮进入Statistics对话框，选中Mean、Median、Mode、Std. Deviation复选框。同时激活“Percentile（s）”选项，在其后面的空格中输入25，点击下面的“Add”按钮，增加25到Add后面的空格中；以同样方式输入50、75。单击“Continue”按钮，返回Frequencies对话框。

第四步：单击“OK”，得到如表5-7所示的结果。

表5-7　Statistics（统计结果）

年龄

N（人数）	Valid（有效）	132
	Missing（缺失值）	0
Mean（均值）		26.9848
Median（中数）		24.0000
Mode（众数）		17.00
Std. Deviation（标准差）		9.3409
Percentile（s）（百分位）	25	20.0000
	50	24.0000
	75	31.7500

表 5-7 中，最上方为表格名称，左上方为分析变量名——年龄，并可知有效样本量为 132 人，缺失值为 0 例。从结果可知，132 名犯罪嫌疑人年龄均值 Mean = 26.9848 岁，中数 Median = 24.0000 岁，众数 Mode = 17.00 岁，标准差 Std. Deviation = 9.3409，而四分位差要经过计算，即四分位差 =（31.75-20）/2 = 5.875。

【例 10】　对某看守所 196 名犯罪嫌疑人作焦虑自评量表（SAS）测查，现要求计算他们焦虑得分的均值、中数、众数与标准差、四分位差。

具体计算过程是：

第一步：打开犯罪嫌疑人有关“焦虑”的数据文件。前提是这 196 名犯罪嫌疑人的焦虑得分已经输入 SPSS 中，并建立了数据文件。

第二步：从“Analyze”→“Descriptive Statistics”→“Frequencies”，进入 Frequencies 对话框。点击对话框左边的“焦虑”，再点击中间的箭头，把“焦虑”选入 Variables 框。

第三步：单击“Statistics”按钮进入 Statistics 对话框，选中 Mean、Median、Mode、Std. Deviation 复选框。同时激活“Percentile（s）”选项，在其后面的空格中输入 25，点击下面的“Add”按钮，增加 25 到 Add 后面的空格中；以同样方式输入 50、75。单击“Continue”按钮，返回 Frequencies 对话框。

第四步：单击“OK”，得到如表 5-8 所示的结果。

表 5-8　描述统计（Statistics）

焦虑

N（人数）	Valid（有效）	163
	Missing（缺失值）	33
Mean（均值）		41.0491
Median（中数）		40.0000
Mode（众数）		36.00
Std. Deviation（标准差）		8.9352
Percentile（s）（百分位）	25	35.0000
	50	40.0000
	75	47.0000

在表 5-8 中，最上方为表格名称，左上方为分析变量名——焦虑，并可知有效样本量为 163 人，缺失值为 33 例。从结果可知，163 名犯罪嫌疑人焦虑均值 Mean = 41.0491 分，中数 Median = 40.0000 分，众数 Mode = 36.00 分，标准差 Std. Deviation = 8.9352，四分位差则要经过计算，即四分位差 =（47-35）/2 = 6 分。

第六章　相关分析

第一节　相关分析及其意义

一、相关分析概述

1. 相关的概念

事物间存在普遍联系的规律，是人们所共知的。一事物的发展变化影响另一事物的发展变化，它们之间存在相互关系。在犯罪与罪犯研究领域，各种现象之间存在复杂的相互联系。例如，一日中的不同时段与犯罪现象之间存在一定的关系，调查研究表明，晚上（19：00~24：00）作案最多，而凌晨（0：00~6：00）作案较少；[①] 中小学的学生流失率与未成年人犯罪数量之间存在一定的关系；罪犯刑满释放后就业情况与重新犯罪有关系，等等。通过对这些关系的分析，清晰相互之间的依存关系，从而掌握犯罪与罪犯矫正的规律，为更有效地预防和控制犯罪服务。

变量间的数量关系，存在两种不同类型。一种是函数关系，即当一个变量的值确定之后，另一个变量的值也随之完全确定，如一商场的商品销售额等于商品销售量乘以商品销售价格。另一种是相

① 周路主编：《犯罪调查十年——统计与分析》，天津社会科学院出版社 2001 年版，第 6 页。

关关系，即当一个变量的数量确定后，与其直接联系的另一变量的值也发生变化，但变化的数值不确定，如犯罪次数与结交不良朋友数的关系，罪犯矫正成功的概率与犯罪次数的关系，人的身高与脚长的关系等。

不同事物之间的相关关系有下列三种情况：一是两列变量变动方向相同，即一个变量变动时，另一变量亦同时发生或大或小的与前一变量同方向的变化，这称之为正相关。例如，身高与脚长的关系，一般地，身材越高脚长也越长；又如失业青年增多，青少年犯罪就相应地有所上升。二是两列变量中若有一列变量变动时，另一列变量呈或大或小但与前一列变量方向相反的变动，这称负相关。例如，犯罪次数越多，矫正成功的可能性就越小；青少年就学就业的人数越多，青少年犯罪数量相应地减少。三是两列变量之间无关系，即一列变量变动时，另一列变量作无规律的变动，称零相关。例如，工读学校学生的考试成绩与他们的身高之间的关系，就是零相关。

2. 相关系数

相关系数是两列变量之间相关程度的数字表现形式，它是表示相关程度的指标。在线性相关时，样本的相关系数，常用 r 表示，而作为总体参数的相关系数，一般用 ρ 表示。

相关系数的值介于-1.00~+1.00，一般是一个小数形式。相关系数的正负号，表示相关的方向，正值表示正相关，负值表示负相关。相关系数绝对值的大小表示相关的程度，绝对值越大相关程度越高。相关系数为 0 时，称零相关或无相关；相关系数为 1.00 时，表示完全正相关，相关系数为-1.00 时，表示完全负相关。

两变量之间存在相关关系，即使相关系数绝对值较大，也不一定存在因果关系。这一点是必须非常明确的。

计算相关系数一般要求成对的数据，即若干个体中每个个体要有两种不同的观察值。任意两个个体之间的观察值不能求相关。而且计算相关的成对数据的数目，一般以 30 对以上为宜。

二、相关系数及其计算

下面介绍的几种计算相关系数的方法，各有其适用范围。犯罪与罪犯研究工作者在运用这些方法计算相关系数和作相关分析时，一定要注意其适用条件。只有运用正确了，才能准确反映犯罪与罪犯现象之间的关系；否则，不仅可能把两个现象之间本没有关系的却因适用错误有了密切联系，或者是本来是有显著相关的却给算没了，而且所花费的大量时间变成了无用功，却给他人传递了错误的知识。这不是没有先例的。

1. 积差相关系数

积差相关，也称皮尔逊相关，是求直线相关的基本方法。

（1）积差相关的适用条件：

一方面，两列数据都是测量的数据，而且两列变量各自总体的分布都是正态的，即正态双变量。这里只要求保证双变量总体为正态分布，而对要计算相关系数的两样本的观测数据，并不要求一定是正态分布。

另一方面，两列变量之间的关系应是直线性的，如果是非直线性的两列变量，不能计算积差相关。那么，如何判断两列变量之间的相关是否是直线？可作相关散布图进行初步分析，也可查阅已有的研究结果论证。相关散布图是以二列变量中的一列变量为横坐标，以另一列变量为纵坐标，画散点图。如果所有散点分布呈椭圆型，则说明二变量之间呈线性关系，如果散点呈弯月状（不论弯曲度大小或方向），说明二变量之间呈非线性关系（如图 6-1 所示）。

积差相关系数的计算公式：

积差相关系数用 r 表示，则：

$$r=\frac{\sum xy}{NS_xS_y} \tag{6-1}$$

式中 $x=X-\bar{X}$，$y=Y-\bar{Y}$，N 为成对数据的数目，S_x 为变量 X 的

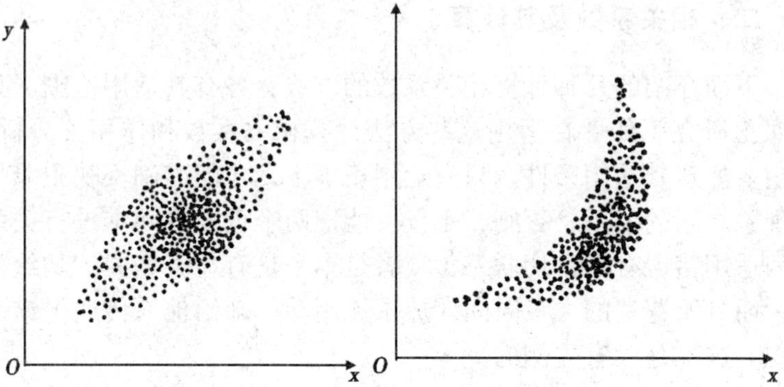

图 6-1　直线相关与曲线相关散布图

标准差，S_y 为 Y 变量的标准差。

如用原始数值计算，则上述公式可转换为：

$$r=\frac{\sum XY-\sum X\sum Y/N}{\sqrt{\sum X^2-(\sum X)^2/N}\times\sqrt{\sum Y-(\sum Y)^2/N}} \qquad (6-2)$$

（2）应用公式（6-1）计算积差相关系数，其步骤是：

第一步，计算平均数；

第二步，计算标准差；

第三步，求两个变量的每个观察值与各自的平均数的差；

第四步，把第三步计算所得的两个变量的离均差一一相乘，并求和；

第五步，代入公式计算相关系数。

（3）应用公式（6-2）计算积差相关系数，其步骤是：

第一步，求两个变量各自的每个观察值之和；

第二步，求两个变量各自的每个观察值平方后的和；

第三步，求成对的变量观察值的乘积之和；

第四步，代入公式计算相关系数。

下面举例说明积差相关系数的计算过程。

【例 1】　抽样调查 24 名青少年罪犯结交不良朋友的数目

（x），以及他们的犯罪次数（y），数据如表 6-1 所示，试分析不良朋友数目与犯罪次数之间的关系。

表 6-1 求相关系数计算过程说明

罪犯编号	结交不良朋友数（x）	犯罪次数（y）	x^2	y^2	xy
1	1	1	1	1	1
2	1	1	1	1	1
3	1	2	1	4	2
4	1	2	1	4	2
5	2	2	4	4	4
6	2	2	4	4	4
7	3	2	9	4	6
8	3	2	9	4	6
9	3	3	9	9	9
10	3	3	9	9	9
11	4	3	16	9	12
12	4	3	16	9	12
13	4	4	16	16	16
14	4	4	16	16	16
15	5	4	25	16	20
16	5	4	25	16	20
17	5	4	25	16	20
18	5	4	25	16	20
19	6	5	36	25	30
20	6	5	36	25	30
21	6	6	36	36	36
22	6	6	36	36	36
23	8	7	64	49	56
24	8	7	64	49	56
Σ	96	86	484	378	424

数据来源：高树桥、李从珠著：《犯罪调查及其统计方法》，群众出版社1986年版，第269页。

表6-1中已计算出$\sum X=96$，$\sum Y=86$，$\sum X^2=484$，$\sum Y^2=378$，$\sum XY=424$，代入公式（6-2），得到相关系数：

$$r=\frac{424-96\times86\div24}{\sqrt{484-96^2/24}\times\sqrt{378-86^2/24}}$$
$$=80/83.57$$
$$=0.9573$$

2. 斯皮尔曼等级相关和肯德尔等级相关

在犯罪与罪犯领域的研究中，有时搜集到的数据不是等距或等比的测量数据，而是具有等级顺序的测量数据，即前一章所说的定序数据，如对罪犯的年终考评中，管理罪犯的监狱警察把罪犯一年来的表现分为优秀、良好、中、合格、不合格，同监舍罪犯对他犯的表现作评价，亦分为优秀、良好、中、合格、不合格，这样就得到一组罪犯年终考评结果，它是一种等级顺序的数据；另外，即使搜集到的数据是定距或定比的数据，但其总体分布却不是正态的，不能满足积差相关的要求，如罪犯文化课学习成绩一般是非正态分布。

在上述两种情况下，如果要计算两列或两列以上变量的相关，就要用等级相关。等级相关对变量的总体分布不作要求，但要求是线性相关。因此，等级相关的适用范围比积差相关大。

（1）斯皮尔曼等级相关。

斯皮尔曼等级相关的适用数据资料：

适用于只有两列变量，变量都属于等级变量性质，且具有线性关系的数据资料。如果是定距或定比性质的变量，转换为等级后亦可计算斯皮尔曼等级相关，但精度稍差。因此，凡符合计算积差相关的数据资料，一般不要转换计算等级相关。

斯皮尔曼等级相关常用符号r_R表示。

计算公式：

$$r_R = 1 - 6\sum D^2 / N(N^2 - 1) \tag{6-3}$$

式中 D 为各对偶等级之差，$\sum D^2$ 是各 D 平方之和，N 为等级数目。

如果不用等级差数，而直接用等级序数计算，可用下式：

$$r_R = \frac{3}{N-1} \times \left[\frac{4\sum R_x R_y}{N(N+1)} - (N+1)\right] \tag{6-4}$$

式中 R_x、R_y 分别为二变量各等级数，$\sum R_x R_y$ 为各对偶等级序数乘积之和。公式（6-3）与（6-4）是等效的。

（2）肯德尔等级相关。

仅介绍肯德尔 W 系数。

肯德尔 W 系数的适用数据资料：

肯德尔 W 系数是表示多列等级变量相关程度的一种方法。资料来源是，K 个评价者对 N 件事物进行等级评定，或者一个评价者 K 次评价 N 件事物所得的数据资料。

计算公式：

$$W = S / [K^2 (N^3 - N) / 12] \tag{6-5}$$

式中$S = \sum (R_i - \sum R_i / N)^2 = \sum R_i^2 - (\sum R_i)^2 / N$

R_i 为每一件被评价事物的 K 个等级之和；

N 为被评价对象数目；

K 为评价者数目或等级变量的列数。

W 值介于 0 与 1 之间，计算值都为正值。若表示相关方向，可从实际资料中进行分析。

3. 点二列相关和二列相关

当一列变量为定距或定比的数据类型，另一列变量是按性质划分的类别，即定类数据，欲求这样两列变量之间的直线相关，需要采用点二列相关和二列相关。

（1）点二列相关。

点二列相关的适用数据资料：

两列变量中有一列为定距或定比的测量数据而且其总体分布为

正态，另一列变量是名义变量，如性别可分男、女，选择的答案只有是、否，或犯罪人只有男犯、女犯，或成年犯与未成年犯，此时应采用点二列相关。

计算公式：

$$r_{pq}=[(\bar{X}_p-\bar{X}_q)/St]\times\sqrt{p\times q} \tag{6-6}$$

式中$\bar{X}_p$是与一个二分变量对偶的连续变量的平均数；

$\bar{X}_q$是与另一个二分变量对偶的连续变量的平均数；

p与q是二分变量各自所占的比率，p+q=1；

S_t是连续变量的标准差。

（2）二列相关。

二列相关的适用数据资料：

两列变量均属于正态分布，其中的一列变量为定距或定比的测量数据，而另一列变量虽然也呈正态分布，但它被人为地划分为两类，如健康状态可视为正态分布，但将其分为健康与不健康两类，又如智力为正态分布，但按某种标准把它划分为正常与异常两类，等等。

二列相关与点二列相关的区别主要是（被）二分的变量是否为正态。

计算公式：

二列相关的计算公式有两个，它们是等效的。

$$r_T=[(\bar{X}_p-\bar{X}_q)/S_T]\times pq/y \tag{6-7}$$

$$r_T=[(\bar{X}_p-\bar{X}_T)/S_T]\times p/y \tag{6-8}$$

式中S_T与$\bar{X}_T$是连续变量的标准差与平均数；

$\bar{X}_p$为与二分变量中某一二分变量对应的连续变量的平均数；

$\bar{X}_q$为与二分变量中另一二分变量对应的连续变量的平均数；

p为某一二分变量在所有二分变量中所占的比率，p+q=1；

y 为 p 的正态曲线的高度，查正态表得到。

对斯皮尔曼等级相关和肯德尔 W 系数以及点二列相关和二列相关，在此仅指出了适用数据资料和计算公式，有关它们的应用没有举例。犯罪与罪犯研究工作者若要用该几个相关系数的计算公式，相信在理解的基础上能正确运用。同时，随着统计软件的应用，计算过程可以节省，主要的是要正确理解各统计量的含义。这一点是关键。

三、相关系数的显著性检验

前面已经讲到，相关系数是表示相关程度的指标，相关系数绝对值的大小表示相关的程度，绝对值越大两变量之间相关程度越密切。但是两个事物之间究竟是否存在密切相关，这要综合考虑。因为，当样本数目较小时，相关系数的波动比较大，对有些样本相关系数的绝对值容易接近于1；而当样本较大时，相关系数的绝对值容易偏小。特别应注意的是样本量较小时，由于受取样偶然因素的影响较大，很可能本来无关的两类事物，却计算出较大的相关系数来。因此，在样本容量较小时，仅凭相关系数较大就说明变量之间有密切的线性关系，就显得匆忙。对此，应当进行相关系数的显著性检验。

检验相关系数显著性的办法之一，是查相关系数的检验表，检验表参见本书附表2。表中列出了相关系数绝对值的起码值。当计算出变量之间的相关系数绝对值大于表中之值时，才可以认为两变量间有线性关系。一般地，当相关系数的绝对值大于表上5%相应的值，但小于表上1%相应的值时，称两变量间有显著的线性关系。当相关系数的绝对值大于表上1%相应的值时，称两变量间有十分显著的线性关系。而当相关系数的绝对值小于表上5%相应的值时，就认为两变量间没有明显的线性关系。

检验相关系数显著性的办法之二，是进行假设检验。这一内容属于推论统计的范畴，把它放在本书第八章中论述。

四、犯罪与罪犯研究相关分析的意义

在犯罪与罪犯研究中，相关分析有何意义呢？通过以下三个研究实例来阐明这一点。

实例一：关于违法犯罪行为与智力发展的相关研究①

国内外的研究人员在智力与犯罪行为发生的关系上存在多种观点。有学者认为，智力上的缺陷是犯罪的重要因素（1914 年，戈达德）。另有学者认为，智力有缺陷者在违法犯罪者中只占少数（1915 年，希利）。还有学者认为，违法犯罪行为与智力发育程度没有必然的联系。

为此，20 世纪 80 年代初，国内有学者采用韦克斯勒智力量表测量了某未成年犯管教所 119 名 16~19 岁的青少年罪犯（其中有的是收容教养少年）的智力水平，结果如表 6-2 所示。

表 6-2　119 名 16~18 岁未成年犯的智力差异的分配

IQ	69 以下	70~79	80~89	90~99	100~109	110~119	120~129	130 以上
人数	16	15	35	38	12	3	0	0
百分比%	13.45	12.61	29.41	31.93	10.08	2.52	0	0

调查结果说明，119 名未成年犯中，智力优秀（智商 120 以上）的没有；智力中上（110~119）的 3 人，占 2.52%；智力中等（90~109）的最多，有 50 人，占 42.01%；智力中下（80~89）的有 35 人，占 29.41%；智力属低能边缘（70~79）的 15 人，占 12.61%；而智力有缺陷（69 以下）的 16 人，占 13.45%。因此，调查的未成年罪犯中智力属于中等和中下的多，占 71.42%。

研究者还把 119 名未成年犯按违法犯罪的性质划分成四种类型，并分别计算他们的智商。结果是：伤害类犯罪人平均 IQ 为

① 李田夫等著：《犯罪统计学》，群众出版社 1988 年版，第 40~43 页。

93.60，抢劫类为88.80，盗窃类为84.69，流氓类为82.57。因此，伤害类犯罪的未成年犯的智力属于中等，其他犯罪类型的未成年犯都属于智力低下，这其中流氓类犯罪的未成年犯罪人的智商又是最低的。

上述调查结果并不能明确智力与犯罪之间的关系，为此研究者进一步作了相关分析。

在119名未成年犯中，91人的违法犯罪次数能够精确统计，因此研究者计算了他们的违法犯罪次数与其智力发展的相关程度并作相关显著性检验。采用Spearman等级相关法，并按未成年犯的不同犯罪类型，分别计算两者的相关程度，结果如表6-3所示。

表6-3　违法犯罪行为与智力发展的相关程度

违法犯罪类型	人数	Spearman 等级相关	换成pearson 相关系数值	相关 显著性检验
盗窃	35	-0.1697	-0.18	P>0.05
抢劫	22	-0.1850	-0.20	P>0.05
伤害	9	-0.2475	-0.26	P>0.05
流氓	25	-0.3705	-0.39	P>0.05

结果表明，违法犯罪行为和行为人智力发展的相关程度是很低的，经t检验，这些相关都无显著意义。其中流氓类接近于相关系数的显著性界限。

研究者又对流氓类中那些实施奸淫幼女行为的未成年犯进行了相关分析。结果，5名实施奸淫幼女行为的未成年犯，其Spearman等级相关系数为-0.9486，pearson相关系数值为-0.95，t检验显著。

因此，研究者通过相关分析，得出以下结论：（1）盗窃、抢劫、伤害等行为和智力发展没有明显的相关关系，即这三种类型的犯罪和犯罪者的智力发展无关。（2）流氓类和智力发展有相关关系，但不显著。（3）奸淫幼女行为与智力发展有显著的负相关关系，两者关系密切。总之，作为整体的青少年违法犯罪行为和他们的智力发展不存在明显的相关关系，但某些类型的违法犯罪行为与行为人的智力发展状况有着程度不等的相关关系。

这是一个比较成功地运用相关分析研究犯罪与罪犯现象的案例。通过青少年罪犯的违法犯罪次数与智力发展水平的相关分析，明确了两者之间的关系，在一定程度上解决了国内外关于智力与犯罪行为的关系问题。但是，笔者还是想在这里指出，主要是由于调查的样本量太小，相关分析中只有盗窃类的样本量在30以上，其他都在30以下，特别是关于奸淫幼女行为与智力发展的关系的结论，仅仅只有5个测量样本，结论的普遍性似乎应受到质疑。

实例二：违规罪犯类型与罪犯心理健康状况及人格特征的关系研究

（一）问题的提出

罪犯违反监规纪律，主要是罪犯的主观恶性在服刑期间的外化表现。由于罪犯的主观恶性和恶习有深有浅，加上罪犯原有犯罪心理各不相同，致使有的罪犯能够遵守监规纪律，有的罪犯却无法把握自己，出现违反监狱规章制度的行为，因此不同类型的违规罪犯其心理与行为具有差异性。有学者研究认为，违规罪犯往往在人格发展和人格结构上明显偏离正常范围，以致不能适应社会环境的变化及社会与改造规范的要求，表现出不同程度的人格障碍。同时，由于罪犯认识能力差，人格异常，无疑造成他们人际关系疏远、紧张、心理失衡、心理危机和社会适应不良等问题，更容易促使其产生反社会倾向和违规行为。另有学者研究认为，罪犯违规心理主要表现为敌对、逆反、疑惧、悔恨、自卑绝望以及执拗的个性特征。而有研究者对罪犯攻击行为的分析发现，罪犯的情绪障碍、人格障碍、认知障碍以及不良需要等因素对其攻击行为产生影响，EPQ测验61%的罪犯表现出情绪不稳定，MMPI测验则表现为病态人格、精神分裂症、轻躁狂量表分显著高于其他罪犯类型。

因此，已有的对罪犯违规行为或相关行为的心理研究表明，违规罪犯在监内的心理状态及人格特征具有特殊性。但是，这一结论主要来自于研究者的思辨，缺乏实证基础。而且，对于违规严重程度不同的罪犯，其心理状况及人格特征又如何，缺乏研究。

（二）研究对象与方法

1. 研究对象

分层随机抽取某省三个监狱罪犯各 60 名，共计 180 人，罪犯分层为“严重违规”、“大错不犯，小错不断”和“无违规”三个层次，每个层次 60 人。“严重违规”指在一年内有一次性被扣 2 分及以上的违规；“大错不犯，小错不断”指常被训诫，扣 0.5 分左右的违规（简称“常违规”）；“无违规”指一年内无违规扣分。

180 名罪犯基本情况：全部为男性；平均年龄 31.83±7.14 岁；平均服刑时间 5.09±3.52 年；财产型罪犯占 57.5%，暴力型罪犯占 33.5%，性罪错型罪犯占 9%；未婚 61.5%，已婚 29.6%，离婚 8.9%；文化程度小学及以下 17.9%，初中 52.5%，高中 21.2%，大专及以上 8.4%。

2. 研究方法

采用症状自评量表（SCL—90）测量三类罪犯的心理健康状况，分别考察躯体化、强迫、人际关系敏感、抑郁、焦虑、敌对、恐怖、偏执、精神病性和总分 10 个方面；用艾森克人格问卷（EPQ）测量三类罪犯的人格特征，分别考察精神质 P、内外向 E、神经质 N、掩饰性 L 四个人格维度。

罪犯作团体测量，不记名。发放问卷 180 份，收回 180 份，有效 179 份。测量数据用 SPSS10.0 作统计分析。

（三）结果与分析

1. 违规罪犯 SCL—90 测试结果

由表 6-4 可知，三类罪犯 SCL—90 各维度及总均分除恐怖因子外都存在非常显著差异。除恐怖因子外，严重违规罪犯各因子的平均得分都已经超过 2 分，常违规罪犯的平均得分或超过 2 分或接近2分，而无违规罪犯的平均得分都在2分以下。

进一步比较三类罪犯间心理健康状况的差异情况（单因素方差分析），结果有三种类型：一是在躯体化、强迫、焦虑及总均分上，1、2类罪犯之间无显著差异，但他们都与3类罪犯间存在显著差异；二是在人际敏感、抑郁、敌对上，1、2、3类罪犯之间都存在显著差异；三是在偏执、精神病性上，1类罪犯与2、3类罪犯之间存在显著差异。

表6-4　三类罪犯SCL—90测试结果方差分析表　　n=179

	罪犯类型			$F_{(2,176)}$
	1	2	3	
躯体化	2.20±0.63	2.13±0.78	1.68±0.57	11.24***
强迫	2.32±0.79	2.19±0.76	1.88±0.60	6.42**
人际敏感	2.14±0.64	1.85±0.58	1.63±0.46	11.96***
抑郁	2.37±0.67	2.06±0.75	1.76±0.60	12.01***
焦虑	2.14±0.68	1.92±0.72	1.62±0.57	9.45***
敌对	2.35±0.76	1.99±0.79	1.70±0.66	11.35***
恐怖	1.56±0.48	1.59±0.71	1.36±0.48	2.95
偏执	2.30±0.72	1.98±0.77	1.74±0.63	9.21***
精神病性	2.05±0.55	1.88±0.58	1.74±0.56	4.55**
总均分	2.18±0.53	1.99±0.64	1.71±0.49	10.92***

** $p<0.01$　　*** $p<0.001$

注：罪犯类型“1”为严重违规罪犯，“2”为常违规罪犯，“3”为无违规罪犯（下同）。

2. 违规罪犯EPQ测试结果

表6-5显示，三类罪犯在EPQ的P、N维度上存在显著差异。

进一步比较不同类型罪犯间人格特征的差异，有两种情况：一是在 P 分量表上，1、2 类罪犯之间无显著性差异，但他们都与 3 类罪犯间存在显著差异，表明违规罪犯（1、2 类罪犯）的 P 分显著高于无违规罪犯；二是在 N 分量表上，1 类罪犯与 2 类罪犯间差异显著，即严重违规罪犯 N 分显著高于常违规罪犯，但 1 类罪犯与 3 类罪犯，2 类罪犯与 3 类罪犯间都无显著差异，说明三类罪犯在 N 维度上的显著差异是由严重违规罪犯与常违规罪犯之间的差异造成的。这第二种情况可能出乎诸多研究者意料之外。

表 6-5　三类罪犯 EPQ 测试结果方差分析表　　n=179

	罪犯类型			$F_{(2,176)}$
	1	2	3	
精神质	56.91±10.71	55.69±11.38	51.63±12.19	3.52*
内外向	52.67±9.85	53.61±9.54	54.30±10.36	0.39
神经质	56.61±10.61	51.48±11.13	52.62±12.34	3.12*
掩饰性	46.90±9.66	46.17±10.84	46.70±10.87	0.08

*　$p<0.05$

3. 违规罪犯心理测量结果的相关分析

计算罪犯类型与 SCL—90 总分之间的 Spearman 等级相关系数，结果 $r=-0.380$，达到 0.01 的显著水平，说明罪犯类型与其心理健康之间确实存在一定的联系，并且它们之间呈现为十分显著的负相关。由于罪犯类型从 1 到 3，违规严重程度是重、轻、无，因此上述结果表明罪犯违规程度越严重，心理健康状况越差。

计算罪犯类型与 EPQ 各维度的 Spearman 等级相关系数，结果罪犯类型与 P 分量表分的相关系数 $r=-0.179$，达到 0.05 的显著水平，与其他分量表分的相关系数没有达到显著性水平，说明罪犯类型与 P 分显著相关，并且是显著负相关。从违规的严重程度来说，则与 P 分显著正相关。

(四) 讨论

1. 违规罪犯心理健康状况

SCL—90 测量结果显示，严重违规、常违规和无违规罪犯之间在不同的分量表或总均分上存在显著差异，而且在有差异的方面都呈现为严重违规罪犯的平均得分显著高于常违规罪犯，常违规罪犯又显著高于无违规罪犯的规律，因此严重违规罪犯的心理健康状况差于常违规罪犯，常违规罪犯又差于无违规罪犯。这与通常的认知相符。

与无违规罪犯相比，严重违规罪犯除恐怖因子外其余因子及总均分都非常显著地高，而常违规罪犯除恐怖、偏执、精神病性因子外其余因子及总均分显著地高。因此，如果以无违规罪犯的心理健康状态为基数，则常违规罪犯表现出强迫、人际关系敏感、抑郁、焦虑、敌对、躯体化等心理症状，而严重违规罪犯除了常违规罪犯的心理症状外，还存在偏执、精神病性等特有的症状。

但是，三类罪犯在恐怖因子上无显著差异，这是因为被测查罪犯的服刑时间都在 1 年以上，他们对监狱的规范、流程与生活都已经较为熟悉，服刑生活的不确定性都较小，造成其恐惧的情境较为一致，因此恐怖因子差异没有达到显著性。

2. 违规罪犯的人格特征

EPQ 测验显示，严重违规罪犯与常违规罪犯在 P 分量表上的平均得分无显著差异，但都显著地高于无违规罪犯。这表明违规罪犯与非违规罪犯在人格特征上存在一定的差异。违规罪犯精神质得分为高分，人格特征表现为冷漠、孤僻、不关心人、难以适应外部环境、缺乏同情心、对人抱有敌意、喜欢寻衅滋事等。这些人格特质将催化罪犯产生违规行为。

3. 严重违规、常违规、无违规罪犯的心理存在差异性

本次调查表明，严重违规、常违规与无违规三类罪犯之间在心理健康的人际关系敏感、抑郁和敌对三个维度上存在显著差异；而总痛苦水平（总均分）及躯体化、强迫、焦虑等方面，严重违规

与常违规这两类不同违规程度罪犯之间没有显著差异，但是他们与无违规罪犯之间存在显著差异；而在偏执、精神病性两个因子上，严重违规罪犯与常违规罪犯、无违规罪犯间有显著差异。同时，EPQ 的 P 分显示为不同违规程度罪犯之间无显著差异但与无违规罪犯间有显著差异；N 分则是严重违规罪犯与常违规罪犯间有显著差异，与无违规罪犯间没有显著差异，并且常违规罪犯与无违规罪犯亦没有显著差异。因此，严重违规罪犯与常违规罪犯在心理健康状况和人格特征上有许多共性，但是仍然存在差异性，而且与无违规罪犯差异较大，因此严重违规罪犯、常违规罪犯和无违规罪犯是三个不同总体，他们各有区别于他类罪犯的特殊心理卫生问题和人格特征。然而，三类罪犯无论是在心理健康症状上，还是在人格特征方面，他们之间的差异并非是简单的一类比另一类差，而是具有一定的复杂性。当然总体情况是：严重违规罪犯心理卫生问题最多、最广泛，心理健康状况最差，人格特征表现为精神质（高 P）和神经质（高 N）；常违规罪犯心理卫生问题次之，人格特征表现为精神质（高 P），无违规罪犯心理健康状况最好。

4. 违规罪犯类型与心理健康状况及人格特征之间存在一定的关系

本研究表明，违规罪犯类型与心理健康总分之间存在十分显著的相关关系，两者关系密切。而违规罪犯类型与人格特征之间，在精神质维度上有显著相关，因此人格特征的精神质维度与违规罪犯类型关系密切，而神经质、内外向维度与违规罪犯类型之间没有显著的相关关系，违规罪犯类型与这两个维度关系不密切。

5. 违规罪犯类型心理需作进一步研究

虽然本次调查揭示了违规罪犯类型心理的一些差异性特征，但是研究还需要进一步深入。同时，本次调查存在以下问题：一是取样监狱少、样本量小，研究结论的普遍意义受到影响。二是严重违规罪犯类型的样本存在一定问题。由于在罪犯考核中管理部门对一次性需扣 2 分考核分的情况较为慎重，因此当要抽取 30 人以上的样本量时，需要在时间跨度为一年的范围内才能做到；而 SCL—90 要求被测者对一周内的心理健康状况作自评。这就使得测量结果不一定反映了罪犯严重违规时的心理状态，但反映了该类罪犯平时的心理健康状况。同时，由于 EPQ 测验所能提供的有关被测者的信息较少，建议采用 16PF、MMPI 等量表，以提供有关违规罪犯人格特征的更多信息。

（注：实例二还运用了方差分析的知识，有关方差分析的内容请参阅本书第九章。）

实例三：罪犯教育改造现状认知实证研究

【摘要】683 名罪犯对目前教育改造现状认知持较为肯定态度，特别是“三课教育”、文明管理与心理矫治，70%以上的罪犯认同或认为有帮助。罪犯在个别教育认知上出现分化，16.3%的罪犯认为开展得好，13.8%的罪犯认为没开展。近半数罪犯认为监狱人文精神一般。罪犯服刑时间与其教育改造现状认知显著相关，表现为随服刑时间推移对教育改造工作认知评价趋向负面。服刑一年以上与一年以下罪犯在教育改造认知评价上存在显著差异，表现为前者负性认知显著地多于后者。

【关键词】罪犯；教育改造；认知评价；实证研究

监狱的基本功能是惩罚与改造罪犯。罪犯对监狱机关开展的教育改造活动持有怎样的认知评价，国内除了描述性分析外，[①②] 较少实证研究。基于此，笔者就罪犯对监狱教育改造现状的认知进行了调查研究。

---

① 山东省鲁南监狱课题组：《“90 后”罪犯改造工作探索与思考》，载《犯罪与改造研究》2012 年第 10 期，第 21~24 页。

② 孙咏梅：《提高服刑人员教育改造质量之思考》，载《犯罪与改造研究》2013 年第 10 期，第 59~63 页。

（一）研究对象与方法

1. 研究对象

在某省的省属与市属监狱随机抽取694名罪犯作问卷调查，获有效问卷683份，有效率98.4%。其中，男犯457人，占66.9%；女犯226人，占33.1%。刑期最短1年2个月，最长20年，另有95名无期徒刑犯和50名死缓犯。被调查人员中服刑时间最短1个月，最长16年2个月，平均服刑时间为3年。小学文化程度的124人，初中文化386人，高中文化124人，大专文化41人，本科1人，7人未答。案由有盗窃、抢劫、故意杀人、强奸、故意伤害、绑架、贩毒、诈骗、聚众斗殴、贪污受贿、赌博、交通肇事等近30个罪名。

2. 研究方法

采用问卷调查方式。自编监狱教育改造工作现状调查问卷，包括对教育改造总体评价、教育与惩罚关系、文明管理、教育内容与时间安排、教育方式方法等18个关于教育改造工作项目和8个有关罪犯性别、年龄、文化程度、婚姻、子女、单独或共同犯罪、案由、刑期、服刑时间等题目。问卷不记名，采用集体填答方式，由笔者主持完成。

3. 数据处理

有效问卷输入SPSS作描述统计分析、相关分析与卡方检验。

（二）结果与分析

1. 罪犯对教育改造现状认知的描述统计

（1）教育改造工作总体感觉。

677名罪犯对教育改造工作总体感觉的调查结果如表6-6所示。

表 6-6 教育改造工作总体感觉情况表

教育改造工作总体感觉					
	选择答案	选择人数	百分比	有效百分比	累积百分比
有效	不那么好	51	7.5	7.5	7.5
	一般	264	38.7	39.0	46.5
	比较好	265	38.8	39.1	85.7
	非常好	97	14.2	14.3	100.0
	合计	677	99.1	100.0	
系统缺失		6	0.9		
总计	683	100.0			

表 6-6 结果表明，14.3%的罪犯认为教育改造工作总体感觉“非常好”，39.1%的罪犯认为“比较好”，39.0%的罪犯认为“一般”，只有 7.5%的罪犯认为“不那么好”。

（2）教育改造工作总体科学性。

680 名罪犯对教育改造工作从总体上看科学性情况调查结果如表 6-7 所示。

表 6-7 教育改造工作科学性情况表

教育改造工作总体科学性					
	选择答案	选择人数	百分比	有效百分比	累积百分比
有效	强	118	17.3	17.4	17.4
	比较强	195	28.6	28.7	46.0
	一般	310	45.4	45.6	91.6
	不那么科学	57	8.3	8.4	100.0
	合计	680	99.6	100.0	
系统缺失		3	0.4		
总计	683	100.0			

表 6-7 结果表明，17.4%的罪犯认为教育改造工作从总体上看科学性“强”，28.7%的罪犯认为“比较强”，45.6%的罪犯认为“一般”，只有 8.4%的罪犯认为“不那么科学”。

（3）“改造第一，生产第二”状况。

681 名罪犯对“改造第一，生产第二”状况调查结果如表6-8所示。

表 6-8 “改造第一，生产第二”状况统计表

“改造第一，生产第二”状况					
	选择答案	选择人数	百分比	有效百分比	累积百分比
有效	好	294	43.0	43.2	43.2
	比较好	219	32.1	32.2	75.3
	不那么好	66	9.7	9.7	85.0
	不好，刚好相反	102	14.9	15.0	100.0
	合计	681	99.7	100.0	
系统缺失		2	0.3		
总计	683	100.0			

表 6-8 结果表明，43.2%的罪犯认为“改造第一，生产第二”状况为“好”，32.2%的罪犯认为“比较好”，9.7%的罪犯认为“不那么好”，而 15.0%的罪犯认为“不好，刚好相反”。

（4）监狱文明管理情况。

680 名罪犯对文明管理情况调查结果如表 6-9 所示。

表 6-9　监狱文明管理情况表

监狱文明管理情况					
	选择答案	选择人数	百分比	有效百分比	累积百分比
有效	比较差	30	4.4	4.4	4.4
	一般	172	25.2	25.3	29.7
	比较好	274	40.1	40.3	70.0
	好	204	29.9	30.0	100.0
	合计	680	99.6	100.0	
系统缺失		3	0.4		
总计	683	100.0			

表 6-9 结果表明，30.0%的罪犯认为监狱在文明管理方面为“好”，40.3%的罪犯认为“比较好”，25.3%的罪犯认为“一般”，仅 4.4%的罪犯认为“比较差”。

（5）监狱人文精神情况。

674 名罪犯对监狱人文精神情况调查结果如表 6-10 所示。

表 6-10　监狱人文精神情况表

监狱人文精神					
	选择答案	选择人数	百分比	有效百分比	累积百分比
有效	不好，缺乏人文精神	44	6.4	6.5	6.5
	不那么好	63	9.2	9.3	15.9
	一般	317	46.4	47.0	62.9
	好	250	36.6	37.1	100.0
	合计	674	98.7	100.0	
系统缺失		9	1.3		
总计	683	100.0			

表 6-10 结果表明，37.1%的罪犯认为监狱人文精神情况为“好”，47.0%的罪犯认为“一般”，9.3%的罪犯认为“不那么好”，而 6.5%的罪犯认为“不好，缺乏人文精神”。

（6）惩罚与教育改造关系处理情况。

676 名罪犯对监狱在惩罚与教育改造关系处理上的调查结果如表 6-11 所示。

表 6-11 惩罚与教育改造关系处理情况表

惩罚与教育改造关系					
	选择答案	选择人数	百分比	有效百分比	累积百分比
有效	惩罚为主	123	18.0	18.2	18.2
	教育为主	296	43.3	43.8	62.0
	教育与惩罚并重	205	30.0	30.3	92.3
	不清楚	52	7.6	7.7	100.0
	合计	676	99.0	100.0	
系统缺失		7	1.0		
总计	683	100.0			

表 6-11 结果表明，受调查罪犯中 30.3%的罪犯认为“教育与惩罚并重”，43.8%的罪犯认为“教育为主”，18.2%的罪犯认为“惩罚为主”，7.7%的罪犯表示“不清楚”。

（7）监狱教育活动与罪犯需求关系情况。

682 名罪犯对教育活动安排是否符合他们需求的调查结果如表 6-12 所示。

表 6-12　监狱教育活动与罪犯需求关系情况表

教育活动与罪犯需求					
	选择答案	选择人数	百分比	有效百分比	累积百分比
有效	符合	155	22.7	22.7	22.7
	比较符合	261	38.2	38.3	61.0
	有些符合	153	22.4	22.4	83.4
	不那么符合	113	16.5	16.6	100.0
	合计	682	99.9	100.0	
系统缺失		1	0.1		
总计	683	100.0			

表 6-12 结果表明，罪犯认为教育活动“符合”他们需求的比例是 22.7%，“比较符合”比例是 38.3%，“有些符合”比例是 22.4%，“不那么符合”比例是 16.6%。

（8）教育改造活动丰富情况。

680 名罪犯对教育改造工作各项活动安排是否丰富的调查结果如表 6-13 所示。

表 6-13　教育活动安排情况表

教育活动是否丰富					
	选择答案	选择人数	百分比	有效百分比	累积百分比
有效	丰富	137	20.1	20.1	20.1
	比较丰富	191	28.0	28.1	48.2
	一般	211	30.9	31.0	79.3
	比较单一	103	15.1	15.1	94.4
	非常单一	38	5.6	5.6	100.0
	合计	680	99.6	100.0	
系统缺失		3	0.4		
总计	683	100.0			

表 6-13 结果表明，20.1%的罪犯认为教育改造活动“丰富”，28.1%的罪犯认为“比较丰富”，31.0%的罪犯认为“一般”，15.1%的罪犯认为“比较单一”，5.6%的罪犯认为“非常单一”。

（9）教育改造时间安排情况。

681 名罪犯对教育改造时间安排的调查结果如表 6-14 所示。

表 6-14　教育改造时间安排情况表

教育时间安排					
	选择答案	选择人数	百分比	有效百分比	累积百分比
有效	太少	90	13.2	13.2	13.2
	差不多	402	58.9	59.0	72.2
	太多	189	27.7	27.8	100.0
	合计	681	99.7	100.0	
系统缺失		2	0.3		
总计	683	100.0			

表 6-14 结果表明，27.8%的罪犯认为教育改造时间安排“太多”，59.0%的罪犯认为“差不多”，13.2%的罪犯认为时间“太少”。

（10）民警与罪犯思想交流情况。

679 名罪犯对民警与他们之间思想交流情况调查结果如表6-15所示。

表 6-15　民警与罪犯思想交流情况表

民警与罪犯思想交流					
	选择答案	选择人数	百分比	有效百分比	累积百分比
有效	好	298	43.6	43.9	43.9
	一般	150	22.0	22.1	66.0
	有交流但缺乏深度	138	20.2	20.3	86.3
	基本上没交流	93	13.6	13.7	100.0
	合计	679	99.4	100.0	
系统缺失		4	0.6		
总计	683	100.0			

表 6-15 结果表明，43.9%的罪犯认为民警与他们的思想交流为“好”，22.1%的罪犯认为“一般”，20.3%的罪犯认为“有交流但缺乏深度”，13.7%的罪犯认为“基本上没交流”。

（11）教育改造工作针对性情况。

680 名罪犯对教育改造工作对他们思想的针对性情况调查结果如表 6-16 所示。

表 6-16　教育改造工作针对性情况表

教育改造工作针对性					
	选择答案	选择人数	百分比	有效百分比	累积百分比
有效	很强	132	19.3	19.4	19.4
	比较强	320	46.9	47.1	66.5
	不那么强	153	22.4	22.5	89.0
	缺乏针对性	75	11.0	11.0	100.0
	合计	680	99.6	100.0	
系统缺失		3	0.4		
总计	683	100.0			

表 6-16 结果表明，19.4%的罪犯认为监狱教育改造工作对他们思想的针对性“很强”，47.1%的罪犯认为“比较强”，22.5%的罪犯认为“不那么强”，11.0%的罪犯认为“缺乏针对性”。

（12）教育改造对罪犯的帮助作用。

680 名罪犯对教育改造工作对他们是否有帮助作用的调查结果如表 6-17 所示。

表 6-17　教育改造帮助作用情况表

教育改造对罪犯帮助作用					
	选择答案	选择人数	百分比	有效百分比	累积百分比
有效	没作用	82	12.0	12.1	12.1
	有点作用	199	29.1	29.3	41.3
	有作用	249	36.5	36.6	77.9
	作用很大	150	22.0	22.1	100.0
	合计	680	99.6	100.0	
系统缺失		3	0.4		
总计	683	100.0			

表 6-17 的结果表明，22.1%的罪犯认为教育改造对他们的帮助“作用很大”，36.6%的罪犯认为“有作用”，29.3%的罪犯认为“有点作用”，12.1%的罪犯认为“没作用”。

（13）文化教育对罪犯帮助作用。

682 名罪犯对文化教育帮助作用的调查结果如表 6-18 所示。

表 6-18　文化教育对罪犯帮助作用情况表

文化教育对罪犯帮助作用					
	选择答案	选择人数	百分比	有效百分比	累积百分比
有效	作用大	152	22.3	22.3	22.3
	有作用	366	53.6	53.7	76.0
	作用不大	130	19.0	19.1	95.0
	没作用	34	5.0	5.0	100.0
	合计	682	99.9	100.0	
系统缺失		1	0.1		
总计	683	100.0			

表 6-18 结果表明，22.3%的罪犯认为文化教育对他们的帮助“作用大”，53.7%的罪犯认为“有作用”，19.1%的罪犯认为“作用不大”，5.0%的罪犯认为“没作用”。

（14）职业技术教育对罪犯帮助作用。

682 名罪犯对职业技术教育帮助作用的调查结果如表 6-19 所示。

表 6-19　职业技术教育对罪犯帮助作用情况表

职业技术教育对罪犯帮助作用					
	选择答案	选择人数	百分比	有效百分比	累积百分比
有效	没作用	37	5.4	5.4	5.4
	作用不大	118	17.3	17.3	22.7
	有作用	368	53.9	54.0	76.7
	作用大	159	23.3	23.3	100.0
	合计	682	99.9	100.0	
系统缺失		1	0.1		
总计	683	100.0			

表 6-19 结果表明，23.3%的罪犯认为职业技术教育对他们“作用大”，54.0%的罪犯认为“有作用”，17.3%的罪犯认为“作用不大”，5.4%的罪犯认为“没作用”。

（15）心理矫治的帮助作用。

674 名罪犯对心理矫治帮助作用的调查结果如表 6-20 所示。

表 6-20 心理矫治帮助作用情况表

心理矫治对罪犯帮助作用					
	选择答案	选择人数	百分比	有效百分比	累积百分比
有效	没效果	40	5.9	5.9	5.9
	效果不大	128	18.7	19.0	24.9
	有一定效果	357	52.3	53.0	77.9
	效果大	81	11.9	12.0	89.9
	没听说过	68	10.0	10.1	100.0
	合计	674	98.7	100.0	
系统缺失		9	1.3		
总计	683	100.0			

表 6-20 结果表明，12.0%的罪犯认为心理矫治对他们的帮助“效果大”，53.0%的罪犯认为“有一定效果”，19.0%的罪犯认为“效果不大”，5.9%的罪犯认为“没效果”，另有 10.1%的罪犯表示“没听说过”。

（16）心理矫治工作开展情况。

676 名罪犯对监狱心理矫治开展情况的调查结果如表 6-21 所示。

表 6-21 心理矫治开展情况表

心理矫治开展情况					
	选择答案	选择人数	百分比	有效百分比	累积百分比
有效	好	160	23.4	23.7	23.7
	比较好	147	21.5	21.7	45.4
	还可以	235	34.4	34.8	80.2
	开展得不好	75	11.0	11.1	91.3
	没开展	59	8.6	8.7	100.0
	合计	676	99.0	100.0	
系统缺失		7	1.0		
总计	683	100.0			

表 6-21 结果表明，23.7%的罪犯认为监狱心理矫治工作开展得“好”，21.7%的罪犯认为开展得“比较好”，34.8%的罪犯认为“还可以”，11.1%的罪犯认为“开展得不好”，8.7%的罪犯认为“没开展”。

（17）个别教育开展情况。

676 名罪犯对监狱个别教育开展情况的调查结果如表 6-22 所示。

表 6-22 个别教育开展情况表

个别教育开展情况					
	选择答案	选择人数	百分比	有效百分比	累积百分比
有效	没什么开展	93	13.6	13.8	13.8
	开展得不好	56	8.2	8.3	22.0
	还可以	266	38.9	39.3	61.4
	比较好	151	22.1	22.3	83.7
	好	110	16.1	16.3	100.0
	合计	676	99.0	100.0	
系统缺失		7	1.0		
总计	683	100.0			

表 6-22 结果表明，16.3%的罪犯认为监狱开展个别教育情况为“好”，22.3%的罪犯认为“比较好”，39.3%的罪犯认为“还可以”，8.3%的罪犯认为“开展得不好”，13.8%的罪犯认为“没什么开展”。

（18）矫正项目的帮助作用。

671 名罪犯对矫正项目（如愤怒控制训练）帮助作用的调查结果如表 6-23 所示。

表 6-23　矫正项目帮助作用表

矫正项目帮助作用					
	选择答案	选择人数	百分比	有效百分比	累积百分比
有效	有作用	303	44.4	45.2	45.2
	作用不大	74	10.8	11.0	56.2
	没作用	25	3.7	3.7	59.9
	不清楚	151	22.1	22.5	82.4
	没听说过	118	17.3	17.6	100.0
	合计	671	98.2	100.0	
系统缺失		12	1.8		
总计	683	100.0			

表 6-23 结果表明，45.2%的罪犯认为矫正项目对他们“有作用”，11.0%的罪犯认为“作用不大”，3.7%的罪犯认为“没作用”，22.5%的罪犯表示“不清楚”，17.6%的罪犯表示“没听说过”。

2. 服刑时间与罪犯教育改造工作认知相关分析

对罪犯服刑时间与教育改造工作认知各项目之间作相关分析，结果如表 6-24 所示。

表 6-24　服刑时间与教育改造工作相关分析表

		教育需求	教育总体感觉	教育工作科学性	教育活动丰富性	教育改造帮助作用	文化教育帮助作用
服刑时间	皮尔逊相关系数	0.200	-0.222	0.149	0.152	-0.247	0.213
	显著性（双侧检验）	0.000	0.000	0.000	0.000	0.000	0.000
	样本量	667	664	665	665	665	667

表 6-24　服刑时间与教育改造工作项目相关分析表（续）

技术教育帮助作用	教育针对性	改造第一生产第二	人文精神	思想交流	心理矫治作用	心理矫治开展情况	个别教育开展情况
-0.125	0.154	0.166	-0.152	0.155	-0.211	0.082	-0.082
0.001	0.000	0.000	0.000	0.000	0.000	0.035	0.035
667	665	666	660	664	594	661	661

表 6-24 结果表明，服刑时间与教育改造各项目间都存在显著相关，除心理矫治与个别教育开展情况的相关系数显著性在 0.05 水平外，其他各项目的相关系数显著性都在 0.001 水平。

监狱教育活动安排与罪犯的需求、教育改造工作总体科学性、教育改造活动丰富性、文化教育的帮助作用、教育改造工作对罪犯的针对性、“改造第一，生产第二”情况、监狱民警与罪犯之间的思想交流情况、心理矫治开展情况等项目与服刑时间呈显著正相关；而教育改造工作总体感觉、教育改造对罪犯的帮助作用、职业技术教育的帮助作用、监狱人文精神情况、心理矫治对罪犯的帮助作用、个别教育开展情况等项目与服刑时间呈显著负相关。表现为正相关的项目，其选择答案是按符合到不符合、丰富到单一、好到坏的顺序排列；而表现为负相关的项目，其选择答案是按弱到强、不好到好、效果差到好的顺序排列。因此，相关系数的正或负，是答案排列顺序不同所造成的。因而，相关分析结果表明，服刑时间与罪犯对教育改造工作的认知评价之间存在显著相关，而且表现为随着服刑时间的推移，罪犯对教育改造工作的认知评价是从好逐渐变成差、从符合逐渐变不符合、从丰富逐渐变为单一。换句话说，随着服刑时间的增长，罪犯对监狱教育改造工作的认知评价越来越趋向不良。

3. 不同服刑时间段与教育改造工作认知的卡方检验

按罪犯在监狱服刑时间一年为分界，把被调查罪犯划分为服刑时间一年（含）以下与一年以上两部分，就其对教育改造工作的认知评价进行列联表分析（卡方检验），得到以下统计分析结果。

（1）教育改造工作总体感觉卡方检验。

218 名服刑时间在一年以下与 446 名服刑时间在一年以上的罪犯，对教育改造工作总体感觉的认知情况如表 6-25 所示。

表 6-25　教育改造工作总体感觉统计分析表

			教育改造工作总体感觉				合计
			不那么好	一般	较好	好	
入监时间二分	一年（含）以下	计数	6	67	110	35	218
		% within 入监时间	2.8%	30.7%	50.5%	16.1%	100.0%
	一年以上	计数	42	193	151	60	446
		% within 入监时间	9.4%	43.3%	33.9%	13.5%	100.0%
	合计	计数	48	260	261	95	664
		% within 入监时间	7.2%	39.2%	39.3%	14.3%	100.0%

注：$\chi^2=25.838$，$p<0.001$。

表 6-25 结果表明，不同服刑时间罪犯对教育改造工作总体感

觉存在极显著差异。更多的服刑时间在一年以下的罪犯（50.5%）认为教育改造工作总体上感觉“较好”，而更多的服刑时间在一年以上的罪犯认为“一般”（43.3%）和“不那么好”（9.4%）。

（2）教育改造工作总体科学性认知卡方检验。

217 名服刑时间在一年以下与 448 名服刑时间在一年以上的罪犯，对教育改造工作总体科学性的认知情况如表 6-26 所示。

表 6-26　教育改造工作总体科学性统计分析表

			教育改造工作科学性				合计
			强	较强	一般	不科学	
入监时间二分	一年（含）以下	计数	47	67	96	7	217
		% within 入监时间	21.7%	30.9%	44.2%	3.2%	100.0%
	一年以上	计数	69	124	209	46	448
		% within 入监时间	15.4%	27.7%	46.7%	10.3%	100.0%
	合计	计数	116	191	305	53	665
		% within 入监时间	17.4%	28.7%	45.9%	8.0%	100.0%

注：$\chi^2 = 13.083$，$p<0.01$。

表 6-26 结果表明，不同服刑时间罪犯对教育改造工作总体科学性的认知有非常显著的差异。更多的服刑时间在一年以下的罪犯（21.7%）认为教育改造工作科学性是“强”的，而更多的服刑时间在一年以上的罪犯（10.3%）认为教育改造工作“不科学”。

（3）监狱人文精神认知评价卡方检验。

217 名服刑时间在一年以下与 443 名服刑时间在一年以上的罪犯，对监狱人文精神的认知情况如表 6-27 所示。

表 6-27　监狱人文精神认知统计分析表

			监狱人文精神				合计
			不好	不那么好	一般	好	
入监时间二分	一年（含）以下	计数	10	10	105	92	217
		% within 入监时间	4.6%	4.6%	48.4%	42.4%	100.0%
	一年以上	计数	33	53	205	152	443
		% within 入监时间	7.4%	12.0%	46.3%	34.3%	100.0%
	合计	计数	43	63	310	244	660
		% within 入监时间	6.5%	9.5%	47.0%	37.0%	100.0%

注：$\chi^2 = 12.774$，$p<0.01$。

表 6-27 结果表明，不同服刑时间罪犯对监狱人文精神认知有非常显著的差异。更多的服刑时间在一年以下的罪犯（42.4%）认为监狱人文精神是“好”的，而更多的服刑时间在一年以上的罪犯（12.0%）认为监狱人文精神“不那么好”。

（4）惩罚与改造关系认知评价卡方检验。

216 名服刑时间在一年以下与 445 名服刑时间在一年以上的罪犯，对惩罚与改造关系的认知情况如表 6-28 所示。

表 6-28　惩罚与改造关系认知统计分析表

			惩罚与改造关系				合计
			惩罚为主	教育为主	教育惩罚并重	不清楚	
入监时间二分	一年（含）以下	计数	23	115	61	17	216
		% within 入监时间	10. 6%	53. 2%	28. 2%	7. 9%	100. 0%
	一年以上	计数	97	177	138	33	445
		% within 入监时间	21. 8%	39. 8%	31. 0%	7. 4%	100. 0%
	合计	计数	120	292	199	50	661
		% within 入监时间	18. 2%	44. 2%	30. 1%	7. 6%	100. 0%

注：$\chi^2 = 16.337$，$p<0.01$。

表 6-28 结果表明，不同服刑时间罪犯对惩罚与改造关系的认知有非常显著的差异。更多的服刑时间在一年以下的罪犯（53. 2%）认为监狱以“教育为主”，而更多的服刑时间在一年以上的罪犯（21. 8%）认为监狱以“惩罚为主”。

（5）监狱教育活动与罪犯需求关系认知评价卡方检验。

219 名服刑时间在一年以下与 448 名服刑时间在一年以上的罪犯，对监狱教育活动与罪犯需求关系的认知情况如表 6-29 所示。

表 6-29　监狱教育活动与罪犯需求关系认知统计分析表

			教育活动与罪犯需求				合计
			符合	较符合	有些符合	不符合	
入监时间二分	一年（含）以下	计数	58	100	49	12	219
		% within 入监时间	26. 5%	45. 7%	22. 4%	5. 5%	100. 0%
	一年以上	计数	95	156	103	94	448
		% within 入监时间	21. 2%	34. 8%	23. 0%	21. 0%	100. 0%
	合计	计数	153	256	152	106	667
		% within 入监时间	22. 9%	38. 4%	22. 8%	15. 9%	100. 0%

注：$\chi^2=28.560$，$p<0.001$。

表 6-29 结果表明，不同服刑时间的罪犯对监狱教育活动与罪犯需求关系认知存在极显著的差异。更多的服刑时间在一年以下的罪犯（45. 7%）认为监狱教育活动“较符合”罪犯需求，而更多的服刑时间在一年以上的罪犯（21. 0%）认为监狱教育活动“不符合”罪犯需求。

（6）教育改造活动丰富性认知评价卡方检验。

218 名服刑时间在一年以下与 447 名服刑时间在一年以上的罪犯，对监狱教育改造活动丰富性的认知情况如表 6-30 所示。

表 6-30 教育改造活动丰富性认知评价统计分析表

			教育活动					合计
			丰富	较丰富	一般	较单一	非常单一	
入监时间二分	一年（含）以下	计数	50	71	65	25	7	218
		% within 入监时间	22.9%	32.6%	29.8%	11.5%	3.2%	100.0%
	一年以上	计数	83	117	143	74	30	447
		% within 入监时间	18.6%	26.2%	32.0%	16.6%	6.7%	100.0%
	合计	计数	133	188	208	99	37	665
		% within 入监时间	20.0%	28.3%	31.3%	14.9%	5.6%	100.0%

注：$\chi^2=9.512$，$p<0.05$。

表 6-30 结果表明，不同服刑时间罪犯对教育改造活动丰富性认知有显著差异。更多的服刑时间在一年以下的罪犯（32.6%）认为监狱教育改造活动“较丰富”，而更多的服刑时间在一年以上的罪犯（16.6%）认为监狱教育改造活动“较单一”。

（7）监狱警察与罪犯思想交流认知评价卡方检验。

217 名服刑时间在一年以下与 447 名服刑时间在一年以上的罪犯，对监狱警察与他们思想交流的认知情况如表 6-31 所示。

表 6-31　监狱民警与罪犯思想交流认知统计分析表

			思想交流				合计
			好	一般	缺乏深度	没交流	
入监时间二分	一年（含）以下	计数	120	41	35	21	217
		% within 入监时间	55.3%	18.9%	16.1%	9.7%	100.0%
	一年以上	计数	174	107	96	70	447
		% within 入监时间	38.9%	23.9%	21.5%	15.7%	100.0%
	合计	计数	294	148	131	91	664
		% within 入监时间	44.3%	22.3%	19.7%	13.7%	100.0%

注：$\chi^2=16.444$，$p<0.01$。

表 6-31 结果表明，不同服刑时间罪犯对监狱警察与他们思想交流的认知评价有非常显著的差异。更多的服刑时间在一年以下的罪犯（55.3%）认为监狱民警与他们的思想交流是“好”的，而更多的服刑时间在一年以上的罪犯认为监狱警察与他们的思想交流“一般”（23.9%）、“缺乏深度”（21.5%）或“没交流”（15.7%）。

（8）教育改造工作针对性认知评价卡方检验。

216 名服刑时间在一年以下与 449 名服刑时间在一年以上的罪犯，对教育改造工作针对性的认知情况如表 6-32 所示。

表 6-32　教育改造针对性认知评价统计分析表

			教育工作针对性				合计
			强	较强	不强	没针对性	
入监时间二分	一年（含）以下	计数	45	114	43	14	216
		% within 入监时间	20.8%	52.8%	19.9%	6.5%	100.0%
	一年以上	计数	83	201	105	60	449
		% within 入监时间	18.5%	44.8%	23.4%	13.4%	100.0%
	合计	计数	128	315	148	74	665
		% within 入监时间	19.2%	47.4%	22.3%	11.1%	100.0%

注：$\chi^2=9.393$，$p<0.05$。

表 6-32 结果表明，不同服刑时间罪犯对监狱教育改造工作与罪犯思想针对性的认知有显著差异。更多的服刑时间在一年以下的罪犯（52.8%）认为监狱教育改造工作针对性“较强”，而更多的服刑时间在一年以上的罪犯认为监狱教育改造工作针对性“不强”（23.4%）或“没针对性”（13.4%）。

（9）教育改造帮助作用认知评价卡方检验。

219 名服刑时间在一年以下与 446 名服刑时间在一年以上的罪犯，对教育改造帮助作用的认知评价情况如表 6-33 所示。

表 6-33　教育改造帮助作用认知统计分析表

			教育改造对罪犯帮助作用				合计
			没作用	有点作用	有作用	作用大	
入监时间二分	一年（含）以下	计数	16	50	83	70	219
		% within 入监时间	7.3%	22.8%	37.9%	32.0%	100.0%
	一年以上	计数	63	142	162	79	446
		% within 入监时间	14.1%	31.8%	36.3%	17.7%	100.0%
	合计	计数	79	192	245	149	665
		% within 入监时间	11.9%	28.9%	36.8%	22.4%	100.0%

注：$\chi^2=23.289$，$p<0.001$。

表 6-33 结果表明，不同服刑时间罪犯对教育改造帮助作用的认知存在极显著差异。更多的服刑时间在一年以下的罪犯（32.0%）认为教育改造帮助“作用大”，而更多的服刑时间在一年以上罪犯认为“有点作用”（31.8%）和“没作用”（14.1%）。

（10）文化教育帮助作用认知评价卡方检验。

219 名服刑时间在一年以下与 448 名服刑时间在一年以上的罪犯，对文化教育帮助作用的认知评价情况如表 6-34 所示。

表 6-34 文化教育帮助作用认知统计分析表

			文化教育对罪犯帮助作用				合计
			作用大	有作用	作用不大	没作用	
入监时间二分	一年(含)以下	计数	56	129	29	5	219
		% within 入监时间	25.6%	58.9%	13.2%	2.3%	100.0%
	一年以上	计数	93	231	97	27	448
		% within 入监时间	20.8%	51.6%	21.7%	6.0%	100.0%
	合计	计数	149	360	126	32	667
		% within 入监时间	22.3%	54.0%	18.9%	4.8%	100.0%

注：$\chi^2 = 12.798$，$p<0.01$。

表 6-34 结果表明，不同服刑时间罪犯对文化教育帮助作用的认知有非常显著的差异。更多的服刑时间在一年以下的罪犯（58.9%）认为文化教育对他们的帮助“有作用”，而更多的服刑时间在一年以上的罪犯（21.7%）认为文化教育对他们的帮助“作用不大”。

（11）技术教育帮助作用认知评价卡方检验。

218 名服刑时间在一年以下与 449 名服刑时间在一年以上的罪犯，对技术教育帮助作用的认知评价情况如表 6-35 所示。

表 6-35　技术教育帮助作用认知统计分析表

			技术教育对罪犯帮助作用				合计
			没作用	作用不大	有作用	作用大	
入监时间二分	一年（含）以下	计数	9	24	121	64	218
		% within 入监时间	4.1%	11.0%	55.5%	29.4%	100.0%
	一年以上	计数	26	87	244	92	449
		% within 入监时间	5.8%	19.4%	54.3%	20.5%	100.0%
	合计	计数	35	111	365	156	667
		% within 入监时间	5.2%	16.6%	54.7%	23.4%	100.0%

注：$\chi^2=11.917$，$p<0.01$。

表 6-35 结果表明，不同服刑时间罪犯对技术教育帮助作用的认知有非常显著的差异。更多的服刑时间在一年以下的罪犯（29.4%）认为技术教育对他们的帮助“作用大”，而更多的服刑时间在一年以上的罪犯（19.4%）认为技术教育对他们的帮助“作用不大”。

（12）心理矫治帮助作用认知评价卡方检验。

216 名服刑时间在一年以下与 443 名服刑时间在一年以上的罪犯，对心理矫治帮助作用的认知评价情况如表 6-36 所示。

表 6-36 心理矫治帮助作用认知统计分析表

			心理矫治作用					合计
			没效果	效果不大	有效果	效果大	没听说过	
入监时间二分	一年（含）以下	计数	6	31	119	32	28	216
		% within 入监时间	2.8%	14.4%	55.1%	14.8%	13.0%	100.0%
	一年以上	计数	34	95	228	49	37	443
		% within 入监时间	7.7%	21.4%	51.5%	11.1%	8.4%	100.0%
	合计	计数	40	126	347	81	65	659
		% within 入监时间	6.1%	19.1%	52.7%	12.3%	9.9%	100.0%

注：$\chi^2=14.714$，$p<0.01$。

表 6-36 结果表明，不同服刑时间罪犯对心理矫治帮助作用的认知有非常显著的差异。更多的服刑时间在一年以下的罪犯认为心理矫治“没听说过”（13.0%）或“有效果”（55.1%），而更多的服刑时间在一年以上的罪犯认为心理矫治对他们的帮助作用“效果不大”（21.4%）或“没效果”（7.7%）。

（13）心理矫治开展情况认知评价卡方检验。

213 名服刑时间在一年以下与 448 名服刑时间在一年以上的罪犯，对心理矫治开展情况的认知评价情况如表 6-37 所示。

表 6-37　心理矫治开展情况认知统计分析表

			心理矫治开展情况					合计
			好	较好	尚可	不好	没开展	
入监时间二分	一年（含）以下	计数	53	58	63	17	22	213
		% within 入监时间	24.9%	27.2%	29.6%	8.0%	10.3%	100.0%
	一年以上	计数	104	88	165	57	34	448
		% within 入监时间	23.2%	19.6%	36.8%	12.7%	7.6%	100.0%
	合计	计数	157	146	228	74	56	661
		% within 入监时间	23.8%	22.1%	34.5%	11.2%	8.5%	100.0%

注：$\chi^2=10.312$，$p<0.05$。

表 6-37 结果表明，不同服刑时间罪犯对心理矫治开展情况的认知有显著差异。更多的服刑时间在一年以下的罪犯认为心理矫治开展情况“较好”（27.2%），而更多的服刑时间在一年以上的罪犯认为心理矫治开展情况“尚可”（36.8%）。

分析罪犯对“心理矫治开展情况”与“心理矫治效果评价”两个题目的回答情况，服刑时间在一年以下与一年以上的两部分罪犯，对答案“没开展”与“没听说过”的选择具有某种一致性。这在一定程度上证明了罪犯对本次调查问卷填答的真实性。

服刑时间在一年以下与一年以上两部分罪犯对“监狱文明管理”、“个别教育开展情况”、“‘改造第一、生产第二’贯彻情况”三个项目的认知评价没有达到统计学意义上的显著差异。

（四）讨论

1. 罪犯对教育改造工作的认知与改进途径

我国监狱管理机关对罪犯的教育改造工作一直是重视的，从新中国成立初期到改革开放的今天都是如此。特别是 1994 年《监狱法》颁布后，规定了监狱是惩罚与改造罪犯之场所。而近年来，监狱管理机关先后制定了《监狱教育改造工作规定》、《教育改造罪犯纲要》、《监狱教育改造罪犯工作目标考评办法》等规定，教育改造工作制度不断健全完善并得到贯彻执行，教育改造工作制度化、规范化水平进一步提高。因而，教育改造工作在持续的重视之下在被改造者身上亦得到了体现。从本次调查结果看，受调查罪犯对监狱教育改造工作现状持较为肯定的态度。总结起来罪犯对教育改造工作的认知可概括为："三课教育"最肯定，教育主导得认可，文明管理受推崇，思想交流针对强，心理矫治有效果，人文精神需加强。具体情况是：①在"三课教育"方面，58.7%的罪犯认为思想教育帮助作用大或有作用，76.0%的罪犯认为文化教育对他们的帮助作用大或有作用，77.3%的罪犯认为职业技术教育帮助作用大或有作用。②在对教育改造总体工作的认知上，53.4%的罪犯认为教育改造工作总体感觉好或比较好，46.1%的罪犯认为教育改造工作科学性强或比较强，75.4%的罪犯认为监狱执行"改造第一、生产第二"的情况好或比较好。③在监狱文明管理方面，70.3%的罪犯认为好或比较好。④在惩罚与教育关系处理上，43.8%的罪犯认为教育为主、惩罚为辅，30.3%的罪犯认为惩罚与教育并重，两者合计占74.1%。⑤在教育改造活动方面，61.0%的罪犯认为教育活动符合或比较符合他们的需求，48.2%的罪犯认为教育改造活动丰富或比较丰富，59.0%的罪犯认为教育改造时间安排差不多。⑥在思想交流及针对性上，43.9%的罪犯认为民警与他们的思想交流情况是好的，66.5%的罪犯认为思想交流的针对性强或比较强。⑦在心理矫治方面，72.3%的罪犯认为对他们的帮助效果大或有一定效果，45.4%的罪犯认为心理矫治工作开展情况是好的或比较好。⑧在个别教育方面，38.6%的罪犯认为开展情况好或比较好。⑨在监狱人文精神方面，37.1%的罪犯认为是好的。

在肯定目前罪犯总体对教育改造工作认知评价良好的同时，结合本次调查结果，有五个方面值得进一步讨论。

一是数据表明监狱"三课"教育，特别是职业技术教育得到了最多罪犯的认可。"三课"教育是目前我国监狱对罪犯教育改造工作中开展最为主要、也最为普遍的教育内容，在每个监狱都得到了持续、广泛的开展。[①] 本次调查表明，监狱的这个工作也得到了罪犯最大的认可，这是值得肯定的可喜现象。大量研究表明，对罪犯的文化教育与技术教育，是有正效应的矫正活动。[②] 因此，我国监狱持续开展的“三课”教育活动，是能够改造罪犯的一类矫正工作，需要持续坚持与发扬。它也表明了目前监狱教育改造工作的有效性与适合性。然而，“三课”教育的形式化问题也遭到了许多专家学者的诟病，[③④] 需要警惕与改进。调整思想教育内容、贴近罪犯改造需要，创新文化教育机制、开展分层教育与社会化教育，结合罪犯就业需要、加大职业技术教育力度等是可考虑之途。

二是监狱文明管理状况。在司法部关于监狱文明管理的总体部署与要求下，经过十余年的努力，监狱的文明管理取得了长足进步，也得到了大多数罪犯的认可。这与国内的相关研究结果较为一致，[⑤] 说明这项工作部署在我国监狱得到了卓有成效的贯彻。只有文明的监狱管理，才能有走向文明的服刑人员。这显然是矫正实践的一个客观规律，似乎不证自明。文明管理仍然是我国监狱需要继续坚持的管理理念。

三是心理矫治工作。自从20世纪80年代中期我国监狱系统有心理矫治活动以来，到目前已经有30多年的历史。罪犯心理矫治

---

① 李豫黔：《中国监狱罪犯矫正工作的新发展》，载《犯罪与改造研究》2013年第2期，第22~24页。

② 翟中东著：《国际视域下的重新犯罪防治政策》，北京大学出版社2010年版，第471~495页。

③ 孙咏梅：《提高服刑人员教育改造质量之思考》，载《犯罪与改造研究》2013年第10期，第59~63页。

④ 贾洛川著：《监狱改造与罪犯解放》，中国法制出版社2010年版，第143页。

⑤ 湖北江北监狱课题组：《重新犯罪原因的调查与思考》，载《犯罪与改造研究》2012年第11期，第18~24页。

工作从自发走向自觉，近十年来，监狱管理机关在多个相关规定中提出并全面组织开展罪犯心理矫治，各监狱也积极开展了此项工作。因而，这一工作的有效性得到了大多数罪犯的认可，并且有近一半的罪犯认为此项工作开展情况良好。在肯定心理矫治工作取得成绩的同时也不应忽视存在的问题。从笔者多年来开展的罪犯心理矫治实践与现状调研情况看，我国监狱心理矫治工作还有诸多问题需要进一步解决。例如，心理矫治队伍的数量与质量问题，许多监狱没有专门的心理矫治机构与人员，在已持有心理咨询师资格证的民警中较大一部分不能开展有效的心理矫治工作；监狱主管部门一些工作人员、部分监狱与监区领导对心理矫治的意义认识不足，如没有一个心理矫治的长远规划、也常常没有年度计划，不尊重心理矫治的客观规律（如有的监区领导认为某罪犯经心理咨询情绪稳定后，就不必要再继续接受心理咨询了。心理咨询何时结束，应以是否实现了咨询目标，并由咨询师与来诊罪犯协商决定）；心理矫治活动与罪犯生产劳动的时空冲突，如罪犯若按要求前来心理咨询则离开劳动岗位将造成该生产线停产，等等。目前，我国监狱的心理矫治工作已经解决了“有”、“无”问题，心理矫治的“广度”（普及性）亦已基本实现，接下来需要着重解决的是心理矫治的“深度”问题（人员专业素质与心理矫治工作质量）。现有心理矫治民警的专业培训、社会力量的借助与专业人员的招考引进可以“三管齐下”。这是深化心理矫治工作的基础。而罪犯心理矫治的顶层设计即制度设计也仍须重视，希望能在已有规范性文件的基础上就心理矫治机构、人员及进阶培训等方面能再出台全国性的规范性文件，并能分层开展心理矫治民警的专业知识、态度与技能培训。

四是罪犯对个别教育的认知评价出现“分化”现象。有部分罪犯认为监狱个别教育开展情况是好的，另有部分罪犯认为“没怎么开展”。这表明监狱个别教育工作开展得不均衡。应当说，监狱里的每个罪犯都需要民警去开展个别教育工作，不能厚此薄彼、顾此失彼，有所区别与侧重。在管理与教育工作中，常常有“抓两头促中间”的说法。罪犯在监狱的改造表现一般也可分为改造表现优秀、改造表现一般与改造表现不良三种情形。那么监狱警察是否可以抓“两头”——对改造表现优秀与不良的罪犯加以关注从而带动表现一般的罪犯呢？理论与事实都证明这个做法不可取。从理论上说，罪犯都是由于曾经的犯罪行为而被处罚的人，犯罪行为以犯罪思想、犯罪心理为基础，因此他们都是思想上“带病”的人。通过让表现一般的罪犯“观摩”表现良好的罪犯从而启发其“良善”、启动其“心智”来变革自己，或者通过“听取”或“观察”监狱警察对表现不良罪犯的处置从而“触动”其“心灵”（并且触动后的变化是要变成良善），而没有针对表现一般罪犯本人的个别化教育改造工作，让他们产生变化是有难度的，更不用说那些缺乏自我反省能力的罪犯。从实践来看，笔者到监狱调研时，已有多名罪犯告诉笔者，他来到监狱，像笔者这样跟他谈的情况（一次谈话50分钟以上，并且是触及内在思想的谈话）还没有过，在监狱待了几年都没有过一次。[①] 有罪犯对笔者说，如果监狱警察能够跟他好好谈谈，他也不会成为顽危犯了。因此，监狱个别教育分化现象、监狱警察只对部分罪犯开展个别教育是一个客观事实。改变这种情况需要监狱警察认识到每个罪犯都是需要进行个别教育的，“抓两头促中间”的做法不可取。常常听到监狱警察这么说，一个分监区二百多号犯人，才十来名警察，忙不过来啊！分析一下就可以知道，这种说法不完全对。十多名警察管二百多罪犯，确实“警囚比”不高。但是，平均下来一名警察教育管理20名左右罪犯，一年下来对管理的每名罪犯谈一次话都不能够？问题的关键在于：第一，监狱警察的职业精神问题，职业职责问题。第二，整体监狱体制问题。目前，监狱的整体管理模式呈现为监管安全模式与

① 邵晓顺著：《犯罪个案研究与启示》，群众出版社2013年版，第46页。

劳动改造模式的混搭。[①] 监狱管理层以及监狱警察追求的往往是监管安全与生产效益，教育改造成为软指标。第三，部分监狱警察缺乏教育改造的技能。他们对“个别教育怎么做”、“怎么深入做”也许都心中无数。

五是相比较而言，罪犯总体对监狱人文精神状况认可度较低。人文精神，又称之为人文主义、人本主义或人道主义，是一种普遍的人类自我关怀，表现为对人的尊严、价值、命运的维护、追求和关切。人文是为人之本、文明之基。人道主义行刑论认为，无论犯有罪行的受刑人如何残酷、如何没有人性，人类社会本身在对其进行惩罚行刑时应遵守或体现一定的人类文明标准；行刑在一定程度上应表现出符合人类文明的人文性、宽容性、慈悲性。[②] 因此，监狱人文精神应当是当代监狱所追求的，因而也是我国监狱需要进一步提升的。北京市监狱提出了构建“现代人文监狱”的理念并付之于实践，明确“以改造人为中心，全面提高罪犯改造质量”的中心任务与总体目标，树立行刑教育化、社会化、人文化的理念，保障与维护罪犯合法权益与依法管理相结合等，为未来监管事业的发展指明方向。[③]

2. 随着服刑时间的推移，罪犯对教育改造负性认知增多。这一现象值得关注。需要更重视针对犯因性问题（犯罪思想）开展矫正工作

服刑时间与罪犯所接受的各种教育改造活动数量成正比关系，即罪犯服刑时间越长，他所接受的教育改造活动的数量应当是越

---

① 王文来：《狱制改革的科学解读》，载《犯罪与改造研究》2013 年第 9 期，第 26~35 页。

② 王云海著：《监狱行刑的法理》，中国人民大学出版社 2010 年版，第 18~19 页。

③ 刘学武：《构建现代人文监狱的思考与实践》，载《犯罪与改造研究》2013 年第 1 期，第 69~73 页。

多。这一点是毋庸置疑的。而所接受的教育改造活动越多，那么罪犯被教育矫正的程度应当越大。当然后一个结论有个前提，那就是罪犯在监狱内所接受的各种信息的累积影响效应是正性的。同时我们承认罪犯都是可以被改造的。但是，本次调查结果表明，随着服刑时间的推移，罪犯在教育改造各个调查项目上一致地表现为认知评价越来越低，没有一个调查项目出现相反的情形。这一结果令笔者感到意外。

为什么会出现这个现象呢？一个可能的原因是刑罚本身给罪犯带来的负性效应所致。因为被判刑坐牢作为一个重大的生活事件，一般地会给受刑人带来紧张与负性情绪，[①] 以及失恋、离婚、个体诸多身心需要得不到满足等负面影响。刑期越长，刑罚的持续作用所产生的负性情绪以及负面影响可能越强、越广泛、越深入，罪犯由此对监狱各方面的认知评价，包括教育改造工作的认知评价，也就更容易、更多地趋向负面。

然而，这只是事物的一个方面，即从罪犯主体内部所作的分析。造成这个现象应当还有另外的影响因素，即罪犯主体外因素——影响罪犯思想变化的外部“因子集”。这主要包括监狱的人与物，表现为物的因素——监狱建筑物本身，表现为人的因素——主要是监狱警察的形象与言行，两类因素与罪犯共同构成“监狱场效应”，而矛盾的主要方面应当是监狱警察。监狱组织与呈现的各种集体性教育改造活动（依托监狱警察来完成）、监狱警察个体所开展的各种教育改造活动、社会力量参与的各种教育改造活动（由监狱警察领导与组织），以及给罪犯以影响的其他各种教育改造活动（一般亦由监狱警察来完成），它们共同作用于罪犯的思想、心理，从而促进、形成罪犯思想的良性转变。如果按照上述分析，那么罪犯对监狱教育改造工作的认知评价，随着服刑时间的推

① ［美］Phillip L. Rice 著：《健康心理学》，胡佩诚等译，中国轻工业出版社 2000 年版，第 139~154 页。

移，仍然应当有一些是正面的、肯定的，虽然不可能是每一个方面。但是调查结果却是如此地无情。即便如本次调查中得到最多罪犯正面评价的职业技术教育，仍然表现为随服刑时间增长认知评价越来越趋低的情形；其他如文化教育、技术教育、心理矫治、个别教育、教育活动安排、思想教育针对性、民警与罪犯的思想交流情况等，无一不表现为随服刑时间增长而评价趋低的结果。因此，目前的监狱教育改造工作，不管是内容、形式、方法，还是其内在特征，都随着服刑时间的增长认知评价越来越趋向消极。换言之，无论是教育改造活动对罪犯的吸引力，还是教育改造工作对罪犯的影响力，都随着服刑时间的延展而逐渐地减弱。

那么，是否由于前述“刑罚所产生的负效应”超过了监狱教育改造的矫正作用，从而造成了上述相关分析结果？为此，笔者剔除那些选择了“监狱是惩罚为主”和“惩罚与教育改造关系不清楚”的个案，对选择“教育为主，惩罚为辅”与“惩罚与教育并重”两个答案的501名罪犯进行服刑时间与教育改造各项目的相关分析，得到基本相同的结果，主要差别之处是“心理矫治开展情况”与“个别教育开展情况”两个项目从统计学的有显著性差异变为无显著性差异。这一差别不影响“随服刑时间推移罪犯对教育改造负性认知增多”的总体结论。这表明监狱对罪犯开展的各种教育改造活动的影响效应没有被刑罚效应所淹没。

基于此，当我们从教育改造效应的时间维度来思考服刑时间与教育改造各项目间相关分析的结果时，可以得到“目前监狱教育改造工作对罪犯的矫正作用具有一定的短期效应特征”的结论，即新进入监狱的罪犯，教育改造活动对他们的影响作用大；随着时间的推移，教育改造的影响作用越来越小。这证明了目前监狱教育改造工作能够持续地、较长期地触动罪犯的犯罪思想、犯罪心理的影响机制较为缺乏，表明监狱教育改造的总体规划与分年度计划值得进一步斟酌。或者说，至少从罪犯角度来看，监狱的教育改造工作对他们较长期或长期矫正力不足。举例来说，如果监狱针对罪犯的犯因性问题有一个较长期的教育矫正方案和分年度的教育矫正计划，在不同的月份、年份开展前后衔接的、系统性很强的教育改造工作，针对同一批罪犯每季度、每年都有不同特色与亮点的教育矫正活动，那么至少在教育内容上也许不会出现认知评价越来越趋低的现象。因而，本次调查结果值得监狱管理机关积极关注，即矫正罪犯需要一个前后相连的、长期的教育改造计划和方案，从监狱管理局到每个监狱都应如此。此其一。其二，国内外对罪犯改造（矫正）的理论已经基本阐释清晰，在此前提下，监狱教育改造工作的整体部署要接受理论的指导。这至少有两个方面的工作可以做。一是要以理论来指导监狱教育改造工作。要培训监狱警察掌握这些理论并应用于指导改造罪犯的实践活动，特别是那些组织、策划教育改造工作的警察，要融会贯通地运用这些理论来制订教育改造工作的方案与计划，使监狱的教育改造工作符合理论规律、逻辑规则，符合法治要求。二是积极应用已被证明是有效的“矫正介入措施”,[①] 特别是经过循证已经证明有效的矫正方案，构建起罪犯教育改造工作的主体内容。如果这两方面的工作做到位了，那么罪犯对监狱教育改造工作的认知评价随服刑时间推移变得越来越负面的现象也许能够有所改观。

3. 不同服刑时间段罪犯对教育改造认知评价存在显著差异，应当重视年度教育计划制订

我国监狱的教育改造工作常常是按年度来安排，即年初制订教育改造工作计划，年底对整年度的教育改造工作进行总结。教育改造的相关数据也以年度作为时间划界点。因此，本研究以服刑时间一年作为分类的界线，把罪犯分为服刑一年（含）以下与一年以上两类罪犯作统计分析。

本研究统计分析表明，两类罪犯在教育改造工作诸多项目的认

---

① 张苏军：《坚持统筹兼顾　整体推进　探索循证矫正中国化道路》，载《犯罪与改造研究》2013 年第 12 期，第 1~4 页。

知评价上存在显著差异，而且这种差异都是服刑时间一年以上的罪犯显著地差于服刑时间不到一年的罪犯。这与前述第二点的结论相适应，因为整体趋势是随着服刑时间的推移，罪犯对教育改造工作的认知评价越来越趋向负面。

两类罪犯对教育改造工作认知评价有显著差异，这说明罪犯服刑一年后对监狱教育改造工作的认知与刚来监狱一年中的认知出现了“分化”，即罪犯在接受了监狱组织的教育改造活动一年后，与一年来对教育改造工作的认知评价相比，有了明显的变化。这种显著的变化是怎么产生的呢？来自于罪犯对进入监狱后将要接受的教育改造活动的内心预期与对监狱实际安排的教育改造活动的感知与感受的差距。两者间的差距是引发罪犯认知产生显著差异的根本原因。分析这对矛盾，矛盾的主要方面应当是监狱安排的各项教育改造活动。只有触及罪犯灵魂的、引发罪犯共鸣的教育改造活动与“矫正介入措施”，并且持续不断地影响、引导罪犯心灵，才能使罪犯对监狱教育改造工作有持续的正面高评价。

正是基于此，各级监狱机关应当非常重视抓好整体性的罪犯教育改造工作计划。这个工作计划包括年度与跨年度的计划。首先，要明确工作计划的制订依据。制订监狱教育改造整体工作计划的依据是一个个罪犯的具体矫正方案。虽然每年上级机关常常会确定一个教育改造活动的年度主题，但是那不全是制订某个监狱（监区）教育改造工作计划的依据。要根据每个罪犯的犯罪思想以及刑期长短而量身制订矫正方案，即工作计划还要依赖于个别化矫正方案。如果监狱押犯数量大，可能不一定是依据每一个罪犯的个别化矫正方案，而是每类罪犯中部分罪犯的矫正方案。其次，监狱教育改造工作计划与罪犯个体矫正方案在内容与时间上要辩证统一。罪犯个别化矫正方案包括横向与纵向两个维度，横向维度是指罪犯多方面的犯罪思想，纵向维度是指矫正某方面犯罪思想所需要的时间。监狱教育改造工作计划也包括横向与纵向两个维度，横向维度是指若干类犯罪思想，纵向维度是指对某一类犯罪思想开展教育矫正需要花费的时间。因此，横向维度是指内容，纵向维度是指时间。矫正方案的横向与纵向维度与工作计划的两个维度既有一致性，也有差异性。如何统一？监狱教育改造工作计划按年度把罪犯普遍存有的若干类犯罪思想作纵向安排，即一年中一个时间段（一月或一季）安排一类犯罪思想作为主要的教育矫正内容；若干类犯罪思想的教育内容构成监狱一年的教育改造活动；如果若干个教育主题一年时间内安排不完，可作跨年甚至若干年的安排。在一定的时间跨度内（如8~10年），教育主题安排可以年复一年滚动实施，形成“教育循环”。但在不同的历史时间（相距10年或者更长时间），由于罪犯的犯罪思想会有一定的“质”的差异性，教育主题内容（教育改造工作计划的教育内容）要根据罪犯的犯罪思想作出相应的调整。同时教育改造工作计划又要作横向安排，即某一时间段内（一月或一季）在安排一个犯罪思想作为主要的教育改造内容的同时，穿插进行其他犯罪思想的教育改造活动。而每个罪犯依据其犯罪思想以及矫正进展情况，可有重点、有选择地参与到监狱整体教育改造活动中来。因而，监狱某个教育改造活动不一定每个罪犯都参加，参加进来的罪犯接受具体教育改造的内容也可以有不同。要根据某个罪犯的犯罪思想与当时监狱教育活动的内容，确定其是否参与以及接受教育改造的具体内容，从而实现监狱教育活动与罪犯思想更好的匹配。另外，实施上述教育改造内容的教育形式是集体教育与分类教育，由于每个罪犯的犯罪思想常常有其自身特征，因此还需要开展针对罪犯个体特异性犯罪思想的矫正活动，从而真正实现个别化矫正与监狱整体教育改造工作计划的统一。最后，要准确评估罪犯的犯罪思想。监狱教育改造工作的上述变革，需要以准确评估与掌握罪犯的犯罪思想作为前提条件。评估结果既是个别化矫正方案制订的依据，同时通过对罪犯个体犯罪思想的归类也成了监狱教育改造的主题内容。否则，“盲人摸象”，无的放矢，教育改造工作必然事倍功半。

（注：实例三还运用了 χ^2 检验的知识，有关 χ^2 检验的内容请

参阅本书第十章。)

上述三个有关犯罪与罪犯现象的研究实例表明，通过相关分析可以确定犯罪与罪犯现象中变量之间的关系。哪些现象之间确实存在关系？哪些现象从常识出发可能存在相互关系，但是通过统计分析和实证研究，证明这些现象之间其实没有关系？这就能够使人们正确认识犯罪与罪犯现象，不致为假象所迷惑，并能够克服凭主观经验来判断、做事的习惯。

第二节　相关分析 SPSS 的计算过程

相关分析有两个变量的相关分析和多元变量的相关分析，下面主要介绍两个变量相关分析的 SPSS 计算过程，因为这是研究中用得最多的。

【例 2】　对某看守所 163 名犯罪嫌疑人作焦虑自评量表（SAS）和社会支持评定量表的测验，现要求对这 163 名犯罪嫌疑人的焦虑与社会支持之间作相关分析。

计算过程：

第一步：建立或打开 163 名犯罪嫌疑人焦虑与社会支持测量数据文件。

第二步：从菜单“Analyze”→“Correlate”→“Bivariate”，打开双变量相关分析对话框（“Bivariate Correlations”）。选择并点击该对话框左边的“焦虑得分”、“社会支持”，再点击对话框中间的箭头，把“焦虑得分”、“社会支持”选入变量栏（“Variables”）。其余使用系统默认值。

第三步：单击“OK”，即可得到如下结果（如表 6-38 所示）。

表 6-38 Correlations（相关系数）

		焦虑得分	社会支持
焦虑得分	Pearson Correlation（皮尔逊相关系数）	1	-.191（*）
	Sig.（2-tailed）	.	.015
	N	163	163
社会支持	Pearson Correlation（皮尔逊相关系数）	-.191（*）	1
	Sig.（2-tailed）	.015	.
	N	163	196

* Correlation is significant at the 0.05 level（2-tailed）.

从表 6-38 可知，焦虑得分与社会支持得分之间的 Pearson 相关系数为-0.191，P=0.015，因此，相关分析表明，犯罪嫌疑人的焦虑水平与其获得的社会支持之间存在显著的负线性相关。

第三部分

推论统计

第七章　统计估计

在犯罪与罪犯现象的调查中，通常人们希望知道所研究总体的数字特征，如均值、方差等，但是他们往往不知道，在一般情况下什么是需要研究的。因此为了解决这一问题，研究者就用样本所提供的信息去估计总体的这些参数值，这就是统计估计问题。

第一节　点估计与区间估计

对总体参数的估计可分为两类问题，即点估计与区间估计，现分别予以阐述。

一、点估计

点估计，是指用样本的数字特征（统计量），如样本均值、方差等，去估计总体的相应的数字特征（参数），如总体均值、方差等。由于样本统计量为数轴上某一点值，所以称为点估计。通常对总体平均数 μ 的估计，用样本均值；对总体方差 σ^2 的估计，用样本方差 S^2。

【例 1】　人们想了解某市 2003 年犯罪青少年的平均年龄，现随机抽取一个样本容量为 10 的样本。这 10 个人的年龄分别是：14，20，25，15，17，18，21，23，16，22（单位：岁）。

在此，人们想了解的是该市所有青少年犯罪人总体的平均年龄。办法之一，当然是统计该市所有犯罪青少年人的年龄，然后除以这些犯罪人的总人数，就得到该总体的平均年龄。但是这样做，一则花费大量人力、物力，二则也是不可能的，因为每个犯罪青少年不可能都被抓获。因此，就可以用样本的均值去估计总体的平均值。这是可能的，也正是统计估计所要解决的问题。

现统计这 10 个人的平均年龄是：

$\bar{X}=(14+20+25+15+17+18+21+23+16+22)/10=191/10=19.1$（岁）

样本的平均年龄为 19.1 岁，那么根据点估计的概念，可以说，该市 2003 年犯罪青少年的平均年龄为 19.1 岁。

当然，在实际进行点估计时，样本容量不能这么小。这里取 10 个样本量，只是为了便于计算和说明，但其中的原理是一样的。

用样本统计量作为总体参数的估计值，总是会有一定的偏差。然而，统计理论证明，对总体均值的估计，用样本均值是最好的。它符合无偏性、一致性、有效性、充分性的评价标准。同样，用样本方差去估计总体方差也是一个好的估计。有关这些结论的统计学证明，请有兴趣的读者参阅相关统计书籍。

点估计总是以误差的存在为前提的，而且这个误差有多大，研究者也不清楚。为了弥补这个缺陷，应当进行区间估计。

二、区间估计

区间估计是用数轴上的一段距离表示未知参数可能落入的范围，它虽不具体指出总体参数等于什么，但能指出总体的未知参数落入某一区间的概率有多大。

例如，在犯罪现象研究中，研究者想了解某市犯罪青少年家庭的平均月收入 μ。现抽取 200 个青少年犯罪者家庭进行调查，得到该样本的平均月收入值 $\bar{X}=600$ 元。如果用 600 元作为某市犯罪青少年家庭的平均月收入 μ 的近似值，这是点估计。如果说该市犯罪青少年家庭平均月收入 μ 不低于 400 元不高于 800 元，并且说这个结论的可靠程度为 95%，换句话说，区间［400，800］包含 μ

的概率为95%。这种形式的估计，就是区间估计。

从区间估计的概念和上面的例子中可以知道，区间估计有这样两个问题：一是成功估计的概率大小，二是估计的范围大小。前者称之为置信水平，后者称之为置信区间。

置信水平和置信区间是一对矛盾。因为人们在解决实际问题时，总希望估计值的范围小一点，成功的概率大一些。但在样本容量一定的情况下，二者不可兼得。如果使估计的正确概率大些，那么置信区间就要大；反之，如果估计的区间变小，那么正确估计的概率就会降低。

统计分析中一般把置信水平定为0.95或0.99。这是依据0.05或0.01属于“小概率事件”，而“小概率事件在一次抽样中是不可能出现的”。依据这个原理有了这样一个规定：置信水平相对应的0.05或0.01称之为显著性水平。

有关区间估计的计算过程，在具体参数的区间估计时再作详细介绍。

第二节 总体平均数的估计及意义

一、总体平均数估计的计算步骤

（1）根据抽样样本的数据，计算样本的平均数与标准差。

（2）计算标准误 $\sigma_{\bar{x}}$。

有两种情况：一是当总体方差 σ^2 已知时，标准误

$$\sigma_{\bar{x}}=\sigma/\sqrt{n} \tag{7-1}$$

式中n为样本容量，此时样本的方差 S^2 不用。

二是当总体方差未知时，用样本方差 S^2 来计算标准误，公式为：

$$\sigma_{\bar{x}}=S/\sqrt{n-1} \tag{7-2}$$

（3）确定置信水平或显著性水平。在统计学上一般规定显著性水平为0.05，即置信水平为0.95，或显著性水平为0.01，则置信水平为0.99。根据这两个显著性水平而后从样本的平均数来估计总体平均数时，可能犯错误的概率不超过5%或1%，即犯错误的可能性很小。

（4）根据样本平均数的抽样分布，确定查何种统计表，以确定 $\alpha=0.05$ 或 0.01 时的横坐标值。一般地，当总体方差已知时，查正态表；当总体方差未知时，查 t 值表；而当 $n>30$ 时，也可查正态表作近似计算。查表得到 $Z_{\alpha/2}$ 或 $t_{\alpha/2}$。

（5）确定并计算出置信区间。

$\bar{X}\pm Z_{\alpha/2}\times\sigma_{\bar{x}}$，

置信区间亦可写成：

$$\bar{X}-Z_{\alpha/2}\times\sigma_{\bar{x}}<\mu<\bar{X}+Z_{\alpha/2}\times\sigma_{\bar{x}} \quad (7-3)$$

如果是查 t 值表，置信区间为：

$$\bar{X}-t_{\alpha/2}\times\sigma_{\bar{x}}<\mu<\bar{X}+t_{\alpha/2}\times\sigma_{\bar{x}} \quad (7-4)$$

（6）解释总体均值的置信区间。估计总体均值落入该区间的正确可能性概率为 $1-\alpha$，犯错误的可能性概率为 α。

二、总体方差 σ^2 已知时，对总体均数 μ 的估计

根据上述计算步骤，当总体方差 σ^2 已知时，总体平均数的统计估计方法是：

（1）当总体分布为正态时，不论样本大小，其标准误是 $\sigma_{\bar{x}}=\sigma/\sqrt{n}$，样本方差在计算中没有用处。然后查正态表，确定 $Z_{\alpha/2}$，一般显著性水平总是确定为 0.05 或 0.01，此时，$Z_{\alpha/2}$ 为 1.96 或 2.58。这是两个固定值，在犯罪与罪犯统计分析中常常要用到，因此最好能够牢记心中。

（2）当总体分布为非正态时，只有样本容量大于 30 时，才能根据样本分布对总体平均数进行估计；如果所取的样本容量小于 30，就不能对总体参数作估计了。因此，在犯罪与罪犯研究中，应

当克服困难抽取大样本进行研究。

下面举例说明。

【例 2】　已知罪犯第一次失业年龄的总体方差为 20. 84，现调查 100 名犯罪人，计算出他们开始失业的平均年龄为 22. 45 岁，试问罪犯首次失业的年龄 μ 的 0. 95 和 0. 99 的置信区间。

因样本容量大于 30，因此对总体分布情况可以不考虑。

首先，计算标准误：$\sigma_{\bar{x}} = \sigma / \sqrt{n} = 20.84 / \sqrt{100} = 2.084$

其次，运用公式（7-3），估计罪犯首次失业的年龄：

0. 95 的置信区间：$22.45 - 1.96 \times 2.084 < \mu < 22.45 + 1.96 \times 2.084$

$$18.37 < \mu < 26.53$$

0. 99 的置信区间：$22.45 - 2.58 \times 2.084 < \mu < 22.45 + 2.58 \times 2.084$

$$17.07 < \mu < 27.83$$

最后，可以作出解释：根据此次调查的平均年龄，推论罪犯首次失业的年龄在 18. 37～26. 53 岁，估计正确的概率为 0. 95，犯错误的概率为 0. 05；如推论罪犯首次失业的年龄在 17. 07～27. 83 岁，那么估计正确的概率为 99%，估计错误的概率为 1%。

三、总体方差 σ^2 未知时，对总体平均数的估计

总体方差不知道时，用样本的无偏方差（S_{n-1}^2）作为总体方差的估计值，无偏方差 $S_{n-1}^2 = S^2 /（n-1）$，然后通过公式（7-4）估算出总体平均数。此时，由于总体方差未知，样本平均数的分布为 t 分布，故应当查 t 值表，以确定 $t_{\alpha/2}$。而查 t 值表，还要有自由度 df（df = n-1）。自由度 df 不一样，t 值亦不一样。这是比较麻烦的。但是当样本容量大于 30 时，也可以查正态分布表来近似地估计。而正态分布表中当显著性水平为 0. 05 或 0. 01，Z 值为 1. 96 或 2. 58。因此，再次强调，在犯罪与罪犯现象的研究中，调查时抽样应当抽取 30 人以上，达到统计学中所说的大样本。这对统计分析可以带来诸多方便。

总体方差 σ^2 未知时，对总体平均数的估计亦有两种情况：

（1）总体分布为正态时，可不管样本量的大小。

（2）总体分布为非正态时，只有当样本量大于30时，才能作统计估计，否则不能推论。

在犯罪与罪犯现象的调查研究中，更多的情况是在总体方差未知时对总体平均数的估计。因此，它比总体方差已知的统计估计，要更经常地使用到。

【例3】 设某市2003年犯罪青少年的年龄构成的总体服从正态分布，现在随机抽取10名犯罪人作调查，其年龄情况如［例1］。试求犯罪青少年总体平均年龄的95%的置信区间。

在［例1］中已计算出样本年龄均值为19.1。

还可以进一步计算出该样本的年龄标准差为3.6652。

则标准误为：

$$S_{n-1} = S/\sqrt{n-1}$$

$$= 3.6652/\sqrt{10-1}$$

$$= 1.2217$$

由于总体方差未知时，样本平均数的分布为t分布，因此应当查t值表。

当 $df = n-1 = 10-1 = 9$ 时，查t表得 $t_{\alpha/2} = 2.2622$。

把上述数据代入公式（7-4），可得到：

$$19.1 - 2.2622 \times 1.2217 < \mu < 19.1 + 2.2622 \times 1.2217$$

$$15.90 < \mu < 21.86$$

因此，该市犯罪青少年总体的平均年龄在15.90～21.86岁，对此估计的准确率为95%，错误的概率为5%。

【例4】 某省监狱管理部门为了解押犯平均受教育年限，随机抽取600名罪犯进行调查，所得资料分组列表（如表7-1所示）。现要求以95%的概率把握，估计该省罪犯平均的受教育年限。

表 7-1 600 名罪犯受教育年限统计

受教育年限（年）	组中值（x）	罪犯人数（f）
0	0	25
1~6	3.5	179
7~9	8	325
10~12	11	70
13~16	14.5	1
合计	—	600

（资料来源：李玉黔、刘福印著：《狱政统计学》，警官教育出版社 1997 年版，第 188 页。）

首先，计算样本平均受教育年限：$\bar{X}=6.685$（年），

以及样本标准差：S=2.85；

其次，计算标准误：$\sigma_{\bar{x}}=S/\sqrt{n-1}=2.85/\sqrt{600-1}=0.12$；

再次，根据给定的 95%的概率要求，查 t 值表。由于样本量大于 30，可直接得 t=1.96；

最后，运用公式（7-4），估计罪犯平均受教育年限：

$$6.685-1.96\times0.12<\mu<6.685+1.96\times0.12$$

$$6.450<\mu<6.920$$

因此，可以有 95%的把握，估计该省罪犯平均受教育年限在 6.45~6.92 年；也可以换句话说，估计该省罪犯平均受教育年限在 6.45~6.92 年，这一估计正确的概率为 95%，错误的概率为 5%。

四、犯罪与罪犯研究中总体平均数估计的意义

在犯罪与罪犯现象的研究中，经常需要了解总体的状况，明确总体的参数特征，从而为有关部门决策提供服务。而通过统计估计可以在一定程度上实现这一目标。例如，如果掌握了青少年犯罪的具体年龄或者年龄范围，那么人们就可以对达到这一年龄或者这个年龄范围的青少年加强教育或犯罪防范，甚至可以采取针对性非常

强的对策措施，预防他们走上犯罪道路。因此，可以通过对青少年犯罪人的抽样样本调查，获得他们犯罪的平均年龄，然后通过统计估计，确定青少年犯罪的年龄范围。这是非常有意义的。

进一步说，正如在本书第三章“研究取样”中所阐述的，对总体的全面调查，不仅花费大量的人力、物力、财力，而且常常是不可能实施的。特别是在犯罪调查中，研究者手中掌握的并不是全部犯罪者，有的犯罪者由于各种各样的原因，并没有被政法机关拘捕在押。而且可以这么说，对犯罪总体人们永远不可能掌握，所能知道的总是犯罪总体的一部分。因此，根据抽样调查，以及由样本统计量去估计与推论总体参数，是犯罪调查研究的可靠途径，也是犯罪调查研究的必由之路。当然，抽样理论及统计理论也告诉我们，所抽取的样本越大，对总体的估计和推断越准确。因此，在人力、财力允许的范围之内，研究者还是应当抽取足够大的样本来做调查研究。

因此，在犯罪与罪犯研究中总体平均数估计的意义应当是明确的。这是人们从事科学研究工作的有效途径。它所得出的结论是可靠的，可以用于实践工作，从中得出的规律也可以作为实践的指导。然而，在我国的一些犯罪研究人员中间，却存在不相信统计估计与统计推断结论的倾向。他们总认为根据部分情况得出的结果是不可靠的，是以偏概全；只相信全面调查，相信普查才是“真经”。这种状况会阻碍犯罪与罪犯研究工作的发展，阻碍我国犯罪与罪犯研究的繁荣。

作为一名犯罪与罪犯领域的研究工作者，或者是若干名犯罪与罪犯研究工作者组成的一个小组，所做的一般只能是典型调查与抽样调查，或者是对某一并不大的单位（总体个案数不多的单位）的全面调查。典型调查和“小单位”的普查，资料虽然丰富，但普遍意义有限，而抽样调查才是调查研究的首选。抽样调查之后进行统计分析，这是抽样调查的必然。而抽样调查的最终目的就是实现对总体的认识。统计估计是对总体的数字特征的认识过程，因此认识总体所作的统计分析的第一步，应当是进行统计估计。

在此，还想指出一点，在有的犯罪或罪犯统计书籍中，把统计估计与假设检验放在一块介绍，这是不妥当的。虽然假设检验与统计估计所涉及的统计理论有许多相同之处，但是它们是两个不同的问题。统计估计是对来自于总体的一个样本的数字特征的计算，用来推论总体的数字特征。而假设检验是对一个样本是否与某总体同一的检验，研究的主要目的是要证明它们来自于不同总体，从而把两个总体区别开来。因此，统计估计时样本必然来自于该总体，而假设检验的样本不一定来自于该总体。特别是对于初学者来说，把统计估计与假设检验放在一块，容易把两类问题搞混淆了，是不利于他们掌握统计分析方法的。

第三节　其他统计量的估计

一、总体比率的区间估计

比率即两个数之比。如果这两个数中的一个是代表部分，而另一个是代表全体，那么这个比率又称作比例。如果将部分对总数的比率乘以 100，则称为百分数。

在许多实际问题中，常常需要估计总体中具有某种特征的单位占总体全部单位的比例。例如，全体罪犯中存在心理障碍的人数比例；青少年犯罪人中失学人数的比例，等等。

一般地，人们称总体中具有某种特征的单位占总体全部单位的比例为总体比例，记为 p；称样本中具有该种特征的单位占样本全部单位的比例为样本比例，记为 $\hat{p}$。

统计理论证明，比率的抽样分布是一个二项分布。但是，当 $np \geqslant 5$，且 $nq \geqslant 5$ 时，即在大样本情况下，可以把二项分布问题变换为正态分布问题近似地去求解。此时，标准误 $S_p = \sqrt{\hat{p}\hat{q}/n}$，其中 $\hat{p} + \hat{q} = 1$。

总体比率的区间估计是：

$$\hat{p}-Z_{\alpha/2}\cdot S_p<p<\hat{p}+Z_{\alpha/2}\cdot S_p \tag{7-5}$$

上述总体比率的区间估计是在大样本情况下，对于小样本，则可以通过直接查二项分布计算的统计表来解决。由于在犯罪与罪犯现象的研究中，抽取的样本容量都比较大，小样本情况不多，在此就不作具体介绍。有兴趣的读者请参阅相关统计书籍。

由于总体比率的估计在犯罪与罪犯研究中常要用到，下面举例加以说明。

【例 5】 某省监狱管理部门为了研究重大刑事罪犯所占的比重，随机抽取 400 名罪犯进行调查，结果其中有 100 名罪犯属于重大刑事罪犯。试以 0.95 的概率，估计该省监狱重大刑事罪犯所占的比重情况。

本例明显为大样本调查，符合 np、nq 都大于等于 5 的要求，因此可以用正态分布近似地作总体比率的区间估计。

第一步：计算样本的比率：$\hat{p}=100/400=0.25=25\%$；

第二步：计算标准误：$S_p=\sqrt{\hat{p}\hat{q}/n}=\sqrt{0.25\times0.75\div400}=0.0217$；

第三步：代入公式（7-5），求得总体比率的置信区间是：

$$0.25-1.96\times0.0217<p<0.25+1.96\times0.0217$$

$$0.2075<p<0.2925$$

因此，有 95%的把握可以说，该省监狱重大刑事罪犯所占的比重在 20.75%~29.25%。下此结论犯错误的概率为 5%。

【例 6】 在某未成年犯管教所随机抽取 90 名未成年犯，对他们实施抑郁量表（CRS）测量。其中存在抑郁的未成年犯有 76 人。试在 0.99 水平上对未成年犯中存在抑郁的比率作估计（资料来源：邵晓顺：《青少年罪犯焦虑抑郁特征研究》，载《应用心理学》2001 年第 2 期）。

本例为大样本调查，符合 np、nq 都大于等于 5 的要求，可以用正态分布近似地作总体比率的区间估计。

第一步：计算样本的比率：$\hat{p}=76/90=0.8444=84.44\%$；

第二步：计算标准误：$S_p=\sqrt{\hat{p}\hat{q}/n}=\sqrt{0.8444\times0.1556\div90}=0.0382$；

第三步：代入公式（7-5），求得总体比率的置信区间是：

$$0.8444-2.58\times0.0382<p<0.8444+2.58\times0.0382$$

$$0.7458<p<0.9430$$

故此，未成年犯中存在抑郁的比率为 74.58%～94.3%，至少不低于 74.58%，下此结论正确的概率为 99%，错误的概率为 1%。因此，通过调查和统计估计，可以得出结论，在未成年犯中存在抑郁的比率是相当高的。

【例 7】　调查我国女性群体安全感情况，当问到“敢否单独外出走夜路”时，3298 名女性回答不敢走，占女性调查人数的 48.7%。试在 0.99 水平上对我国女性不敢走夜路的比例进行估计。

第一步：计算调查总人数 $n=3298/48.7\%=6772$（人）

第二步：计算标准误：$S_p=\sqrt{\hat{p}\hat{q}/n}=\sqrt{0.487\times0.513\div6772}=0.00607$

第三步：代入公式（7-5），求得总体比率的置信区间是：

$$0.487-2.58\times0.00607<p<0.487+2.58\times0.00607$$

$$0.4713<p<0.5027$$

因此，可以说，我国女性不敢走夜路的比例为 47.13%～50.27%，作此估计把握程度为 99%。这样对我国女性夜间外出的安全感有了一个大致的了解，可以清楚的是，我国女性夜间单独外出的安全感是比较差的，一半左右的女性晚上不敢单独外出走夜路。

【例 8】　有学者调查监内罪犯“在遇到自己难以解决的问题时找谁帮助解决”，结果 754 名罪犯中有 392 名罪犯选择找监狱警察。试在 0.99 水平上估计罪犯遇到困难时找监狱警察的比例（资料来源：狄小华著：《冲突、协调和秩序——罪犯非正式群体与监狱行刑研究》，群众出版社 2001 年版，第 43 页）。

第一步：计算样本的比率：$\hat{p}=392/754=0.5199=51.99\%$；

第二步：计算标准误：$S_p=\sqrt{\hat{p}\hat{q}/n}=\sqrt{0.5199\times0.4801\div754}=0.0182$；

第三步：代入公式（7-5），求得总体比率的置信区间是：

$$0.5199-2.58\times0.0182<p<0.5199+2.58\times0.0182$$

$$0.4729<p<0.5669$$

因此，罪犯在遇到自己难以解决的困难时，愿意找监狱警察帮助解决的比例为47.29%～56.69%。作此估计的把握程度为99%。从这一调查结果和统计分析可以发现，一半左右的罪犯在遇到困难时会找监狱警察来帮助解决。这是一个喜忧参半的结果。令人高兴的是，监狱警察还是罪犯遇到困难时最主要的依靠对象；令人担忧的是，那些遇到困难不找监狱警察帮助的罪犯，其解决困难的途径是什么？万一被极少数别有用心的罪犯利用，后果还是有一定严重性的。

总之，有关总体比率的区间估计是犯罪与罪犯研究中经常会用到的。通过统计估计，明确了总体的一些特征，有利于更好地了解总体，也有利于更好地开展针对性工作。希望犯罪与罪犯研究工作者能够熟练地掌握运用。

二、相关系数的区间估计

在此主要介绍积差相关系数和斯皮尔曼等级相关系数的区间估计。

1. 积差相关系数

当总体相关系数未知时，可用样本的相关系数作为其良好的点估计值。而区间估计有这样几种情况：

（1）当总体相关系数为零时。

总体相关系数为零时，样本的相关系数分布为t分布，由此可计算其置信区间为：

$$r-t_{\alpha/2}\sigma_r<\rho<r+t_{\alpha/2}\sigma_r \qquad (7-6)$$

其中 $t_{\alpha/2}$ 的自由度为 $n-2, \sigma_r=\sqrt{(1-r^2)/(n-2)}$

在一般情况下，总体相关系数是否为零是不知道的，用公式（7-6）计算的置信区间之内如果包含0值在内，说明该样本可能是取自相关为零的总体，也说明所计算的置信区间是正确的。若所计算的置信区间不包含 0 值在内，则说明该样本的总体相关不为零，也就是说所计算的置信区间不正确。此时，应当用下面一种估计方法。

（2）当总体相关系数不为零时。

建议利用费舍 Z 函数分布计算。其步骤是：

第一步：将样本相关系数转换成 Z 函数，可查附表 3，r—Z_r 转换表，由样本 r 值查 Z_r 值。

第二步：计算 Z_r 的置信区间：

$$Z_r - Z_{\alpha/2} \cdot SE_Z < \rho < Z_r + Z_{\alpha/2} \cdot SE_Z \quad (7-7)$$

式中 Z_r 为费舍 Z 函数，$Z_{\alpha/2}$为查正态表得到的分数，二者意义不相同。其中 $Z_{\alpha/2}$如前面所说，一般取 1.96（与 0.05 显著性水平相对应）或 2.58（与 0.01 显著性水平相对应）。$SE_Z = 1/\sqrt{n-3}$。

第三步：将 Z_r 的置信区间转换成相关系数，同样查附表 3，r—Z_r 转换表，将 Z_r 转换成 r 值，因为 Z_r 置信区间有上下两个值，因此可查得两个 r 值。这两个 r 值便是总体相关系数的置信区间。

【例 9】　以本书第六章“相关分析”中［例 1］的调查数据为例，即抽样调查 24 名青少年罪犯结交不良朋友的数目（x），以及他们的犯罪次数（y），求不良朋友数目与犯罪次数之间的相关系数。现对所得的相关系数进行区间估计，置信水平取 0.95。

第六章［例 1］中已计算出相关系数 r = 0.9573，样本容量n = 24。

对该相关系数的区间估计采用费舍计算法，则有：

第一步：将样本相关系数转换为 Z 函数，r = 0.9573 时，$Z_r = 1.886$；

第二步：先计算标准误：$SE_Z = 1/\sqrt{n-3} = 1/\sqrt{24-3} = 0.2182$；

0.95 的置信区间为：$Z_r = 0.9573 \pm 1.96 \times 0.2182 = 1.886 \pm 0.4277 = 1.4583 \sim 2.3137$

第三步：将Z_r的置信区间转换成相关系数。

$Z_r = 1.4583$，查本书附表3得r为0.895，

$Z_r = 2.3137$，查本书附表3得r为0.980。

因此，总体相关系数，即青少年罪犯结交不良朋友数与其犯罪次数之间的相关系数ρ的置信区间为0.895~0.980。作此结论犯错误的概率为0.05，正确的概率为0.95。

2. 等级相关系数的区间估计

主要讨论斯皮尔曼等级相关系数的区间估计。

斯皮尔曼等级相关系数在样本数为9~20时，r_R的分布近似为$df = n-2$，$SE_r = \sqrt{1-r_R^2}/\sqrt{n-2}$的t分布。因而其相关系数的区间估计公式为：

$$r_R \pm t_{\alpha/2}\sqrt{1-r_R^2}/\sqrt{n-2} \qquad df = n-2 \qquad (7-8)$$

若$n > 20$，r_R的分布近似正态分布，标准误仍然为$SE_r = \sqrt{1-r_R^2}/\sqrt{n-2}$，其相关系数的置信区间为：

$$r_R \pm Z_{\alpha/2}\sqrt{1-r_R^2}/\sqrt{n-2} \qquad (7-9)$$

三、标准差与方差的区间估计

有关标准差和方差的区间估计，在此仅作简要介绍。

1. 标准差的区间估计

样本标准差S_{n-1}，虽然是总体标准差σ的一个无偏点估计，但S_{n-1}总是在σ的上下波动，有一定的偏差。因此，对总体标准差的估计，与对平均数的估计一样，也需要计算标准差分布的标准误σ_S。根据抽样分布理论，当样本容量大于30时，样本标准差的分布渐近正态分布，标准差的平均数$X = \sigma$，标准差的分布的标准误$\sigma_S = \sigma/\sqrt{2n}$。

总体σ未知，可用样本S_{n-1}作为估计值计算标准误。置信水平一般为0.95，0.99，其$Z_{\alpha/2}$分别为1.96，2.58。这样标准差的置信区间为：

$$S_{n-1}-Z_{\alpha/2}\cdot\sigma_S<\sigma<S_{n-1}+Z_{\alpha/2}\cdot\sigma_S \quad (7-10)$$

2. 方差的区间估计

自正态分布的总体中，随机抽取容量为 n 的样本，其样本方差与总体方差比值的分布为 χ^2 分布。这样可直接查 χ^2 表确定其比值的 0.95 与 0.99 的置信间距。再进一步用下式确定总体方差的 0.95 与 0.99 的置信区间：

$$\frac{(n-1)S_{n-1}^2}{X_{\alpha/2}^2}<\alpha^2<\frac{(n-1)S_{n-1}^2}{X_{1-\alpha/2}^2} \quad (7-11)$$

查 df=n−1 的 χ^2 表确定 $\chi^2_{\alpha/2}$ 与 $\chi^2_{1-\alpha/2}$ 的值，S_{n-1} 为样本标准差。

第八章　假设检验

第一节　假设检验的基本问题

一、假设检验的含义

在犯罪与罪犯研究过程中，常常要讨论一事物与另一事物的差异问题，如成年犯罪人与未成年犯罪人在犯罪形式、犯罪预备等方面的差异，流动人口犯罪与本地人口犯罪的差异问题，职务犯罪与非职务犯罪的差异问题，以及罪犯中财产型与非财产型罪犯的差异、男性罪犯与女性罪犯的差异、成年罪犯与未成年罪犯的差异等。要探讨两类事物之间的差异，往往从两类事物中各抽取一定数量的样本进行调查，然后根据对样本的调查结果来推论总体参数的差异情况。这就需要通过假设检验来实现。

假设检验是这样一个过程，即它是先对研究总体的参数作出某种假设，然后通过样本的观察来决定假设是否成立，如上述例子中，对流动人口犯罪与本地人口犯罪有无差异不清楚，要根据样本的调查结果来推论。因此，首先研究者假定流动人口犯罪与本地人口犯罪没有差异。在这里，流动人口犯罪者是一个总体，本地人口犯罪者是另一个总体。两者在犯罪上没有差异是一个研究假设。为此，研究者从流动人口犯罪者与本地人口犯罪者的总体中各抽取一个样本，并调查他们的犯罪情况，得到两个样本有关犯罪情况的统计量，然后以样本的统计量来检验假设是否正确。这便是一个假设检验问题。

又如，研究者从罪犯中抽取一个样本测量他们的智力状况，得到IQ平均分为96.5分，那么研究者关心的是，罪犯的智力水平是否与常模水平（100分）有差异。从直观上看，罪犯的IQ得分低于常模，但这种差异可能是抽样误差[①]带来的，事实上两者之间也许没有差异。究竟是否存在差异，可以先设立一个假设，如假定“罪犯的智力水平与常模没有差异”，然后来检验这个假设是否成立。这也是一个假设检验问题。

从上述两个例子中可以进一步发现，假设检验是对人们所关心的却又是未知的总体参数先作出假设，然后抽取样本，利用样本提供的信息对假设的正确性进行判断的过程。

对于两类事物之间差异的探索有两种情况：

一是样本统计量与相应总体参数的差异，如上述关于罪犯智力的问题。

二是两个样本统计量之间的差异，如上述关于流动人口与本地人口犯罪问题。

经过检验，如果所得差异超过了统计学规定的某一误差程度，则表明这个差异已不属于抽样误差，而是总体上确实有差异，这种情况叫差异显著。反之，如果所得差异未达到规定限度，说明该差异主要来源于抽样误差，这时称之为差异不显著。对于上述两种情况，若样本统计值与相应总体已知参数差异显著，意味着该样本已基本不属于已知总体，如罪犯智商值显著低于常模，那么可以说罪犯是一个低智商的群体；若两个样本统计值的差异显著，则意味着

---

① 抽样误差，是指在使用样本统计量来推论总体参数时，由于样本只包含总体的部分信息，故样本统计量一般不同于总体参数。它们之间的差异就称为用此统计量估计总体参数时的抽样误差。一般经常指以样本平均数估计总体平均数时的误差。这个误差经常利用样本平均数的标准差来度量。

各自代表的两个总体的参数之间确实存在差异，如流动人口犯罪与本地人口犯罪差异显著，那么可以说，流动人口犯罪者与本地人口犯罪者是两个不同的总体，或者说是两个不同的犯罪类型。

总之，假设检验在犯罪与罪犯现象研究中是非常重要的一个内容，是犯罪与罪犯研究工作者进行统计分析时应当掌握的最基本的分析路径之一。

二、假设检验的过程和步骤

犯罪与罪犯现象的假设检验的过程与步骤，对犯罪与罪犯研究工作者来说需要非常清晰。这是开展假设检验研究的基础，也是进行正确的统计分析的要求。有时甚至可以把假设检验的步骤当成一种研究思路来看待。

一般地，假设检验过程包括以下五个步骤：

第一步：提出虚无假设和备择假设；

第二步：确定适当的检验统计量；

第三步：确定显著性水平 α；

第四步：计算检验统计量的值；

第五步：作出统计决策。

下面对每一个步骤的内容作分析。

1. 提出虚无假设和备择假设

虚无假设，又称原假设，即需要通过样本去推断其正确与否的命题，用 H_0 表示。例如，在罪犯智力测验这个例子中，虚无假设就是“罪犯的智力水平与常模没有差异”，其数学表达式是：

H_0：$\mu=100$（分）

与虚无假设相对立的假设是备择假设，或称之为对立假设，用 H_1 表示。在上面这个例子中，备择假设就是“罪犯的智力水平与常模有差异”，其数学表达式是：

H_1：$\mu\neq100$（分）

为什么要提出虚无假设呢？这是因为，在统计学中，研究者不

能对备择假设 H_1 的真实性直接检验，需要建立与之对立的假设，即虚无假设 H_0。若运用统计方法证明 H_0 为真，则 H_1 为假；反之 H_0 为假，则 H_1 为真。因而，虚无假设是统计推论的出发点。这种“反证法”是统计推论的一个重要特点。

由于统计中假设检验的目的在于检验差异，所以这种检验又称为差异的显著性检验。在假设检验中 H_0 总是作为直接被检验的假设，而 H_1 与 H_0 对立，二者择一，所以 H_1 有时又叫对立假设。

2. 确定适当的检验统计量

假设检验需要借助于样本的统计量进行统计推断。用于假设检验问题的统计量称为检验统计量。在具体问题中，选择什么统计量作为检验统计量，需要考虑的因素与统计估计相同，如检验的样本是大样本还是小样本，总体方差已知还是未知等。在不同的条件下应当选择不同的检验统计量。

这一步是非常关键的，检验统计量选择错了，假设检验也就不能得到正确的答案。

3. 确定显著性水平 α

假设检验是通过样本统计量去推断总体参数之间的差异情况，研究者当然希望推断是正确的，但是却存在错误的可能。有这样一种情况，虚无假设正确，却把它当成错误加以拒绝，即 H_0 是正确的，总体参数无差异，但是人们接受了 H_1，却认为总体参数有差异。犯这种错误的概率用 α 表示，统计上把 α 称为假设检验中的显著性水平。所以，显著性水平是指当虚无假设正确时人们却把它拒绝了的概率或风险。这个概率是由研究者确定的，通常取 $\alpha=0.05$ 或 $\alpha=0.01$。这表明，当作出接受虚无假设的决定时，其正确的可能性（概率）为95%或99%。

4. 计算检验统计量的值

在提出了虚无假设和备择假设，确定了检验统计量，并规定了显著性水平 α 之后，接下来就要根据样本数据计算检验统计量。需要检验的情况不同，选择的检验统计量亦不同。选择正确的检验统计量后，就要正确理解各个计算公式中的每个符号所表示的意义，这样才能作出正确的计算和有效的检验。

5. 作出统计决策

根据显著性水平 α 和统计量的分布，可以找出接受域和拒绝域的临界点，用计算出的检验统计量的值与临界点进行比较，就可以作出接受虚无假设或拒绝虚无假设的统计决策了。

上述对假设检验步骤的阐明，理论性还是较强的。初学者可能一下子理解不了。可以先看本章第二节、第三节中具体的例子，结合例子自己实践一下。只要研究者参照例子做了一个或几个研究之后，是一定能够掌握假设检验方法的。

三、假设检验中的小概率原理与小概率事件

假设检验的基本思想或理论基础是小概率的原理。所谓小概率原理，是指这样一个结论："发生概率很小的随机事件在一次实验中是几乎不可能发生的。"根据这一原理，我们来作出是否接受虚无假设的决定。这一点对统计研究认识不多的人来说比较难理解，那么不妨把它说得绝对一点：统计学认为，小概率事件是不可能事件，如果发生了，那么原来设定的假设就要推翻。

例如，有一个防盗产品，厂家声称安全系数很高，合格率也很高，达 99%。如果人们要检验该防盗产品的质量，那么从一批产品（为了好理解，假设这批产品为 100 件）中随机抽取 1 件，这一件恰恰是次品的概率就非常小，只有 1%。如果该厂家的宣传是真的，随机抽取一件是次品的情况就是小概率事件，（几乎）是不可能发生的事件。但是，如果这种情况却真的发生了，那么人们就有理由怀疑原来的假设，即该防盗产品中只有 1%次品的假设是否成立。换句话说，小概率事件发生了，人们就可以推翻原来的假设，作出该防盗产品的宣传是假的推断。推断的依据就是小概率原理。

当然，这个推断也有可能会犯错误，即这 100 件防盗产品中确

实只有1件是次品，而恰恰在一次抽查中抽到了。这个例子中犯这种错误的概率是1%，也就是说人们在冒1%的风险作出厂家宣传是假的推论。由此也可以看出，这里的1%正是前面所说的显著性水平。

四、假设检验中的两类错误

由于假设检验是依据样本提供的信息进行判断的，也就是说由部分来推断总体，因而假设检验不可能绝对准确，它也可能犯错误。

假设检验的错误有两种类型：一种类型的错误称之为α错误，即虚无假设为真时却被拒绝了，犯这种错误的概率用α来表示，所以被称为α错误。另一种类型的错误称之为β错误，即虚无假设为假时，但人们却接受了，犯这类错误的概率用β表示，所以称为β错误。

很自然地，人们希望犯这两类错误的概率越小越好。但问题是，对于一定的样本容量，不能同时做到犯这两类错误的概率都很小。如果减小α错误，就会增大β错误的机会；而如果减小β错误，也会增大α错误的机会。先把结论放在这儿，承认它，其中的原理不作详细阐明。请犯罪与罪犯研究工作者清晰这一点就行了。当然，使α和β同时变小的办法也有，那就是增大样本容量。

由此看来，无论是拒绝还是接受H_0，都有犯错误的可能，但是只要把犯错误的概率控制在统计学所允许的范围之内，所作的统计判断或结论即成立。这种带有概率性质的推理是统计推论的又一个重要特色。

五、双侧检验和单侧检验

1. 双侧检验

仍然以上面罪犯智力测验为例。人们所关心的是罪犯智力水平与常模是否有差异，因此其研究假设为：

H_0：$\mu = 100$（分）　　　　没有显著差异

H_1：$\mu \neq 100$（分）　　　　有显著差异

由于在这里提出的虚无假设是 μ 等于某一数值 μ_0，所以只要 $\mu > \mu_0$ 或 $\mu < \mu_0$ 二者之中有一个成立，就可以否定虚无假设。这种只强调差异而不强调方向性的检验叫双侧检验。

双侧检验有两个拒绝域，两个临界值，每个拒绝域的面积为 $\alpha/2$，图 8-1 为双侧检验的示意图，其中 $\alpha = 0.05$。

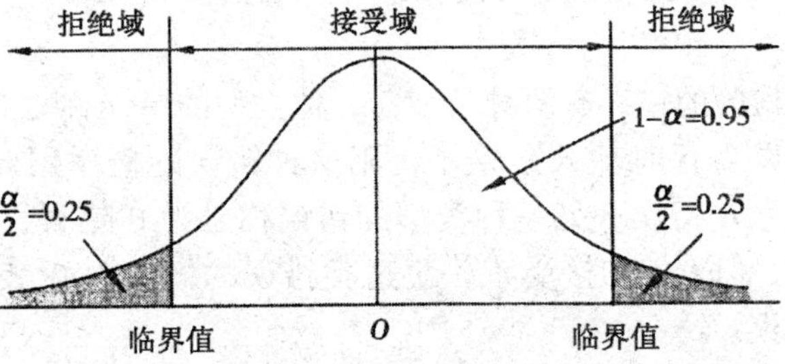

图 8-1　双侧检验示意图

2. 单侧检验

在另外一些情况中，人们关心的假设问题带有方向性，如把罪犯智力问题改为“罪犯的智商是否显著低于常模水平”。那么所作的研究假设就是：

H_0：$\mu \geqslant 100$（分）

H_1：$\mu < 100$（分）

在这里，人们关心的问题是“是否显著低”，因此其虚无假设是高于或等于某一数值 μ_0，备择假设是低于某一数值。因此其拒绝区只有低于 μ_0 的一端（如图 8-2 所示）。反之，如果人们认为研究对象的测量值不会低于一般水平，如大学生的智力测验平均值，那么检验的目的就是显著地高，α 的区域集中于 μ_0 的另一端。这种强调某一方向的检验叫单侧检验。通常适用于检验某一参数是否“大于”或“优于”、“快于”或“慢于”以及“小于”、“劣于”另一参数等一类问题。

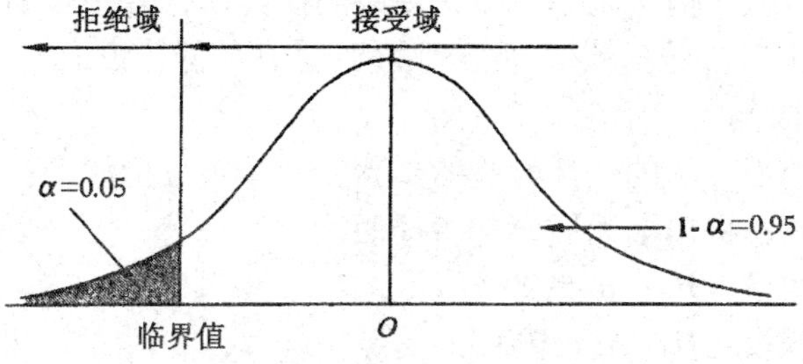

图 8-2 单侧检验示意图

第二节 平均数的显著性检验及其意义

平均数的显著性检验，是指对样本平均数与总体平均数的差异进行的显著性检验。若检验的结果是差异显著，表明样本平均数的总平均（μ_1）与总体平均数 μ_0 有差异，或者说样本平均数 $\bar{X}$ 与总体平均数 μ_0 的差异已不能认为完全是抽样误差了，$\bar{X}$ 可以认为是来自另外一个总体。它是判断一个样本与一个总体之间的关系问题，确定某个样本是否属于某一总体。

在平均数差异的检验中，总体参数不同，所选用的检验统计量亦不同。这是研究者一定要注意的。这一点与统计估计类似。下面分别予以阐述。

一、总体正态分布、总体方差已知的显著性检验

下面举例说明这类显著性检验的过程。

【例 1】 仍然以罪犯智力测验为例。假如随机抽取 30 名罪犯，得到韦氏智力测验的平均值为 96.5 分，现需要检验罪犯智力与常模有没有明显差异。

韦氏智力测验常模 $\mu_0=100$ 分，标准差 $\sigma_0=15$。

得到这个测验结果后，人们的第一个感觉也许是觉得罪犯的智力比常人要低。但是犯罪与罪犯现象的研究工作者必须要有这样一个观念或认识，样本测验所得到的平均值再低，没有经过统计检验，不能下结论。

按照前面介绍的统计检验的步骤，一步步分析如下：

第一步：提出虚无假设和备择假设：

虚无假设：H_0：$\mu=100$ 分

备择假设：H_1：$\mu\neq100$ 分

第二步：确定适当的检验统计量：

因为个体的智力水平呈正态分布，所以检验统计量为计算 Z 值。

$$Z=(\bar{X}-\mu_0)/SE_{\bar{X}} \tag{8-1}$$

第三步：确定显著性水平 α：

如前面所说，通常规定显著性水平 $\alpha=0.05$（或 $\alpha=0.01$）。

第四步：计算检验统计量的值：

因为是正态分布，样本平均数分布的标准误 $SE_{\bar{X}}$ 应按正态分布来计算。

标准误 $SE_{\bar{X}}=\sigma_0/\sqrt{n}=15/\sqrt{30}=2.739$

然后计算 Z 值：$Z=(\bar{X}-\mu_0)/SE_{\bar{X}}=(96.5-100)/2.739$

$=-1.28$

在这里，得到的 Z 为负值，但负值只表示差异的方向与正值相反，不影响检验的结果。

由于要检验的是罪犯智力与常模有没有差异，因此需要用双侧检验。

显著性水平 α 取 0.05 时，正态分布 Z 的临界值为 1.96。$1.28<1.96$，所以 $Z<Z_{\alpha/2}$。

第五步：作出统计决策：

因为 $Z<Z_{\alpha/2}$，所以不能拒绝虚无假设 H_0，而应当接受 H_0，即 $\mu=100$ 分。这个结论的意思是：虽然 30 名罪犯智力测验得到的成

绩是96.5，但是这是由于抽样误差造成的，罪犯总体实际的成绩与100分（常模值）没有显著差异。这时如果拒绝H_0则所犯的α错误的概率要大于0.05，换句话说，如果下结论认为罪犯智力与常模有显著差异，那么所犯的错误的概率要大于0.05，即$P>0.05$。这在统计学中是不允许的。当$P>0.05$时，统计学的解释是：$\bar{X}$与μ_0的差异在0.05水平上不显著。通俗地说，这个差异具有一定的偶然性；或者说，如果再次抽若干名罪犯进行智力测验，那么有可能$\bar{X}$比μ_0反而高了。所以不能得出罪犯智力水平比常模低或高（有差异）的结论。

从上面的例子中可以得到启发，那就是犯罪与罪犯现象的研究工作者一定要懂得，仅凭一次测验的结果不作统计检验就匆忙下结论是多么的危险。除非是作普查，否则，对于抽样调查结果，一定要作统计分析，即必须经过假设检验或方差分析，才能下结论。

在犯罪与罪犯现象的调查研究中，有研究人员就犯了上述错误。例如，有研究者对80名暴力型罪犯做了艾森克人格问卷（EPQ）测验，得到如下结果（如表8-1所示）。

表8-1 暴力犯和常人各量表分均数比较

	P		E		N		L	
	均数	标准差	均数	标准差	均数	标准差	均数	标准差
暴力犯（80）	6.69	3.38	11.325	3.84	14.075	4.36	11.81	4.14
常人（368）	6.08	3.22	9.93	4.93	10.06	4.82	13.30	5.77

资料来源：吉永根等：《暴力型罪犯的人格特征及改造对策》，载《犯罪与改造研究》1993年第7期。引用时对表格格式稍作了修改。

根据上述测试结果，该研究人员下结论说：暴力犯P分高于常人，而E分、N分明显高于常人，L分则明显低于常人。

运用上面介绍的平均数的显著性检验的统计分析，可以得到，暴力犯的P分量表得分与常模作比较，得到的Z值为1.685，此处应当是双侧检验，那么$P>0.05$。因此，肯定不能下“暴力犯的P

分高于常人”的结论。

这样的错误不少见，再举一例以引起犯罪与罪犯研究工作者的注意。

有研究者亦运用随机抽样的方法，使用 EPQ 调查了某未成年犯管教所 100 名未成年犯的个性特征，结果如表 8-2 所示。（作者注明：表中的平均分为 T 分数，其常模平均分为 50 分。）

表 8-2　总体 P、E、Q 描述统计表

	P	E	N
平均分	53.85	53.26	49.55
标准误差	10.68	10.01	11.08

资料来源：秦少华：《新时期犯罪少年个性特征与改造现状的调查报告》，载《中国监狱学刊》2000 年第 3 期。

根据上述结果，作者下结论说：“犯罪少年 P、E 分偏高，N 分偏低，但差异并非十分显著。此结果显示犯罪少年有如下几个特点：P 分偏高，说明犯罪少年个性特点倾向于不关心人……E 分偏高，说明犯罪少年以外向为多……N 分偏低，说明犯罪少年的情绪变化较一般人群更显无常和强烈。”对于上述调查结果，再次运用上面介绍的假设检验的统计分析方法，那么可以得到，有关 N 分偏低的结论是明显错误的。所以研究者随后由此得出的一系列结论都是错误的。因而，是否可以这么说，该研究者的这次调查研究是无效的、失败的。

因此，为了更准确地理解和运用假设检验，再举例如下。

【例 2】　有研究人员在某看守所对 80 名犯罪嫌疑人做了艾森克人格问卷（EPQ）测量，其中 P 分量表得分为 7.20 分，试分析犯罪嫌疑人的 P 分量表得分与常模有没有显著差异。

艾森克人格问卷测验常模 P 分量表平均分为 6.08 分，标准差 $\sigma_0 = 3.22$。

从调查数据看，犯罪嫌疑人 P 分高于常模值。但是，两者之间究竟有没有显著差异，需要通过假设检验。

仍然按照前面介绍的假设检验的步骤，一步步分析如下：

第一步：提出虚无假设和备择假设：

虚无假设：H_0：$\mu=6.08$ 分

备择假设：H_1：$\mu\neq6.08$ 分

第二步：确定适当的检验统计量：

人格测验总体为正态分布，所以检验统计量为计算 Z 值。

$$Z=(\bar{X}-\mu_0)/SE_{\bar{X}}$$

第三步：确定显著性水平 α：

假如取显著性水平 $\alpha=0.01$。

第四步：计算检验统计量的值：

因为是正态分布，样本平均数分布的标准误 $SE_{\bar{X}}$ 按正态分布来计算。

标准误 $SE_{\bar{X}}=\sigma_0/\sqrt{n}=3.22/\sqrt{80}=0.36$

然后计算 Z 值：$Z=(\bar{X}-\mu_0)/SE_{\bar{X}}=(7.20-6.08)/0.36$

$=3.11$

由于要检验的是犯罪嫌疑人的 P 量表得分与常模有没有差异，因此需要用双侧检验。

显著性水平 α 取 0.01 时，正态分布 Z 的临界值为 2.58。

所以 $Z=3.11>Z_{\alpha/2}=2.58$。

第五步：作出统计决策：

因为 $Z>Z_{\alpha/2}$，$P<0.01$，所以拒绝虚无假设 H_0，而应当接受 H_1，即 $\mu\neq6.08$ 分。也就是说，在 0.01 水平上 $\bar{X}$ 与 μ_0 的差异是显著的。因此，可以下结论：犯罪嫌疑人的 P 分量表得分与常模有显著差异。下此结论正确的概率为 99%，犯错误的概率为 1%。

对于上述例子，还可以问：犯罪嫌疑人的 P 分量表得分是否显著高于常模。这样就变成单侧检验。单侧检验显著性水平 $\alpha=0.05$ 时，$P=0.90$，查正态分布表得临界值 $Z_{0.05}=1.64$；而显著性

水平 $\alpha = 0.01$ 时，$P = 0.98$，查正态分布表得临界值 $Z_{0.01} = 2.33$，即单侧检验 Z 的临界值比双侧检验的要小，这样接受虚无假设 H_0 的区域也要小，拒绝虚无假设 H_0 的区域就大。换句话说，更容易得出样本与总体有显著差异的结论。

在犯罪与罪犯现象研究中，在实际进行假设检验时并不需要按部就班地按照上述步骤一步一步做下来。在实际操作时，计算一个标准误，然后计算检验统计量就行了。计算出的检验统计量与显著性水平所对应的临界值进行比较，如果比较结果是检验统计量大于临界值的，差异显著，而小于临界值的，则差异不显著。但是研究者的头脑里对虚无假设（原假设）和备择假设（对立假设）应当做到相当清楚。当然，初学者最好能够一步一步地做几次。

另外，由于有了专门的统计软件包，因此假设检验的具体计算工作就不需要研究者动手了。只要把数据输入计算机，作相应的选择就行了。不过，仍然要强调，假设检验的步骤研究者是应当非常清楚的。计算机具体操作过程见本章第五节。顺便要指出的一点是，在 SPSS10.0 统计软件包中，一个总体的参数检验也采用 t 检验，而没有上面所说的 Z 检验。t 检验是比 Z 检验对检验时的总体与样本的条件要求更高的检验，因此 t 检验显著的情形，Z 检验亦是显著的。

二、总体正态分布、总体方差未知的显著性检验

总体正态分布、总体方差未知时进行样本平均数与总体平均数差异的检验，其基本原理与上面所阐述的总体正态分布、总体参数已知时相同。两种检验的不同点之一在于标准误的不同。总体参数未知时，其标准误的计算公式为 $SE_{\bar{X}} = S_{n-1}/\sqrt{n} = S/\sqrt{n-1}$。S 为样本标准差。同时，临界比率的分布已不是正态分布，不能用 Z 检验，而服从 t 分布，采用 t 检验。因此，总体方差未知时所进行的检验称为 t 检验。这是另一不同之处。

检验统计量的计算公式为：

$$t=(\bar{X}-\mu_0)/(S/\sqrt{n-1})\quad(df=n-1)\qquad(8-2)$$

下面举例说明其检验过程。

【例 3】　某监狱原来用某种教育方式对罪犯进行文化教育（以罪犯的考试成绩作为教育效果的标准），其平均考试成绩为 70 分。今采用一种新的教育方式，但不知两种教育方式有无差别，为此对新教育方式的罪犯抽取 10 人进行测验，成绩为：80，73，71，82，61，85，90，58，64，75。试问两种教育方式有无明显差异？

首先，可以认为原教育方式下的罪犯考试成绩为总体（平均数为 70 分），而新教育方式的抽样测验成绩为样本。

对样本统计量进行计算，得到平均值 $\bar{X}=73.9$，标准差 $S=10.61$。

然后对样本与总体的差异情况进行检验：

虚无假设：H_0：$\mu=70$ 分

备择假设：H_1：$\mu\neq70$ 分

标准误 $SE_{\bar{X}}=S/\sqrt{n-1}=10.61/\sqrt{10-1}=3.54$

计算检验统计量值，$t=(\bar{X}-\mu_0)/(S/\sqrt{n-1})$

$=(73.9-70)/3.54=1.10$

查 t 分布表（双侧），$df=9$，$t_{0.05/2}=2.26$

$1.10<2.26$

得到 $P>0.05$。这表示否定 H_0 时犯错误的概率大于 0.05，因而从统计学上不能否定 H_0。

这也就是说，样本平均值（73.9）与总体平均数（70）的差异不显著，因而不能得出两种教育方式有明显差异的结论。

读者看了两个例子可能会发现，假设检验与结论之间看起来不是直接的关系，脑子里需要转几个弯似的。的确如此，在下结论之前，需要经过三个步骤：第一步，统计量 Z 或 t 值与临界值进行比较；第二步，根据比较结果确定 P 值（概率）；第三步，得出差异是否显著。这三步具体化后有两种情况：第一种情况，如果 Z 值或 t 值小于临界值，那么 P 大于 0.05 或 0.01，差异不显著；第二种情况，如果 Z 值或 t 值大于临界值，那么 P 小于 0.05 或 0.01，差异显著。初学者记住这两种情况后，对照自己的计算结果去下结论就可以了。

三、总体非正态分布的显著性检验

在犯罪与罪犯研究领域，一些连续变量在总体上可以看成是正态分布的，因此在前面介绍 Z 检验、t 检验时没有对总体是否正态分布作严格检验。如果有理由认为某一变量的总体分布不是正态，原则上是不能进行 Z 检验或 t 检验的。这时应该进行非参数检验（参见本书第十章 χ^2 检验）。但有时也可以对原始数据进行对数转换或其他转换，使非正态数据转化为正态形式，然后再作 Z 检验或 t 检验。

但是如果样本容量较大，也可以近似地应用 Z 检验。这在犯罪与罪犯研究中是可以做到的。那么统计学所说的大样本应当达到怎样的样本容量呢？一般认为当 $n \geqslant 30$，也有人认为 $n \geqslant 50$ 时，尽管总体分布非正态，对于平均数的显著性检验仍可以用 Z 检验。需要注意的是，这时的 Z 检验是近似的。

而当总体非正态分布，样本容量 $n<30$ 时，不符合近似 Z 检验的条件，亦不符合 t 检验的条件，此时只有用非参数检验或作数据转换。

所以，在此再一次指出样本容量 $n \geqslant 30$ 的必要性。在犯罪与罪犯统计研究中，研究取样达到或者超过了大样本的标准，这时平均数差异的检验就可以近似地运用 Z 检验或 t 检验。而样本容量 $n \geqslant 30$ 在犯罪与罪犯调查研究中是不难做到的。

四、犯罪与罪犯统计研究平均数显著性检验的意义

正如前面所说，平均数的显著性检验是用于判断一个样本与一个总体之间关系的统计分析过程，它能够确定该样本是否属于某一

总体。经过平均数显著性检验，如果差异显著，那么就可以判定该样本不属于这一总体；如果差异不显著，那么该样本与总体之间的关系还需要作进一步分析。在犯罪与罪犯研究过程中，这种情况是不少的。

首先，在犯罪与罪犯研究领域，有许多普查后的数据资料或统计年鉴。可以从这些数据资料当中得到总体参数。当在做抽样调查时，样本统计量与普查所得的总体参数的比较就是平均数显著性检验问题。通过比较，得到样本统计量与总体参数之间的差异情况，从而就可以判断样本与该总体的关系，确认研究者所调查的样本是否属于该总体。

其次，在教育、心理等学科领域，有许多测量常模，[①] 也就有许多总体参数。犯罪与罪犯研究工作者在对犯罪人进行心理测量或教育测验时，所得数据一般是样本统计量。得到样本统计量（平均值与标准差）后，研究者一般都会与常模进行比较。比较后会发现，样本平均值与常模平均数一般地总是有差异的，或高了或低了。此时，如果把平均值简单比较一下就下结论是不对的，这一点在前面已经说过，而必须进行统计检验。只有经过假设检验，两者之间有显著差异，才可以下结论。这种样本统计量与常模参数的比较就是平均数显著性检验过程。

第三节　平均数差异的显著性检验及其意义

平均数差异的显著性检验，是指两个样本平均数差异的检验问题。而前面所说的平均数的显著性检验是指一个样本平均数与总体

---

① 常模，是解释测验结果的参照指标。它的制定是依据测验适用对象总体的平均成绩。常模的适用范围取决于取样的范围，若从全国取样，所得常模是全国的，若在地区取样，所得常模则是地区的，不能随意使用于其他地区。

平均数之间差异的检验问题。两者是有区别的。犯罪与罪犯研究工作者需要搞清楚这之间的不同，不能混淆。在有的统计学书中，平均数的显著性检验又称一个正态总体的参数检验，平均数差异的显著性检验又称两个正态总体的参数检验。这似乎表达得更明确些。

平均数差异的显著性检验的目的，在于由样本平均数之间的差异（$\bar{X}_1-\bar{X}_2$）来检验各自代表的两个总体之间的差异（$\mu_1-\mu_2$）。如果经过检验，差异显著，那么表明两个样本分属于两个不同的总体；如果经过检验差异不显著，那么两个样本可能属于同一个总体。

由于平均数差异的显著性检验涉及两个样本，因此比前面的平均数显著性检验情况要复杂些。在具体检验时，不仅要考虑总体分布和总体方差情况，而且要注意两个总体方差是否一致、两个样本是否相关等。在不同条件下要用不同的公式，研究者需要给予注意。

一、两个总体都是正态分布、两个总体方差都已知的显著性检验

这种情况的显著性检验分为两种情况：相关样本与独立样本。

1. 两个样本相互独立

两个样本相互独立的意思是，两批数据来自于不同的调查对象，换句话说，一批数据取之于一批调查对象，另一批数据取之于另一批调查对象，两批调查对象相互独立。此时检验统计量用 Z 检验。

检验统计量的计算公式为：

$$Z=[(\bar{X}_1-\bar{X}_2)-(\mu_1-\mu_2)]/SE_{D\bar{X}} \tag{8-3}$$

其中：标准误$=SE_{D\bar{X}}=\sqrt{\sigma_1^2/n_1+\sigma_2^2/n_2}$

【例 4】　有研究者对某市 60 名犯罪人进行收入调查后，得到犯罪人捕前每月平均收入为 683 元（$\bar{X}=683$），同期对该市 38 户城

镇居民的调查，他们的每月人均收入为639元（$\bar{X}_2=639$）。根据对全市犯罪人的普查资料，犯罪人每月人均收入的标准差为72元（$\sigma_1=72$）；而城镇居民收入的标准差为59元（$\sigma_2=59$）。试分析犯罪人每月人均收入与城镇居民的每月人均收入有无显著差异。

由于数据采集自犯罪人家庭和城镇居民家庭，两个样本相互独立。

假设居民家庭的收入及犯罪人的收入为正态分布。

显著性检验过程列如下：

H_0：$\mu_1=\mu_2$

H_1：$\mu_1\neq\mu_2$

先计算标准误：$SE_{D\bar{X}}=\sqrt{\sigma_1^2/n_1+\sigma_2^2/n_2}$

$=\sqrt{72^2/60+59^2/38}$

$=13.34$

然后计算检验统计量：$Z=[(\bar{X}_1-\bar{X}_2)-(\mu_1-\mu_2)]/SE_{D\bar{X}}$

$=(683-639)/13.34=3.30$

$3.30>2.58$　即 $P<0.01$

所以，犯罪人每月人均收入与城镇居民每月人均收入之间存在非常显著的差异。下此结论正确的概率为99%，犯错误的概率为1%。

2. 两个样本相关

这里所说的样本相关，或者指两个样本之间存在一一对应的关系，或者说两组数据采集自同一批调查对象。这时检验统计量仍为Z检验，其计算公式为：

$$Z=[(\bar{X}_1-\bar{X}_2)-(\mu_1-\mu_2)]/SE_{D\bar{X}} \qquad (8-4)$$

但标准误的计算公式与独立样本的计算公式不一样，其计算公式为：

$$SE_{D\bar{X}}=\sqrt{\sigma_1^2/n_1+\sigma_2^2/n_2-2r\times\sigma_1\times\sigma_2/n}$$

对照相关样本与独立样本的标准误计算公式，可以发现，当

$r=0$时，相关样本的标准误计算公式即为独立样本的标准误计算公式，因此，可以说，独立样本的情况实际上是相关样本中 $r=0$ 的特例。

【例 5】 研究者对罪犯平均月消费情况进行调查，比较了不同年份罪犯每月平均消费情况，调查得知 2000 年 36 名罪犯每月平均消费额为 68 元（$\bar{X}_1=68$），2002 年同样调查这 36 名罪犯的月平均消费额为 77 元（$\bar{X}_2=77$），已知两次调查结果的相关系数 $r=0.74$。据监狱管理部门统计计算，2000 年时罪犯月平均消费的标准差 $\sigma_1=22$ 元，2002 年的标准差 $\sigma_2=26$ 元。试问 2002 年罪犯每月人均消费额是否显著高于 2000 年？

现要求分析 2002 年罪犯月消费平均值是否显著高于 2000 年，因此用单侧检验。

假设检验的过程是：

H_0：$\mu_1=\mu_2$

H_1：$\mu_1<\mu_2$

标准误：$SE_{D\bar{X}}=\sqrt{\sigma_1^2/n_1+\sigma_2^2/n_2-2r\times\sigma_1\times\sigma_2/n}$

$=\sqrt{22^2/36+26^2/36-2\times0.74\times22\times26/36}$

$=2.95$

检验统计量：$Z=[(\bar{X}_1—\bar{X}_2)-(\mu_1-\mu_2)]/SE_{D\bar{X}}$

$=(77-68)/2.95=3.05$

$3.05>2.32$，即 $P<0.01$（2.32 是单侧检验时 0.01 水平的临界值）。

因此，可以下结论说，2002 年罪犯每月平均消费额非常显著地高于 2000 年。下此结论正确的概率为 99%，换句话说，下此结论是非常有把握的。

二、两总体都是正态分布、两总体方差都未知的显著性检验

当两总体正态分布、两总体方差未知时，检验统计量应采用 t

检验。不过，要考虑的条件除了两个样本是独立还是相关外，还需要考虑两个未知的总体方差是否相等，以及两个样本容量是否相同等。

1. 两个样本相互独立

(1) 两个总体方差一致（方差齐性）。

检验统计量为 t 检验，其计算公式为：

$$t=(\bar{X}_1-\bar{X}_2)/SE_{D\bar{X}} \qquad (8-5)$$

$$(\text{注意 } df=n_1+n_2-2)$$

标准误的计算公式为：

$$SE_{D\bar{X}}=\sqrt{\frac{n^2+s_1^2}{n_1+n_2-2}\times\frac{n_1+n_2}{n_1\times n_2}}$$

【例 6】 为了研究 A、B 两个地区青少年犯罪人的家庭经济状况，调查者在 A 地区抽取 41 个犯罪人家庭进行调查，结果 A 地区犯罪人家庭人均月收入为 412 元（$\bar{X}_1=412$），其样本标准差为 26 元（$S_1=26$）；在 B 地区抽取 27 个家庭进行了解，结果 B 地区犯罪人家庭的人均月收入为 397 元（$\bar{X}_2=397$），其样本标准差为 29 元（$S_2=29$）。试分析 A、B 两地区犯罪人家庭的人均月收入有没有明显差异。

由于数据采集自 A、B 两个地区不同的犯罪人家庭，因此两个样本互相独立。又由于两样本的标准差相差不多，故可以认为两总体方差一致（又称为方差齐性）。

通常犯罪人的家庭人均月收入为正态分布。

显著性检验过程为：

标准误：

$$SE_{D\bar{X}}=\sqrt{\frac{n^2+s_1^2}{n_1+n_2-2}\times\frac{n_1+n_2}{n_1\times n_2}}$$

$$=\sqrt{\frac{41\times26^2+27\times29^2}{41+27-2}\times\frac{41+27}{41\times27}}$$

$$=6.85$$

检验统计量：$t=(\bar{X}_1-\bar{X}_2)/SE_{D\bar{X}}$

$$=(412-397)/6.85$$

$$=2.19$$

根据题意，应进行双侧检验，查本书附表 5：

$$df=n_1+n_2-2=41+27-2=66$$

$$t_{0.05/2}=2.00$$

$$2.19>2.00 \qquad P<0.05$$

因此，A、B 两地区犯罪人家庭的人均月收入在 0.05 水平差异显著。下此结论正确的概率为 95%，犯错误的概率为 5%。

【例 7】 有研究者在某监狱调查了 80 名暴力型罪犯的心理健康状况（采用症状自评量表 SCL—90），并以 64 名新入监罪犯作对比，得到以下测试结果（如表 8-3 所示）。试分析暴力犯与新入监犯在心理健康上的差异情况。

表 8-3 暴力犯与新入监犯 SCL—90 测试结果

因子	暴力犯组（n=80）	新入监犯组（n=64）	原 t 值	原 p	计算 t 值	计算 p
躯体化	2.08±1.01	1.87±0.87	7.78	<0.001	1.31	>0.05
强迫	2.05±0.81	2.24±0.71	7.92	<0.001	−1.47	>0.05
人际关系敏感	2.07±0.86	2.15±0.73	3.48	<0.001	−0.59	>0.05
抑郁	2.04±0.85	2.43±1.47	11.82	<0.001	−1.98	<0.05
焦虑	1.80±0.85	2.07±0.85	11.25	<0.001	−1.88	>0.05
敌对	1.94±0.97	1.64±0.45	13.64	<0.001	2.27	<0.05
恐怖	1.46±0.63	1.60±0.61	7.78	<0.001	−1.33	>0.05
偏执	1.91±0.82	1.77±0.61	6.67	<0.001	1.13	>0.05
精神病性	1.81±0.76	2.00±0.65	8.50	<0.001	−1.58	>0.05

资料来源：山东省第三监狱课题组：《暴力犯心理特征与矫治研究》，载《犯罪与改造研究》1998 年第 12 期。

上表中除敌对因子外，其他因子的标准差相差不多，可以认为方差齐性。

以躯体化因子为例，来展示假设检验过程。

显著性检验过程为：

标准误：

$$SE_{D\bar{X}} = \sqrt{\frac{n^2+s_1^2}{n_1+n_2-2} \times \frac{n_1+n_2}{n_1 \times n_2}}$$

$$= \sqrt{\frac{80\times1.01^2+64\times0.87^2}{80+64-2} \times \frac{80+64}{80\times64}}$$

$$=0.1605$$

检验统计量：$t=(\bar{X}_1-\bar{X}_2)/SE_{D\bar{X}}$

$$=(2.08-1.87)/0.1605$$

$$=1.31$$

根据题意，应进行双侧检验，查本书附表 5：

$$df=n_1+n_2-2=80+64-2=142$$

$$t_{0.05/2}=1.98$$

$$t=1.31<1.98 \qquad P>0.05$$

因此，暴力犯与新入监罪犯在躯体化因子上的得分没有显著性差异。

其他因子的显著性检验过程同上，检验结果列于表 8-3 中的“计算 t 值”和“计算 p”。

需要说明的一点是，上面的计算结果与该文作者的检验结果差别较大。根据笔者的计算结果，暴力犯与新入监罪犯之间在“抑郁”和“敌对”两个因子上存在显著差异；并且结果是，在抑郁因子上，暴力犯显著低于新入监罪犯，在敌对因子上，暴力犯显著高于新入监罪犯。因此，与新入监罪犯相比，暴力犯更少抑郁，但有更多的敌对心态。笔者所得的这一结果是根据该论文作者提供的数据，运用上面介绍的假设检验的步骤计算出来的，计算所得的 t 绝对值在 0.59～2.27；但是，作者计算的 t 值却在 3.48～13.64

（表 8-3 中“原 t 值”），这样，论文作者的结论自然是所有因子之间都有极显著差异（原 p），所下的结论就是：“暴力犯组在躯体化、敌对、偏执三个因子上高于新入监犯，其余因子低于新入监犯，且均达到极显著水平。”[①] 从上述计算过程看，该文作者所下的结论是有问题的。因此，犯罪与罪犯研究工作者在研读他人的调研成果时，应当注意对结果的仔细判别。

（2）两个总体方差不等。

如果从经验上得知，两个总体方差不等；或者从样本中所求得的标准差相差比较悬殊，经方差齐性检验得到两个总体方差不等（$\sigma_1^2 \neq \sigma_2^2$），此时，要进行平均数差异的显著性检验就比较困难。因为，总体方差不相等，平均数之差的分布不再服从自由度为 $df=n_1+n_2-2$ 的 t 分布，当然更不是 Z 分布，因此无法运用 t 检验或 Z 检验。

为此，可以采用近似的检验方法。有两种近似检验方法，即阿斯平—威尔士（Aspin-Welch）检验和柯克兰—柯克斯（Cochran-Cox）检验。

这两种检验方法比较复杂，在此不作介绍。犯罪与罪犯研究工作者遇到这种情况时，或者有兴趣的读者可参阅相关统计学书籍。

仅介绍另一种近似的检验方法。这就是，在大样本情况下（n_1、n_2 都是大样本容量），可以不管 σ_1^2、σ_2^2 是否相等，检验统计量可以近似地用 Z 检验。

$$Z=(\bar{X}_1-\bar{X}_2)/\sqrt{S_1^2/n_1+S_2^2/n_2} \qquad (8-6)$$

这种近似的检验方法，是犯罪与罪犯研究工作者可以考虑的。

总体方差未知的两个独立样本检验，在犯罪与罪犯现象研究中会经常遇到，而且总体方差齐性与总体方差不等的情况在研究中都会经常碰到，有时在同一个研究中就存在总体方差的这两种情形。

---

① 山东省第三监狱课题组：《暴力犯心理特征与矫治研究》，载《犯罪与改造研究》1998 年第 12 期，第 38~40 页。

例如，对两个监狱的罪犯进行心理健康测查，A 监狱抽取 57 人，B 监狱抽取 60 人，然后对这 117 人实施症状自评量表（SCL—90）测量。数据输入计算机进行两个独立样本的假设检验，同时作方差检验。结果抑郁、焦虑、敌对和偏执 4 个因子方差检验为齐性，而躯体化、强迫、人际关系敏感、恐怖、精神病性 5 个因子与总分共 6 个方面方差检验非齐性。但由于是大样本，因此可以进行 t 检验。假设检验的结果是，两个监狱的罪犯在躯体化、强迫、恐怖、偏执 4 个因子以及总分上存在 0.05 或 0.01 水平的显著性差异。因此，调查结果表明，不同监狱的罪犯，其心理健康状况是有差异的，而且结果是：在 4 个因子和总分上都是 A 监狱的罪犯显著高于 B 监狱的罪犯，从心理健康水平说，那就是 A 监狱罪犯的心理健康状况比 B 监狱罪犯的心理健康水平要差些。因此，应当对 A、B 两个监狱作进一步的比较，对 A 监狱罪犯的心理健康状况进行更深入的研究，以找出造成该监罪犯心理健康状况不良的原因。

2. 两个相关样本

相关样本的意义同上。

如前所说，两总体正态分布、总体方差未知时，检验统计量应采用 t 检验。但是分两种情况，一是相关系数未知，二是相关系数已知。

（1）相关系数未知。

在相关系数未知的情况下，如果研究者所得的数据是配对数据，即两个样本之间存在一一对应的关系，数据取自一一对应的调查对象身上，所得数据也是一一对应的，那么检验统计量的计算公式是：

$$t=(\bar{X}_1-\bar{X}_2)/SE_{D\bar{X}} \quad (8-7)$$

$$(df=n-1)$$

其中标准误：

$$SE_{D\bar{X}}=\sqrt{S_d^2/(n-1)}$$

$$=\sqrt{\frac{\sum d^2-(\sum d)^2/n}{n(n-1)}}$$

公式中 S_d^2 为样本方差，d 为每一对对应数据之差。

【例 8】 为了调查文盲罪犯在采用两种不同识字方法后的识字状况，随机抽取了其中的 10 名罪犯进行测验，表 8-4 为新旧两种识字法教学下的识字得分情况。试分析两种识字法是否有显著的差异（$\alpha=0.05$）。

表 8-4 罪犯在新旧两种识字法上的成绩

罪犯	1	2	3	4	5	6	7	8	9	10
旧识字法 X_1	11.3	15.0	15.0	13.5	12.8	10.0	11.0	12.0	13.0	12.3
新识字法 X_2	14.0	13.8	14.0	13.5	13.5	12.0	14.7	11.4	13.8	12.0
$d=X_1-X_2$	−2.7	1.2	1.0	0	−0.7	−2.0	−3.7	0.6	−0.8	0.3

由数据可以计算出每一对应数据之差 d。

计算标准误：

$$SE_{D\bar{X}}=\sqrt{S_d^2/(n-1)}$$

$$=\sqrt{\frac{\sum d^2-(\sum d)^2/n}{n(n-1)}}$$

$$=\sqrt{\frac{29-6.8^2/10}{10(10-1)}}$$

$$=0.520$$

计算检验统计量：$t=(\bar{X}_1-\bar{X}_2)/SE_{D\bar{X}}=\bar{d}/SE_{D\bar{X}}$

$$=-0.68/0.520$$

$$=-1.308$$

查 t 值表（参见本书附表 4），$df=n-1=10-1=9$

$t_{0.05/2}=2.263 \quad |t|=1.308<2.263=t_{0.05/2}$ 即 $P>0.05$

所以，两种识字方法的教学效果没有显著的差异。

（2）相关系数已知。

当相关系数已知时，可参照公式（8-3）进行检验，只不过这里是 t 检验。

检验统计量为：

$$t=(\bar{X}_1-\bar{X}_2)/SE_{D\bar{X}} \tag{8-8}$$

标准误：

$$SE_{D\bar{X}}=\sqrt{\frac{S_1^2+S_2^2-2rS_1S_2}{(n-1)}}$$

研究者应当注意的一点是，相关样本的 t 检验一般不需要事先进行方差齐性检验。因此，可以看到，在上述相关样本检验过程中没有去做方差检验。

三、两个总体非正态分布的显著性检验

当总体非正态时，可以取大样本（n>30 或 n>50）进行近似 Z 检验。这与本章第二节中论述的情形类似。

1. 独立样本

检验统计量：$Z'=(\bar{X}_1-\bar{X}_2)/\sqrt{\sigma_1^2/n_1+\sigma_2^2/n_2}$　（8-9）

或者 $Z'=(\bar{X}_1-\bar{X}_2)/\sqrt{S_1^2/n_1+S_2^2/n_2}$　（8-10）

2. 相关样本

检验统计量：

$$Z'=(\bar{X}_1-\bar{X}_2)/\sqrt{\sigma_1^2/n_1+\sigma_2^2/n_2-2r\sigma_1\sigma_2/n} \tag{8-11}$$

或者 $Z'=(\bar{X}_1-\bar{X}_2)/\sqrt{(S_1^2+S_2^2-2rS_1S_2)/(n-1)}$　（8-12）

综上所述，对两个样本平均数差异的显著性检验，需要考虑总体分布、总体方差、样本是否相关等多方面的情况，并要使用不同的公式（如表 8-5 所示）对此作小结。

表 8-5　平均数差异显著性检验小结

<table>
<tr><th>总体分布</th><th colspan="2">总体方差</th><th>样本情况</th><th>检验方法</th><th>公式</th><th>备注</th></tr>
<tr><td rowspan="5">正态分布</td><td colspan="2" rowspan="2">已知</td><td>独立</td><td>Z</td><td>(8-3)</td><td></td></tr>
<tr><td>相关</td><td>Z</td><td>(8-4)</td><td></td></tr>
<tr><td rowspan="3">未知</td><td>$\sigma_1^2=\sigma_2^2$</td><td>独立</td><td>$t(df=n_1+n_2-2)$</td><td>(8-5)</td><td></td></tr>
<tr><td>$\sigma_1^2\neq\sigma_2^2$</td><td>大样本</td><td>Z′</td><td>(8-6)</td><td>近似方法</td></tr>
<tr><td>不考虑 σ_1^2、σ_2^2 是否相等</td><td>相关</td><td>$t(df=n-1)$</td><td>(8-7)或(8-8)</td><td></td></tr>
<tr><td rowspan="4">非正态分布</td><td colspan="2" rowspan="2">已知</td><td>独立、n_1 与 n_2 都大于 30(50)</td><td>Z′</td><td>(8-9)</td><td>近似方法</td></tr>
<tr><td>相关、n>30(50)</td><td>Z′</td><td>(8-11)</td><td>近似方法</td></tr>
<tr><td colspan="2" rowspan="2">未知</td><td>独立、n_1 与 n_2 都大于 30(50)</td><td>Z′</td><td>(8-10)</td><td>近似方法</td></tr>
<tr><td>相关、n>30(50)</td><td>Z′</td><td>(8-12)</td><td>近似方法</td></tr>
</table>

四、犯罪与罪犯研究中平均数差异显著性检验的意义

有学者认为，假设检验是推论统计中最重要的内容。同时认为，平均数差异的显著性检验，又是假设检验中最重要的内容。上面所述的两个样本的平均数差异的显著性检验，以及后面将要阐述的多个样本平均数差异的显著性检验（方差分析），是在研究中最常用的统计分析方法，也是统计分析中最基本的内容之一，是犯罪与罪犯统计研究中必不可少的分析方法，对开展犯罪与罪犯统计研究意义重大，因此是犯罪与罪犯研究工作者必须掌握的统计分析方法之一。

平均数差异的显著性检验或者假设检验，在犯罪与罪犯研究中的作用，从以下两个方面分别阐述。

一方面，在对犯罪现象的研究中，通常认为犯罪人是与社会自由公民存在差异的一个群体。这种差别之处一些研究者可以列举很

多。然而，这些差异的论述，常常是研究者思辨的结果，是他们运用逻辑思维，采用演绎推理，结合对犯罪人的观察结果而得到的。其中有的也许仅仅是研究者在书斋里演绎推理出来的。应当承认，这种对犯罪人特征和其他犯罪现象的思辨与演绎，并非是完全没有道理的，也是一种研究的方式，是科学研究的途径之一，结果值得重视，特别是加上研究者对犯罪人和其他犯罪现象的观察以后，这种演绎和推论更加值得重视。然而，仅仅凭演绎与思辨，对犯罪人和其他犯罪现象的研究可能是有致命缺点的。这一研究现象的表现之一，就是我国的一些有关犯罪现象的研究结果往往大同小异。因为它只有从上而下的过程，没有从下而上的过程，没有访谈、观察、个案调查、大样本抽样调查等研究途径，缺乏归纳过程，很容易使研究结果空洞、千篇一律、缺乏生命力。这实际上正是我国犯罪现象研究中一种应当着力加以改变的现象之一。

在对犯罪现象的统计研究中，当人们要把犯罪行为与其他社会行为区别开来，把犯罪群体与其他社会群体进行区别，或者是要对犯罪人特征以及各犯罪类型特征进行描述时，统计检验是主要方法之一。只有结合了访谈、观察与大样本调查等方法，这其中必然需要进行统计分析（统计检验），对犯罪现象的研究结果才会更丰富、充实和富有生命力。

另一方面，在罪犯研究领域，虽然罪犯的法律地位是一样的，但是罪犯却是千差万别的。要从中掌握他们的共同性（如与社会自由公民比较），或者是类别性（不同犯罪类型比较），从而更好地认识罪犯、了解罪犯，是需要进行分门别类的研究的。开展这类研究，假设检验有其用武之地。

在教育矫正罪犯工作中，通过监狱人民警察的辛勤、艰苦的工作，罪犯得到了改造。在研究设计中，已经具体阐述了实验研究的基本思路。在这里，监狱警察的教育可以认为是自变量 X，而罪犯的犯罪思想、犯罪心理可以认为是因变量 Y，在自变量 X 的作用之下，因变量 Y 的变化可以进行测量。对这个测量结果，需要进行的统计分析，主要就是假设检验和方差分析。而假设检验中又主要是平均数差异的显著性检验。如果检验后，差异显著，而且是后测优于前测，那么就证明监狱警察的教育产生了正的效果。这也正是目前循证矫正研究所要遵循的思路。这是非常有说服力的一种研究，希望监狱工作者能够掌握。

罪犯在监狱服刑，到期必须释放。释放时，其思想、心理状况如何，是监狱工作者与许多社会人士非常关注的一个问题。从我国矫正罪犯工作实际情况看，罪犯刑满释放时，虽然有一个对他们思想与行为的基本评价，然而是较为粗糙的。如何深化？当然可以通过入监与释放时的两个有关思想与行为的测验，如果能够有罪犯服刑过程中的多个测验，然后进行比较分析，这种分析当然应当采用数理统计分析方法，那么罪犯刑满释放时的鉴定就会更有效；不仅对罪犯更有利，而且对需要进一步帮助他们的有关部门也更有用。同时，对改进监狱工作也会产生不小的效应。当然，这其中的难点是测量工具的编制问题。从理论上讲，测量工具是完全可以编制的，但是在实践中，编制这样一个测量工具需要一个渐进的过程。

第四节　比率、相关系数和方差的差异显著性检验

一、比率的差异显著性检验

与上述平均数的差异显著性检验一样，比率的显著性检验包括两个方面，一是样本的总体比率与已知的总体比率的差异是否显著的检验；二是两个样本各自总体之间比率差异是否显著的检验。

1. 比率的显著性检验

比率的分布是二项分布，而不是正态分布。但是在大样本时，即 $np \geq 5$，或 $nq \geq 5$ 时，样本比率为渐近正态分布。

检验统计量的计算公式为：

$$Z=(\hat{p}-P_0)/\sqrt{P_0(1-P_0)/n} \qquad (8-13)$$

式中 $\hat{p}$ 为样本比率，P_0 为已知的总体比率。

【例 9】　两年前某监狱有 45%的罪犯改造表现属于较好或好的类型。经过改进教育方法后，现抽取 230 人进行考查，发现有 54%的罪犯表现好或较好。试问改进后的教育方法是否有明显的效果。

现在，假设检验中虚无假设为：H_0：$P_0 \leqslant 45\%$

备择假设为：H_1：$P_0>45\%$

由于 $np=230\times54\%=124.2>5$，为大样本，所以可以用 Z 统计量做检验统计量。

确定显著性水平为 0.05，因为是单侧检验，故临界值 $Z_{0.05}=1.645$。

计算检验统计量：

$$\begin{aligned} Z &=(\hat{p}-P_0)/\sqrt{P_0(1-P_0)/n} \\ &=\sqrt{45\%\times(1-45\%)/230} \\ &=2.744 \end{aligned}$$

$$2.744>1.645 \qquad 即\ P<0.05$$

所以，拒绝虚无假设，接受备择假设，说明改进后的教育方法有明显效果。下这一结论正确的概率为 95%，错误的概率为 5%。

2. 比率差异的显著性检验

比率差异的显著性检验，在大样本之下，仍然近似地服从正态分布。因此，可以用检验统计量 Z 检验。计算公式为：

$$Z=(\hat{p}_1-\hat{p}_2)/\sqrt{\hat{p}_1(1-\hat{p}_1)/n_1+\hat{p}_2(1-\hat{p}_2)/n_2} \qquad (8-14)$$

【例 10】　对某未成年犯管教所 90 名罪犯实施抑郁量表（CRS）测量，结果存在抑郁症状的为 76 人，比率为 84.4%；另抽取某警校一年级大专学生 49 人作同一测验，结果有抑郁症状的学生为 38 人，比率为 77.6%。试分析两类人中存在抑郁症状比率有没有差异。（资料来源：邵晓顺：《青少年罪犯焦虑抑郁特征研

究》，载《应用心理学》2001 年第 2 期）

本例为双侧检验，α 取 0.05 时，Z 临界值为 1.96。

计算检验统计量：

$$Z=(\hat{p}_1-\hat{p}_2)/\sqrt{\hat{p}_1(1-\hat{p}_1)/n_1+\hat{p}_2(1-\hat{p}_2)/n_2}$$

$$=(0.844-0.776)/\sqrt{0.844\times(1-0.844)/90+0.776\times(1-0.776)/49}$$

$$=0.997$$

$$0.997<1.96 \qquad 即\ P>0.05$$

因此，未成年罪犯与警校学生中存在抑郁症状的比率没有显著差异。

二、相关系数的显著性检验

相关系数的显著性检验问题，在本书第六章已经讲过。关于相关系数的显著性检验方法，查表法也在本书第六章作了介绍，而通过假设检验的显著性检验方法则放在本章中进行阐述。

相关系数的显著性检验亦包括两种情况：一是样本相关系数与总体相关系数的比较；二是通过比较两个样本相关系数的差异来推论各自总体的相关系数是否有差异。

1. 相关系数的显著性检验

即样本相关系数与总体相关系数的差异检验，又分两种情况：$\rho=0$ 和 $\rho\neq0$。

（1）$\rho=0$。

此时相关系数的显著性检验仍可以用 t 检验的方法。

$$H_0:\ \rho=0$$

$$H_1:\ \rho\neq0$$

检验统计量：$t=(r-0)/\sqrt{(1-r^2)/(n-2)}$ （8-15）

$$(df=n-2)$$

如果 $t>t_{0.05/2}$，则拒绝 H_0，说明所得到的 r 不是来自 $\rho=0$ 的总体，或者说 r 是显著的。

若 $t<t_{0.05/2}$，则说明所得到的 r 值具有偶然性，从 r 值还不能断定总体具有相关关系，或者说 r 不显著。

当 $\rho=0$ 时，对样本相关系数的检验更多地是直接查表（见本书附表 3）来判断 r 的显著性，因此犯罪与罪犯研究工作者可以不用上述公式进行计算，直接查表就可以了。因此，对这种情况的相关系数的检验就不作举例说明。

（2）$\rho\neq0$。

人们常常说“相关系数是显著的”或“不显著”，这一般是指前面所说的 $\rho=0$ 时的情况。它解决了两个总体是否相关的问题。但有时还需要了解 r 是否来自 ρ 为某一特定值的总体，即当 $\rho\neq0$ 时 r 的显著性检验。例如，已有的诸多研究认为，罪犯在监狱服刑时改造表现好，刑满释放后重新犯罪的比例小，改造表现与重新犯罪之间存在较高的相关，假如总体相关系数 ρ 为 0.70，现在有研究者抽取 50 名刑满释放人员进行调查，结果计算改造表现与重新犯罪的相关系数 r 为 0.53，那么研究结果是否没有支持前面的研究，表明改造表现与重新犯罪之间不是高相关呢？换句话说，要检验 r 与 ρ 之间是否存在显著差异。

由于 $\rho\neq0$ 时，r 的样本分布不是正态分布，因此不能用公式（8-13）进行 t 检验。这时需要将 r 与 ρ 都转换成费舍 Zr，转换以后，Zr 的分布可以认为是正态的。此时，检验统计量用 Z 检验。

$$Z=(Zr-Z\rho)/\sqrt{1/(n-3)} \tag{8-16}$$

标准误：$SE_{DZ_r}=1/(n-3)$

【例 11】　以前述罪犯改造表现与重新犯罪关系为例。

r=0.53，查本书附表 3，得 Zr=0.59

ρ=0.70，查本书附表 3，得 Zr=0.867

$$\begin{aligned}Z&=(Zr-Z\rho)/\sqrt{1/(n-3)}\\&=(0.59-0.867)/\sqrt{1/(50-3)}\\&=-1.90\end{aligned}$$

$$1.90<1.96 \qquad 即\ P>0.05$$

也就是说，该研究者实得的 r 值与总体相关系数值差异不显著，因此该研究的调查结果不能推翻以往的研究结果，即改造表现与重新犯罪之间存在高相关的结论。

2. 相关系数差异的显著性检验

这种检验是对两个样本的相关系数差异是否显著进行的检验。在犯罪与罪犯研究中会遇到这种情形。

例如，调查 56 名犯罪嫌疑人社会支持量表得分与心理健康自评量表（SCL—90）总分之间的相关系数为 0.65，另调查 73 名服刑罪犯的社会支持量表得分与 SCL—90 总分的相关系数为 0.79。试分析能否认为服刑罪犯在两个量表上的相关系数大于犯罪嫌疑人。

对此，不能直接进行相关系数差异的检验，亦应当进行费舍转换。其检验统计量为 Z 检验，公式为：

$$Z=(Zr_1-Zr_2)/\sqrt{1/(n_1-3)+1/(n_2-3)} \qquad (8-17)$$

标准误为：$SE_{DZ_r}=1/\sqrt{1/(n_1-3)+1/(n_2-3)}$

式中 n_1 和 n_2 为两个样本的容量。

【例 12】　以上述 56 名犯罪嫌疑人与 73 名服刑罪犯关于社会支持量表与心理健康自评量表的调查为例。

$n_1=56$，$r_1=0.65$，$Zr_1=0.775$

$n_2=73$，$r_2=0.79$，$Zr_2=1.071$

$$\begin{aligned} Z &=(Zr_1-Zr_2)/\sqrt{1/(n_1-3)+1/(n_2-3)} \\ &=(0.775-1.071)/\sqrt{1/(56-3)+1/(73-3)} \\ &=-1.625 \end{aligned}$$

单侧检验 $Z_{0.05}=1.645$

$$1.625<1.645，即\ P>0.05$$

因此，r_2 并不显著大于 r_1，不能认为服刑罪犯的社会支持量表得分与 SCL—90 总分之间的相关系数明显大于犯罪嫌疑人。

对此，犯罪与罪犯研究工作者应当再次得到启发，从样本调查数据看，两个样本的相关系数相差较大，即该项调查中服刑罪犯心理健康与社会支持之间的相关系数大于犯罪嫌疑人不少，给人们的初步印象，（似乎）是肯定存在显著差异。此时，如果就凭这种感觉去下结论，那么错误就此发生。因此，需要再次强调，得到样本的统计量后，在没有经过统计检验之前，是不能随随便便下结论的。

上面分析的是两个独立样本的相关系数差异的显著性检验，至于取自于同一组研究对象（两个相关样本）的相关系数差异的显著性检验，在犯罪与罪犯统计研究中应用较少。除非不得已，否则对某一现象的相关分析应当从不同研究对象取得数据才更有说服力，因为这样可以更好地控制无关变量的影响。有时同一组研究对象本身会成为一个误差因素，甚至是无法控制的误差因素。因此，建议应当采用独立样本来做这方面的调查研究，并且不予举例说明。

三、方差的差异检验

在前面进行平均数差异的显著性检验时，涉及方差相等还是不等的问题。这要通过方差的差异检验来完成，也称方差的齐性检验。

在犯罪与罪犯研究过程中，大多情况下并不直接涉及方差的差异检验问题，而且把数据输入计算机统计软件后，可以直接得到方差差异检验结果，因此在这里不展开介绍，仅就方差齐性检验公式列出，供读者参考。

1. 样本方差与总体方差的差异检验

此时，其检验统计量为 χ^2 检验。计算公式为：

$$\chi^2 = nS^2/\rho_0^2$$
$$(df = n-1)$$

式中 S^2 为样本方差，ρ_0^2 为总体方差。临界值应查 χ^2 表。

2. 两个样本方差之间的差异显著性检验

当两个样本相互独立时，其检验统计量为 F 分布。计算公式为：

$$F = S_1^2 / S_2^2$$
$$(df_1 = n_1 - 1,\ df_2 = n_2 - 1)$$

临界值查 F 表。

当两个样本相关时，则用 t 检验。计算公式为：

$$t = (S_1^2 - S_2^2) / \sqrt{4S_1^2S_2^2(1 - r^2)/(n - 2)}$$
$$(df = n - 2)$$

上述两个公式中，S_1^2 与 S_2^2 分别为两个样本方差；

n 为样本容量；

r 为两个样本之间的相关系数。

在假设检验内容的最后，需要指出的一点是：假设检验中的“显著”与犯罪与罪犯现象中反映出的问题的“显著”，既有联系又有区别。前者是统计学的概念；在统计检验的基础上，对实际问题的显著性判断则应与该领域的实际相联系起来作最后结论。例如，在一个对数千名罪犯心理健康状况的调查中，当调查结果与常模进行显著性检验时，由于样本容量非常大，因此心理健康平均得分往往是相差 0.1 分甚至 0.05 分都会是极显著差异。而心理健康得分相差那么一点，究竟在罪犯心理健康状况不良程度的严重性上有多少意义，是值得思考的。这样一个相差，在实际工作中也许是意义不大的，没什么问题的。意思是说，经统计检验显著的事物，在实际问题中也许不见得有多么严重。这一点也是需要犯罪与罪犯研究工作者注意的。

第五节　假设检验 SPSS 的计算过程

假设检验的 SPSS 计算过程，都在 SPSS 的“Analyze”中的“Compare Means”中完成。针对不同要求的假设检验情况，在 SPSS 的这个模块中要选择不同的检验过程。

一、平均数的显著性检验

如前面所说，这是样本平均数与总体平均数差异的显著性检验过程。在 SPSS 中由“One-Sample T Test”来完成。下面举例说明。

【例 13】 对某看守所 85 名犯罪嫌疑人进行心理健康状况（SCL—90）的调查。调查结果输入 SPSS 统计软件包。现要求检验犯罪嫌疑人的心理健康总分与常模的差异情况。已知常模总分为 129. 96±38. 76。

计算过程：

第一步：建立或打开数据文件。

第二步：点击“Analyze”→“Compare Means”→“One-Sample T Test”，进入 One-Sample T Test 主对话框。选中对话框左边矩形框中的变量“总分”，点击对话框中间向右的箭头键，使之进入“Test Variable（s）”变量矩形框。

第三步：在上述对话框的下部，有“Test Value”栏目，即检验值栏目，输入常模分值 129. 96。其余使用系统默认值。

第四步：点击“OK”按钮提交运行。结果如表 8-6、表 8-7 所示。

表 8-6 One-Sample Statistics（单样本检验统计量）

	N	Mean	Std. Deviation	Std. Error Mean
总分	85	172. 8235	44. 50286	4. 82701

表 8-7 One-Sample Test（单样本检验结果）

	Test Value = 129. 96					
	t	df	Sig. (2-tailed)	Mean Difference	95% Confidence Interval of the Difference	
					Lower	Upper
总分	8. 880	84	. 000	42. 8635	33. 2645	52. 4626

表 8-6 中，N 表示样本数，Mean 表示该样本的平均数，Std. Deviation 为标准差，Std. Error Mean 为标准误。

表 8-7 中，t 表示 T 检验之 t 值，df 表示自由度，Sig（2-tailed）表示双侧 T 检验概率，Mean Difference 表示样本均值与检验值之差，95%Confidence Interval of the Difference 表示在 95%的置信水平下差值的置信区间，Lower 表示该区间的下限，Upper 表示该区间的上限。

从结果可知，由于 $t>3.46=t_{0.001/2}$，所以拒绝 H_0，犯罪嫌疑人的 SCL—90 总分极显著地高于常模。

二、平均数差异的显著性检验

在 SPSS 中由“Independent-Sample T Test”来完成。试举例如下。

【例 14】 仍以例 12 的对某看守所犯罪嫌疑人的心理健康调查为例。研究者欲检验已在法庭审理过的犯罪嫌疑人和未经法庭审理的犯罪嫌疑人心理健康总分的差异。因为法庭审理是一个刺激事件，可能对犯罪嫌疑人心理健康产生影响。对此研究者不清楚，需要进行调查研究并作出统计检验。

计算过程：

第一步：建立或打开数据文件。

第二步：点击“Analyze”→“Compare Means”→“Independent-Sample T Test”，进入“Independent-Sample T Test”对话框。选中对话框左边矩形框中的变量“总分”，点击对话框中间向右的箭头键，使之进入“Test Variable（s）”变量矩形框。

第三步：选中“法庭审理”，点击靠近“Grouping Variable”分组变量栏的向右箭头按钮，使之进入该矩形栏。点击“Define Groups”按钮，弹出 Define Groups 定义分组对话框，选择 Use specified value，并在 Group1 和 Group2 后面的矩形框中输入变量“法庭审理”（“Group”）的两个值 1 和 2。

第四步：点击“continue”按钮，返回主对话框。在主对话框中点击“OK”按钮提交运行。

可以得到的计算结果如表 8-8、表 8-9。

表 8-8 Group Statistics（分组统计）

	法庭审理	N	Mean	Std. Deviation	Std. Error Mean
总分	1	61	172. 2459	42. 61090	5. 45577
	2	24	174. 2917	49. 93429	10. 19279

表 8-9 Independent Samples Test（独立样本检验）

		Levene's Test for Equality of Variances		t-test for Equality of Means		
		F	Sig.	t	df	Sig. (2-tailed)
总分	Equal variances assumed	1. 576	. 213	-. 190	83	. 850
	Equal variances not assumed			-. 177	36. 906	. 861

由表 8-8、表 8-9 可得出以下结果：

（1）未经法庭审理的犯罪嫌疑人有 61 人，SCL—90 总分的平均值为 172. 2459，标准差为 5. 45577；已经法庭审理的犯罪嫌疑人有 24 人，SCL—90 总分的平均值为 174. 2917，标准差为 10. 19279。

（2）Levene 方差齐性检验 F=1. 576，P=0. 213>0. 05，即方差相等（齐性）。

（3）检验统计量 t 检验值为-0. 190，P=0. 85>0. 05，因此已经法庭审理的犯罪嫌疑人与未经法庭审理的犯罪嫌疑人的 SCL—90 总分没有显著差异。

第九章 方差分析

前一章介绍了假设检验，它是通过 Z 检验或 t 检验，来比较两个总体之间是否存在显著差异的过程。需要注意的是，假设检验是比较两个平均数或说两个总体之间的差异，它只能用于判定两类事物之间的关系。但是，在犯罪与罪犯现象的研究中，经常需要比较的不仅仅是两类事物之间的关系，而是要比较多类事物或现象间的关系。例如，要了解小学、中学、大学等不同文化程度的犯罪人在犯罪原因与手段方面的差异，或者是想了解财产型犯罪、暴力型犯罪、性犯罪之间有何差异，又或者是想研究来自大城市、中小城市与农村的犯罪人的差异，等等。这时，要比较的不是两类事物，而是多个事物或类型之间的差异。[①] 对此，虽然研究者可以把它化解为两两比较，如对不同文化程度犯罪人的比较，可以作这样的两两比较：小学与中学、小学与大学、中学与大学，通过三次比较，也可以知道不同文化程度之间的差异。但是，这样有两个问题：一是两两比较不经济，上面这个例子只是三个水平的比较，如果有更多个水平，5 个、6 个甚至更多，那么两两比较就会很烦琐；二是犯错误的概率会增加，如确定显著性水平为 0.05，即一个两两比较

① 准确地说，应当是一个因素多个水平之间的比较。在这里，文化程度、犯罪类型、犯罪人出生地等变量是因素，而小学、中学、大学是文化程度这个因素的三个水平，因为它们只是文化程度这一个因素的不同情况。同理，财产型犯罪、暴力型犯罪、性犯罪是犯罪类型这个因素的三个水平。

犯错误的概率为5%，那么进行上面所说的多个两两比较后，下结论时犯错误的概率就会超过5%。因此，对多个事物或现象之间的差异比较，应当采取更好的统计检验方法。这就是方差分析。

方差分析（ANOVA），是对多个样本平均数差异的检验。它能解决多个均值是否相等的检验问题，是一种应用非常广泛的变量分析方法。它与假设检验一样都属于统计检验的范畴。在犯罪与罪犯现象的统计研究中具有重要地位，犯罪与罪犯研究工作者要掌握这种分析方法。

第一节　方差分析的基本问题

一、方差分析的适用条件

进行方差分析时有一定的条件限制，即调查数据需要符合下述三个条件，然后才能用方差分析去得出正确的结论。

1. 总体正态分布

方差分析同前一章所介绍的Z检验及t检验一样，也要求样本必须来自正态分布的总体。不过，由于犯罪与罪犯现象中的一些事物或变量的总体是服从正态分布的，因此在进行方差分析时不需要去检验总体分布的正态性。但是，当有证据表明总体分布不是正态时，需要将调查数据作某种转换，经过转换后的数据近似正态分布后，才能作方差分析。如果不转换，那么就应该用非参数检验的方法。

2. 变异的可分解性

方差分析所依据的一个基本原理是变异的可分解性，即总变异可以分解成几个不同来源的部分。分解后的变异必须彼此独立。

3. 各实验处理内的方差一致

或者说各因素水平内的方差一致。因为要对各个实验处理（因素水平）的样本方差合成一个方差来参与检验，也即需要求出联合方差，因此各实验处理内的方差彼此应无显著差异。这是方差分析中最为重要的假定。

二、方差分析的基本过程

结合例子来说明方差分析的基本过程。

【例 1】 对某看守所 15 名犯罪嫌疑人进行焦虑自评量表（SAS）测量，其文化程度分为小学、中学、大学三个水平。SAS 测量得分如表 9-1 所示。

表 9-1 犯罪嫌疑人 SAS 测验得分

	小学	中学	大学	（k=3）
（n=5）	36 35 58 56 40	45 42 31 50 32	26 25 34 33 42	
$\bar{X}_j$	45	40	32	$\bar{X}_t=39$

（注：仅取了该次调查 196 名中的 15 名犯罪嫌疑人的数据，以方便方差分析过程的说明。）

本例的目的是讨论三种不同文化程度的犯罪嫌疑人之间焦虑得分是否有显著差异。

从表 9-1 中数据看，三种不同文化程度的犯罪嫌疑人 SAS 平均得分分别为 45、40 和 32，这似乎是由于不同文化程度所带来的。但是在同一种文化程度中，5 名犯罪嫌疑人的得分也并不相等。造成后一个差异的原因在于每种文化程度内被试彼此间的个别差异和可能存在的测量过程中的偶然因素的影响，这些可以统称之为组内变异，亦可称之为测量误差、实验误差或随机误差。也就是说，这 15 个数据彼此的差异，有文化程度不同的原因，也有“组内变异”（误差）的原因。只有文化程度造成的差异显著地大于组内变异（误差）的作用时，才能说不同文化程度的犯罪嫌疑人其SAS得分有显著差异。所以，必须通过方差分析，看看组间方差是否在统计上显著地大于组内方差。

具体计算步骤如下：

1. 求平方和

首先，求总平方和，以 SS_t 表示，t 代表全部（total）的意思。它是每个数据减去总平均数的平方和。但计算时可用原始数据直接进行计算，公式是：

$$SS_t=\Sigma\Sigma X^2-(\Sigma\Sigma X)^2/nk \quad (9-1)$$

式中 X 是原始数据值，n 是每一因素水平中的被试个数，k 为因素水平个数，或说实验处理种类。

经计算，上例数据的总平方和 $SS_t=1390$。

其次，求组间平方和，以 SS_b 表示，b 代表组间（between groups）之意。它是由于不同文化程度而造成的变异。由每组平均数减去总平均数的平方再乘以被试个数得到。由原始数据直接计算的公式是：

$$SS_b=\Sigma[(\Sigma X)^2/n]-(\Sigma\Sigma X)^2/nk \quad (9-2)$$

经计算，组间平方和 $SS_b=430$。

最后，求组内平方和，以 SS_w 表示，w 代表组内（within group）之意。它是由实验误差（包括个体差异）造成的变异。由每组数据减去各组自身的平均数的平方和。但在实际计算时，因为按照变异的可分解性原则，可由总平方和减去组间平方和得到。

即组内平方和 $SS_w=SS_t-SS_b=1390-430=960$。

2. 确定自由度

自由度用 df 表示。

本例中由于是三种文化程度，即 $k=3$，

因此，“组间自由度” $df_b=k-1=3-1=2$；

每一组内的自由度是 $5-1=4$，共有 3 组，因此“组内自由度” $df_w=3\times(5-1)=12$；

而“总自由度” $df_t=15-1=14$；

可用 $df_b+df_w=df_t$ 相加进行核对：$2+12=14$。

3. 求均方

均方由各个平方和除以各自的自由度得到。

组间均方 $MS_b=SS_b/df_b=430/2=215$；

组内均方 $MS_w=SS_w/df_w=960/12=80$。

4. 进行 F 检验

在本书第八章“假设检验”中，介绍了当两个样本相互独立时，两个样本方差差异的显著性检验的统计量为 F 检验。

在方差分析中，所关心的是组间均方是否显著大于组内均方，如果组间均方小于组内均方，是无须检验其是否小到显著性水平的，因而总是将组间均方放在分子的位置上，进行单侧检验，即 $F=MS_b/MS_w$，然后查 F 值表（见本书附表 6）。

本例中：

$F=MS_b/MS_w=215/80=2.68$

查附表 6：$F_{0.05(2,12)}=3.88$

（F 下面的标记的意义：0.05 表示显著性水平，括号中前面的数字表示分子自由度，后面的数字表示分母自由度）

结果 $F<F_{0.05}$，$P>0.05$，未达到 0.05 的显著性水平。也就是说，在总变异中三种文化程度不同所引起的部分变异并不显著地大于由误差（包括个体差异）所引起的部分变异。

因此，文化程度不同的犯罪嫌疑人焦虑得分差异不显著（但是，请读者注意，该结论仅从 15 名犯罪嫌疑人的调查数据中得出，结论的普遍意义受到限制，即上述结论并不一定是一个具有普遍意义的结论）。

5. 列出方差分析表

在报告研究结果时，呈现出来的主要是一个方差分析表。其中的方差分析的计算过程，是不需要报告的（不过在研究报告中，一般还要有各因素水平的描述性结果，如平均数、标准差等）。在调查数据经过计算机统计软件包处理后，结果的输出亦是类似的一个方差分析表（如表 9-2 所示）。

表 9-2 方差分析表

变异来源	平方和	自由度	均方	F	$F_{0.05}$
组间	430	2	215	2.68	3.89
组内	960	12	80	—	—
总变异	1390	14	—	—	—

第二节 单因素方差分析

前述例子其实就是单因素方差分析的例子。但是为了使犯罪与罪犯研究工作者能够更好地理解如何作方差分析，就方差分析的具体步骤结合例子再次作介绍，并进一步阐述单因素方差分析的其他问题。

一、单因素方差分析的步骤

单因素方差分析的步骤可分为以下六步：

（1）建立假设；

（2）计算水平均值；

（3）计算离差平方和；

（4）计算平均平方；

（5）列出方差分析表；

（6）作出统计决策。

这六个步骤与［例 1］介绍的方差分析的过程是大同小异的。读者主要理解其中的含义与原理就行了。

下面举例说明。

【例 2】 对 20 名服刑罪犯进行艾森克人格问卷调查，其 P 分量表得分（原始分）列在表 9-3 中。试分析不同文化程度（小学、初中、高中、大学）的服刑罪犯 P 分量表得分有无显著差异。

表 9-3　服刑罪犯 P 分量表得分及方差分析计算过程

观察值 i	水平				
	1—小学	2—初中	3—高中	4—大学	
1	1	6	2	1	
2	9	3	9	4	
3	12	2	8	8	
4	9	7	3	2	
5	3	5	6	6	
合计	34	23	28	21	106
水平均值	$\bar{x}_1=6.8$	$\bar{x}_2=4.6$	$\bar{x}_3=5.6$	$\bar{x}_4=4.2$	
观察值个数	$n_1=5$	$n_2=5$	$n_3=5$	$n_4=5$	
总均值	106/20=5.3				

注：取该次调查 179 名罪犯中的 20 名的数据作分析。

按照单因素方差分析的六个步骤分析如下：

（1）建立假设。

方差分析的第一步与假设检验一样，要先建立虚无假设和备择假设。

虚无假设 H_0：$\mu_1=\mu_2=\mu_3=\mu_4$，文化程度不同 P 量表得分没有显著差异；

备择假设 H_1：μ_1，μ_2，μ_3，μ_4 不全相等，文化程度不同 P 量表得分有显著差异。

（2）计算水平均值。

水平均值就是在每一个因素水平上不同观察值的平均值。

总均值就是所有观察值除以总观察个数。

水平均值与总均值的计算结果列在表 9-3 中。

(3) 计算离差平方和。

离差平方和也即前面所说的平方和，计算公式与［例1］中的各个平方和计算公式相同。因此可用公式（9-1）、公式（9-2）计算，得到：

总平方和 $SS_t = \Sigma\Sigma X^2 - (\Sigma\Sigma X)^2/nk = 755 - 11236/20 = 193.2$；

组间平方和 $SS_b = \Sigma[(\Sigma X)^2/n] - (\Sigma\Sigma X)^2/nk = 582 - 561.8$
$= 20.2$；

并得到组内平方和 $SS_w = SS_t - SS_b = 193.2 - 20.2 = 173.0$。

(4) 计算平均平方（均方）。

前面已经介绍，平均平方（均方）即离差平方和除以自由度。

这一步的关键之处是自由度一定要计算准确。这一点也是方差分析的关键点之一。因为自由度不仅与计算均方有关，而且还与确定临界值有关。F检验的临界值是根据分子和分母两个自由度来确定的。当然临界值还与显著性水平有关。

对总离差平方和来说，其自由度等于总观察个数减去1，即n-1。

对水平项离差平方和（组间平方和）来说，其自由度等于因素水平的个数减去1，即k-1。

对误差项离差平方和（组内平方和）来说，其自由度等于总观察个数减去因素水平数，即n-k。

这样可以得到平均平方（均方）：

组间均方 $MS_b = SS_b/df_b = 20.2/3 = 6.733$；

组内均方 $MS_w = SS_w/df_w = 173/16 = 10.813$。

(5) 列出方差分析表。

先计算检验统计量F值：

$F=$组间均方(MS_b)/组内均方$(MS_w) = 6.733/10.813 = 0.623$

然后把前面一系列的有关计算结果列成表格的形式，即成为一张方差分析表（如表9-4所示）。

表 9-4　方差分析表

变异来源	平方和	自由度	均方	F	$F_{0.05}$
组间	20.2	3	6.733	0.623	3.24
组内	173.0	16	10.813	—	—
总变异	193.2	19	—	—	—

通过方差分析表，对方差分析中涉及的主要要素、要素之间的相互关系看得更为清楚。

（6）作出统计决策。

方差分析的最后一步是进行统计决策，即利用样本统计量对假设问题作出判断。

对照第一步的假设，以及计算出的 F 值，由 F 值与临界值进行比较之后可以作出判断。

若显著性水平 $\alpha=0.05$（查本书附表 6），得 $F_{0.05(3,16)}=3.24$。

这样就得到 $F<F_{\alpha}$，故接受虚无假设，拒绝备择假设，即不同文化程度的犯罪嫌疑人的 P 分量表得分之间没有显著差异。

二、方差分析中的多重比较

方差分析可以对若干个平均值是否相等同时进行检验，看它们之间是否存在显著的差异。如果 F 检验的结果是差异不显著，那么说明所要考察的或说所关心的变量的作用不显著，检验就此结束。但是，如果 F 检验的结果是有差异显著时，却往往不能到此就结束了，因为它仅仅表明接受检验的这几个均值不全相等，换成另一种说法，则是指几个实验处理或说因素水平在两两比较中至少有一对平均数间的差异达到显著水平。至于是哪一对或哪几对平均值与其他均值不相等，前面所进行的分析并没有告诉答案。若想找出究竟是哪一对或哪几对差异显著、哪几对不显著，则需要进一步作分析，也即需要采用一些专门的方法来做此事。对于这类进一步检验的问题，通常被称为方差分析中的多重比较。

【例3】 仍以［例1］的调查为例。对196名犯罪嫌疑人实施焦虑自评量表（SAS）测查，试分析来自不同地区（城市、县镇、农村）的犯罪嫌疑人的SAS得分差异情况，结果如表9-5、表9-6所示。

表9-5 不同地区犯罪嫌疑人SAS得分情况

地区	N（人数）	Mean（平均数）	Std. Deviation（标准差）
城市	24	44.4583	11.4625
县镇	23	38.1304	7.9275
农村	116	40.9224	8.3678
Total	163	41.0491	8.9352

注：196名犯罪嫌疑人参加SAS测量，其中SAS有效问卷为163份。

表9-6 不同地区犯罪嫌疑人SAS得分的方差分析表

变异来源	平方和	自由度	均方	F	$F_{0.05}$
组间	476.7	2	238.4	3.06	2.67
组内	12456.9	160	77.9	—	—
总变异	12933.6	162	—	—	—

从表9-6可知，$F>F_{0.05}$，$P<0.05$，因此来自不同地区的犯罪嫌疑人的SAS得分在0.05水平上差异显著。

对于上述结果可以得知，来自城市与来自县镇、来自城市与来自农村或者是来自县镇与来自农村的犯罪嫌疑人之间至少有一对的SAS得分有显著差异，但是究竟是在哪一对或哪几对犯罪嫌疑人之间，根据上述结果不清楚，需要作进一步的多重比较分析。

目前，在方差分析的多重比较中有多种不同的方法。由于SPSS中做方差分析时可以非常方便地进行多重比较。所以在此仅简要介绍其中的一种方法——q检验（有的书中称之为N—K法）。

q 检验的过程是：

首先，计算 $S_{\bar{x}}$。

$$S_{\bar{x}} = \sqrt{MS_w / n_j}$$

即 $S_{\bar{x}}$ 为组内均方除以某水平下的样本单位数的平方根。

其次，查 q 表，得到 q 值。q 值的大小取决于三个因素：显著性水平 α，水平个数，以及组内方差 MS_w 的自由度 n-k。

再次，利用查到的 $q_{\alpha(k,n-k)}$ 和 $S_{\bar{x}}$，计算出进行检验的临界值 D。

$$D = q_{\alpha(k,n-k)} \times S_{\bar{x}}$$

最后，对各因素水平的平均数进行两两相减，看其绝对值是否大于 D 值。如果大于 D 值，则认为该两个水平之间存在显著差异，否则就认为没有显著差别。

读者如果对上述检验过程的具体计算过程感兴趣，可参阅相关统计书籍。

对［例 3］的数据进行多重比较，结果表明（采用 SPSS 作计算），来自城市和来自县镇的犯罪嫌疑人之间 SAS 得分有显著差异，而来自城市与来自农村的犯罪嫌疑人以及来自县镇与来自农村的犯罪嫌疑人之间 SAS 得分没有显著差异。

【例 4】 在本书第六章“相关分析”中，举了一个“违规罪犯类型与罪犯心理健康状况及人格特征的关系研究”的例子。在那个研究中，研究者考察了罪犯违规类型与他们的心理健康状况、罪犯违规类型与人格特征的关系。这就是一个单因素方差分析的例子。由于罪犯违规类型有三个水平（严重违规、常违规、无违规），罪犯心理健康状况有九个水平（躯体化、强迫、人际关系敏感、抑郁、焦虑、敌对、恐怖、偏执、精神病性），而罪犯人格特征（EPQ 测量）分为四个水平（精神质 P、内外向 E、神经质 N、掩饰性 L），因此当方差分析表明罪犯违规类型与其心理健康、罪犯违规类型与其人格特征有显著差异时，还需要进行多重比较。

多重比较的结果是：

（1）不同违规类型罪犯之间心理健康状况的比较结果。

结果有三种情况：一是在躯体化、强迫、焦虑三个因子上，严重违规罪犯与常违规罪犯之间无显著差异，但是这两类罪犯与无违规罪犯之间都存在显著差异；二是在人际敏感、抑郁、敌对三个因子上，严重违规、常违规与无违规罪犯之间都存在显著差异；三是在偏执、精神病性两个因子上，严重违规罪犯与常违规、无违规罪犯之间存在显著差异。

（2）不同违规类型罪犯之间人格特征的比较结果。

结果有两种情况：一是在 P 分量表上，严重违规罪犯与常违规罪犯之间无显著性差异，但他们都与无违规罪犯之间存在显著差异，表明违规罪犯的 P 分显著高于无违规罪犯；二是在 N 分量表上，严重违规罪犯与常违规罪犯之间差异显著，即严重违规罪犯 N 分显著高于常违规罪犯，但严重违规罪犯与无违规罪犯，常违规罪犯与无违规罪犯间都无显著差异。

通过上述多重比较，就能够更加清晰罪犯违规类型的不同与他们的心理健康及人格特征的具体关系，从而使人们对罪犯在这些因素上的相互联系相互作用有更深入、更清晰的认识。

由于方差分析及多重比较是犯罪与罪犯研究中经常会运用的统计分析方法，因此下面再举几例来进一步说明，以便犯罪与罪犯研究工作者能够熟练掌握运用。

【例 5】　对某看守所 196 名犯罪嫌疑人实施焦虑自评量表（SAS）测查，试分析不同学历（小学及以下、初中、高中及以上）的犯罪嫌疑人 SAS 得分差异情况，结果如表 9–7、表 9–8 所示。

调查问卷中犯罪嫌疑人的学历分为四个水平，由于本次调查中大专及以上层次的犯罪嫌疑人很少，故并入高中组进行分析。表 9–7、表 9–8 由计算机统计分析所得。

表 9-7　不同学历犯罪嫌疑人 SAS 得分情况

	N	Mean	Std. Deviation
小学	44	43.5227	8.9870
初中	92	40.1630	8.2626
高中	25	39.5200	10.4965
Total	161	40.9814	8.9194

注：196 名犯罪嫌疑人参加 SAS 测量，其中 SAS 有效问卷为 161 份。

表 9-8　方差分析表（ANOVA）

	Sum of Squares	df	Mean Square	F	Sig.
Between Groups	399.172	2	199.586	2.558	0.081
Within Groups	12329.772	158	78.037	—	—
Total	12728.944	160	—	—	—

变量“SAS 得分”的变异来源有两部分，即组间（Between Groups）和组内（Within Groups），其自由度分别为 2 和 158，总自由度为 160。

离差平方和（Sum of Squares）：组间离差平方和为 399.172，组内离差平方和为 12329.772，总的离差平方和为 12728.944。

均方（Mean Square）：组间均方为 199.586，组内均方为 78.037。

F 值为 2.558，$P=0.081>0.05$。

根据上述结果，接受虚无假设，认为不同学历的犯罪嫌疑人其 SAS 得分或者说焦虑状况没有显著差异。

【例 6】　对某未成年犯管教所 267 名未成年犯进行艾森克人格问卷（EPQ）测量，测验得分情况如表 9-9 所示，方差分析表如表 9-10 所示。试分析来自不同地区的未成年犯其人格特征有没有差异。

由于数据很多，手工计算基本不可能。把数据输入计算机后，得到表 9-9 和表 9-10。

表 9-9 未成年犯 EPQ 测验得分情况

		N	Mean	Std. Deviation
E（内外向）	城市	28	12. 4286	4. 0408
	县镇	72	12. 8889	3. 9984
	农村	150	11. 6867	3. 6713
	Total	250	12. 1160	3. 8327
N（神经质）	城市	28	13. 2500	3. 7280
	县镇	72	13. 8750	4. 6842
	农村	150	13. 0200	4. 3465
	Total	250	13. 2920	4. 3831
P（精神质）	城市	28	8. 5357	3. 1445
	县镇	72	9. 9583	3. 3711
	农村	150	8. 2933	3. 6500
	Total	250	8. 8000	3. 5826
L（掩饰倾向）	城市	28	9. 8929	3. 0592
	县镇	72	9. 6389	3. 1991
	农村	150	10. 7733	3. 2976
	Total	250	10. 3480	3. 2738

表 9-10 方差分析表（ANOVA）

		Sum of Squares	df	Mean Square	F	Sig.
E	Between Groups	73.394	2	36.697	2.529	0.082
	Within Groups	3584.242	247	14.511	—	—
	Total	3657.636	249	—	—	—
N	Between Groups	35.619	2	17.810	0.926	0.397
	Within Groups	4748.065	247	19.223	—	—
	Total	4783.684	249	—	—	—
P	Between Groups	137.067	2	68.534	5.534	0.004
	Within Groups	3058.933	247	12.384	—	—
	Total	3196.000	249	—	—	—
L	Between Groups	69.141	2	34.570	3.285	0.039
	Within Groups	2599.583	247	10.525	—	—
	Total	2668.724	249	—	—	—

从方差分析表 9-10 可知，来自不同地区的未成年犯，在精神质（P）、掩饰倾向（L）上存在显著差异，而在内外向（E）、神经质（N）上没有显著差异。精神质 F 检验值为：$F=5.534$，$P=0.004<0.01$，掩饰倾向 F 检验值为 $F=3.285$，$P=0.039<0.05$。

对存在显著差异的精神质与掩饰倾向维度进行多重比较，采用 LSD 多重比较法，结果得到（具体的计算机运算过程可参见本章第四节）：在精神质方面，来自县镇的未成年犯非常显著地高于来自农村的未成年犯，而来自城市的未成年犯与来自县镇的未成年犯之间、来自城市与来自农村的未成年犯之间没有显著差异；在掩饰倾向方面，来自县镇的未成年犯显著地低于来自农村的未成年犯，而来自城市的未成年犯与来自县镇的未成年犯之间、来自城市与来自农村的未成年犯之间没有显著差异。

总之，当研究者对犯罪与罪犯现象的调查数据通过方差分析得到若干个平均数之间存在显著差异时，可以下结论说，不同水平之间有显著差异。但是，差异情况究竟怎样，还需要作进一步的检验，以明确具体是哪一对或哪几对平均数之间有显著区别。多重比较的结果可能是其中的某一对，或其中的某几对有显著差异，抑或是所有可以两两组合的两个平均数之间都有显著差异。在进一步作比较后，就可以对研究对象作出更为准确和明确的结论，从而就能够对事物的认识更进一步。

为了更好地理解这一点，最后举一例如下。

笔者[①]调查了1068名违法犯罪人员（实验组）与390名大学生（对照组）各自早年的不良行为情况，并作方差检验，结果如下：

1. 不同家庭教养方式与早年不良行为方差分析

经统计检验，实验组与对照组之间存在显著差异的14项早年不良行为，分别按小学、中学在每个犯罪人身上的存在状况进行汇总，然后以家庭教养方式作单因素方差分析，结果如表9-11所示。

---

① 邵晓顺：《违法犯罪人员家庭学校教育与早年不良行为关系研究》，载《犯罪与改造研究》2012年第3期，第4~8页。

表 9-11　家庭教养方式与早年不良行为方差分析表

	家庭教养方式	人数	均值	标准差	F 值
小学不良行为数	放任	178	2. 5225	2. 53608	10. 366***
	打骂	109	3. 0550	2. 59570	
	专制	244	2. 0779	2. 29826	
	溺爱	168	2. 1369	2. 46393	
	民主	291	1. 4227	1. 85418	
	朋友	31	1. 6774	2. 00644	
	总数	1021	2. 0705	2. 33283	
中学不良行为数	放任	163	2. 8773	2. 77950	14. 799***
	打骂	102	4. 2843	3. 28024	
	专制	239	2. 6862	2. 77706	
	溺爱	163	2. 8160	2. 78718	
	民主	278	1. 7122	2. 08742	
	朋友	32	2. 6875	3. 17691	
	总数	977	2. 6295	2. 76873	

注：*** $p<0.001$。

表 9-11 结果表明，不同的家庭教养方式，对早年不良行为的影响存在极其显著的差异。对这种差异作 LSD 后溯检验，结果是：民主的家庭养育方式与朋友式的家庭教养方式间没有差异，但与打骂、放任、专制与溺爱之间都存在显著差异；朋友式的家庭养育方式与打骂式之间存在差异，但与其他养育方式间无差异；打骂与放任教育方式间无差异，与其他各种教养方式间都有差异；溺爱与放任、专制教养方式无差异，但与打骂、民主的养育方式间有差异等。因而，家庭教养方式与早年不良行为之间存在较为复杂的关系，但明显地表现出两个特征，一是民主或朋友式的家庭教养方式

与打骂、放任、专制、溺爱四种不良教育方式对早年不良行为的影响上确实存在显著性差异；二是打骂的家庭养育方式与其他不良的养育方式相比，对早年不良行为的影响更大。

2. 教师不同教育方式和内容与早年不良行为方差分析

学校教师平时对学生教育状况以及学生犯错误后的教育状况与早年不良行为之间作单因素方差分析，结果如表 9-12 所示。

表 9-12　教师教育方式与早年不良行为方差分析表

	教师教育方式	人数	均值	标准差	F
小学不良行为数	没思想教育	299	1.8361	2.01918	26.177^{***}
	只有批评	127	3.0315	2.80288	
	管几次	111	3.5766	2.83340	
	讲道理	170	2.0000	2.08970	
	思想与知识教育	323	1.4241	1.99136	
	总数	1030	2.0689	2.33786	
中学不良行为数	没思想教育	279	2.4480	2.54103	21.375^{***}
	只有批评	119	3.8403	3.17560	
	管几次	110	4.1091	3.11947	
	讲道理	158	2.5316	2.79825	
	思想与知识教育	316	1.8734	2.29349	
	总数	982	2.6314	2.77210	

注：$^{***}p<0.001$。

表 9-12 结果表明，不同的教师教育方式，对早年不良行为的影响存在极其显著的差异。对这种差异作 LSD 后溯检验，结果是：既对学生进行思想教育又传授知识，与其他四种，即没思想教育、学生犯错误只有批评、学生犯错后管几次就不管了或学生犯错误都会讲道理与早年不良行为之间存在显著差异；学生犯错误后讲道理

与没什么思想教育在早年不良行为的影响上没有显著差异，但与其他老师教育方式之间存在显著差异；只有批评与管几次与早年不良行为之间没有显著差异，但与其他教育方式之间存在显著差异等。这些结果表明，一是只有教师在传授学生知识的同时，又开展思想教育，才能够减少学生早年不良行为；二是学生犯错误后“讲道理”与“没什么思想教育”，对学生早年不良行为的影响无差异，这表明老师在学生犯错误后讲的道理空洞无物，跟没讲什么道理差不多；三是学生犯错误后，老师“只有批评”与“管几次”两种方式对早年不良行为的影响没什么差异，似乎表明老师的“管几次”，就是批评几次。

第三节　双因素方差分析

前面介绍的方差分析都属于单因素的研究设计，即研究中只有一个自变量或者说一个因素。然而，在犯罪与罪犯现象的研究领域，更多的情况是呈现为多元性特征，就是说，某一现象的发生或变化是多种因素共同作用的结果。在运用单因素的研究设计时，是人为地设定除研究的因素之外，其他因素恒定不变。这只是一种研究的假定。在实际上，这种情况一般很少发生。实际情况总是一个现象被多个现象或因素所制约，如犯罪现象就不仅仅是犯罪人的个人因素起作用的结果，往往还与犯罪时的情境有关。因此，多因素的研究设计或者说研究思路比单因素的设计应当更符合实际情况。

在多因素方差分析中，双因素方差分析是最简单的。由于多因素方差分析较为复杂，此时，如果通过手工方式来进行数据计算，几乎是不可能的，需要借助于计算机及专门的统计软件包，因此犯罪与罪犯研究工作者主要是要理解多因素方差分析的原理，至于具体的计算完全可以交由计算机来完成。下面仅就双因素方差分析作简要介绍。

双因素方差分析有两种类型：一种是有交互作用[①]的双因素方差分析，它假定因素 A 和因素 B 的结合会产生出一种新的效应；另一种是无交互作用的双因素方差分析，它假定因素 A 和因素 B 的效应之间是相互独立的，不存在相互关系。例如，若假定不同犯罪类型的犯罪嫌疑人在法庭审理的不同阶段有不同的焦虑抑郁状况，这就是两个因素结合后产生的新的效应，属于有交互作用的情形；否则，不同犯罪类型、法庭审理的不同阶段，对犯罪嫌疑人的焦虑抑郁状况各自起影响作用，那么这两个因素之间就没有交互作用。下面主要介绍后一种方差分析。

仍然结合调查案例来说明。

【例 7】　以［例 1］的调查为例，对某看守所 196 名犯罪嫌疑人进行抑郁自评量表（SDS）测量，同时调查犯罪嫌疑人的犯罪类型与法庭审理情况。现请分析犯罪类型与法庭审理的不同情况对犯罪嫌疑人的抑郁状态是否有显著性影响。其中，犯罪类型分为财产型与暴力型两类，法庭审理情况分为未经法庭审理、已经法庭审理与法庭审理已完结三种情况（如表 9-13 所示）。经检验，犯罪类型与法庭审理的交互作用不显著。

---

① 交互作用，是指两个或两个以上因素共同作用的联合效应。在多因素的研究或实验中，当一个因素的水平变化时，另一个因素（或另几个因素）对因变量的效应也随之发生变化，因素之间就会存在交互作用。

表 9-13　因素与水平

因素	水平	人数
犯罪类型（因素 A）	A_1—财产型	97
	A_2—暴力型	38
法庭审理（因素 B）	B_1—未经法庭审理	75
	B_2—已经法庭审理	7
	B_3—法庭审理完结	53

注：测量有效问卷为 135 份。

双因素方差分析的步骤如下：

1. 建立假设

对因素 A：

H_0：$\mu_1=\mu_2$　犯罪类型不同 SDS 得分没有显著差异；

H_1：$\mu_1\neq\mu_2$　犯罪类型不同 SDS 得分有显著差异。

对因素 B：

H_0：$\mu_1=\mu_2=\mu_3$　法庭审理情况不同 SDS 得分没有显著差异；

H_1：μ_1、μ_2、μ_3 不全相等　法庭审理情况不同 SDS 得分有显著差异。

2. 计算 F 值

对 135 名犯罪嫌疑人在因素 A 上的平均值为 0.57、0.59；

在因素 B 上的平均值为 0.60、0.54、0.55；

总均值为 0.58。

然后可以根据公式（9-1）和公式（9-2）计算其平方和：

$SS_t=1.556$

$SS_a=0.00001043$

$SS_b=0.0761$

$SS_w=1.556-0.00001043-0.0761=1.480$

并计算均方：

$MS_a = 0.00001043/1 = 0.00001043$

$MS_b = 0.0761/2 = 0.03805$

$MS_w = 1.480/131 = 0.0113$

因此，F 值为：

$F_A = 0.00001043/0.0113 = 0.000923$

$F_B = 0.03805/0.0113 = 3.367$

应当说明的是，虽然可以用公式（9-1）和公式（9-2）计算，实际上是非常烦琐的，手工计算几乎是不可能的。应当把数据输入计算机，由计算机来完成。

上述计算结果列成方差分析表（如表 9-14 所示）。

表 9-14　方差分析表

变异来源	平方和	自由度	均方	F	$F_{0.05}$
因素 A	0.00001043	1	0.00001043	0.000923	3.472
因素 B	0.0761	2	0.03805	3.367	2.538
误差	1.480	131	0.0113	—	—
总变异	1.556	134	—	—	—

3. 作出统计决策

由表 9-14 显示，对于因素 A，由于 $F_A = 0.000923$，小于 F 临界值，故接受 H_0，说明犯罪类型不同 SDS 得分没有显著差异。

对于因素 B，由于 $F_B = 3.367$，大于 F 临界值，故拒绝 H_0，接受 H_1，说明法庭审理情况不同 SDS 得分有显著差异。

第四节　方差分析 SPSS 的计算过程

主要介绍单因素方差分析的 SPSS 计算过程。

方差分析的 SPSS 计算过程，在 SPSS 的“Analyze”的“Compare Means”中来完成。具体是在“One-Way ANOVA”中实现。

下面举例说明。

【例 8】 对看守所 196 名犯罪嫌疑人实施“特质应对量表”测量，欲调查其“积极应对”和“消极应对”情况，并按犯罪嫌疑人出生地的不同，把他们分为城市、县镇与农村三个不同的类别。现要求分析不同出生地的犯罪嫌疑人其积极应对与消极应对是否存在显著差异。

计算过程：

第一步：建立数据文件。设置变量“城镇”，并给予赋值，城市=1，县镇=2，农村=3；再设置变量“积极应对”、“消极应对”。并把调查数据资料输入 SPSS 中。

第二步：点击“Analyze”→“Compare Means”→“One-Way ANOVA”，进入“One-Way ANOVA”对话框。选中对话框左边矩形框中的变量“积极应对”与“消极应对”，点击对话框中间向右的箭头键，使之进入“Dependent List”独立列表栏，将变量“城镇”移入“Factor”栏。

第三步：点击“OK”按钮提交运行。

可以得到的计算结果如表 9-15 所示。

表 9-15 使用系统默认值的单因素方差分析结果

	变异来源	Sum of Squares	df	Mean Square	F 值	Sig.
消极应对	Between Groups	166.753	2	83.377	1.588	0.207
	Within Groups	9295.575	177	52.517	—	—
	Total	9462.328	179	—	—	—
积极应对	Between Groups	266.390	2	133.195	3.299	0.039
	Within Groups	7105.789	176	40.374	—	—
	Total	7372.179	178	—	—	—

表 9-15 分别对两个变量“消极应对”和“积极应对”作了方差分析。下面分析一下其中的“消极应对”，“积极应对”同理。

"消极应对"的变异来源有两部分，即组间（Between Groups）（表中第二列、第二行）和组内（Within Groups）（表中第二列、第三行），其自由度分别为 2 和 177，总自由度为 179（表中第四列、第四行）。

离差平方和（Sum of Squares）：组间离差平方和为 166.753（表中第三列、第二行），组内离差平方和为 9295.575（表中第三列、第三行），总的离差平方和为 9462.328（表中第三列、第四行）。

均方（Mean Square）：组间均方为 83.377（表中第五列、第二行），组内均方为 52.517（表中第五列、第三行）。

F 值为 1.588（表中第六列、第二行），$P=0.207$（表中第七列、第二行），即 $P>0.05$。

根据上述结果，接受虚无假设，认为来自不同地方的犯罪嫌疑人其消极应对得分或者说消极应对方式没有显著差异。

而对"积极应对"的方差分析（表中第五、六、七行）表明，不同出生地的犯罪嫌疑人在 0.05 水平（$P=0.039<0.05$）上存在显著差异。

但是，以上结果只表明了不同出生地的犯罪嫌疑人在积极应对方式上存在显著差异，却并不表明任何一组两个出生地的犯罪嫌疑人之间均有差异。这一点研究者一定要注意。要鉴别出究竟哪一组犯罪嫌疑人之间有显著差异，需要进行多重比较，亦即需要在使用 One-Way ANOVA 作方差分析时使用选择项。

因此，在做方差分析时，上面的步骤中还需要增加一步。就是在第二步之后，在 One-Way ANOVA 的主对话框中，要对该对话框右下端的三个功能按钮进行选择。这三个功能按钮是"Contrasts"、"Post Hoc"、"Option"。在做方差分析时，一般只选用"Post Hoc"、"Option"这两个按钮进行方差分析的比较与输出设置。

进行多重比较的按钮为"Post Hoc"。单击"Post Hoc"按钮，展开"Post Hoc Multiple Comparisons"多重比较对话框。该对话框中分为两种情况，一是方差齐性时的多重比较，二是方差非齐性的多重比较。在进行选择时，可以对两种情况中的第一种比较方式都选中（选中“LSD”、“Tamhane's”），然后根据另一按钮得到的方差齐性或非齐性检验的结果来选择多重比较结果。

“Option”按钮点击打开后，选择其中的“Statistics”中的两个复选项即可。这两个复选项，一个是“Descriptive”，另一个是“Homogeneity-of-variance”。选择前者将输出描述统计量，如观察量数目（样本容量）、平均值、标准差等，选择后者则进行方差齐性检验，并输出检验结果。

表 9-16 是多重比较按钮中点击“LSD”后的输出结果。仅列出了“积极应对”的多重比较结果。

表 9-16 Multiple Comparisons（多重比较结果）

多重比较方法（LSD）

			Mean Difference (I-J)	Std. Error	Sig.
积极应对	城市	县镇	1.1070	1.8189	0.544
		农村	3.2455*	1.4373	0.025
	县镇	城市	-1.1070	1.8189	0.544
		农村	2.1385	1.3651	0.119
	农村	城市	-3.2455*	1.4373	0.025
		县镇	-2.1385	1.3651	0.119

* The mean difference is significant at the.05 level.（在 0.05 水平显著）

表 9-16 结果表明，来自城市与农村的犯罪嫌疑人之间在积极应对方式上存在显著差异，而来自城市与县镇、县镇与农村的犯罪嫌疑人之间在积极应对方式上没有显著差异。

下面再举例说明单因素方差分析的 SPSS 计算过程，以加深认识。

【例9】　对某看守所150名犯罪嫌疑人实施“抑郁自评量表”和“社会支持评定量表”测量，欲调查犯罪嫌疑人得到不同的社会支持时，其抑郁症状情况。按犯罪嫌疑人在社会支持评定量表得分的不同分为低、中、高三个等级的社会支持水平。试分析不同社会支持情况的犯罪嫌疑人其抑郁症状是否存在显著差异。

计算步骤：

第一步：测验结果输入 SPSS 中，建立犯罪嫌疑人的数据文件。

第二步：根据社会支持评定量表测验分数进行分组。按照“社会支持评定量表”作者的测验结果，量表总分为 34.56 ± 3.73，假定社会支持量表测验结果为正态分布，则处于中间50%的人为获得社会支持中等程度的人，即社会支持得分在32~37分（凡得分在这个区间之内的赋予数值2）为中等程度的社会支持；低于32分为低社会支持（赋值1）；高于37分为高社会支持（赋值3）。并运用 SPSS 中的“Transform”→“Recode”→“into Different Variables”进行社会支持水平的分组。

第三步：点击“Analyze”→“Compare Means”→“One-Way ANOVA”，进入“One-Way ANOVA”对话框。选中对话框左边矩形框中的变量“抑郁指数”，点击对话框中间向右的箭头键，使之进入“Dependent List”独立列表栏，将变量“支持分类”移入“Factor”栏。

第四步：单击“One-Way ANOVA”对话框中的“Post Hoc”按钮，展开“Post Hoc Multiple Comparisons”多重比较对话框。选中“LSD”。单击“Continue”按钮，返回“One-Way ANOVA”主对话框。

第五步：单击“One-Way ANOVA”对话框中的“Option”按钮，选择“Statistics”中的“Descriptive”，以输出描述统计量的统计结果，再单击“Continue”按钮，返回“One-Way ANOVA”主对话框。

第六步：点击“OK”按钮提交运行。

可以得到如表 9-17、表 9-18、表 9-19 所示的计算结果。

表 9-17　Descriptives（描述统计量）

	N	Mean	Std. Deviation	Std. Error	95% Confidence Interval for Mean	
					Lower Bound	Upper Bound
1	73	0.5574	0.1276	1.494E-02	0.5276	0.5871
2	39	0.6054	8.525E-02	1.365E-02	0.5778	0.6331
3	38	0.6026	7.096E-02	1.151E-02	0.5793	0.6260
Total	150	0.5813	0.1074	8.765E-03	0.5640	0.5987

表 9-18　ANOVA（方差分析结果）

	Sum of Squares	df	Mean Square	F	Sig.
Between Groups	8.186E-02	2	4.093E-02	3.679	0.028
Within Groups	1.635	147	1.112E-02	—	—
Total	1.717	149	—	—	—

表 9-19　Multiple Comparisons（多重比较）

多重比较方法（LSD）

(I) 支持分类	(J) 支持分类	Mean Difference (I-J)	Std. Error	Sig.
1	2	-4.8086E-02*	2.092E-02	0.023
	3	-4.5269E-02*	2.110E-02	0.034
2	1	4.809E-02*	2.092E-02	0.023
	3	2.817E-03	2.404E-02	0.907
3	1	4.527E-02*	2.110E-02	0.034
	2	-2.8171E-03	2.404E-02	0.907

* The mean difference is significant at the .05 level.

表 9-18 的方差分析结果表明，不同社会支持水平的犯罪嫌疑人在抑郁症状上的 P 值=0.023<0.05，即在 0.05 水平上差异显著。由表 9-19 多重比较结果得到，低社会支持（1）与中等社会支持（2）以及高社会支持（3）的犯罪嫌疑人之间抑郁症状都存在显著差异，但中等社会支持（2）与高社会支持（3）的犯罪嫌疑人之间抑郁症状无显著差异。

第十章 χ^2 检验

到目前为止，已经介绍的假设检验与方差分析，是在已知总体分布（假设为正态分布）的条件下，对样本所代表的总体参数进行的统计检验。但是，在犯罪与罪犯现象的研究中，有时研究者并不一定知道总体的分布情况，而且有许多关于犯罪或罪犯的问题，在调查时是按照一定的标准或性质把问题划分为不同的类别，然后将调查资料按类计算人数或个数，得到的是计数数据。例如，调查犯罪人被捕前有工作或无工作的数据资料；讯问犯罪人“你认为作案顺利吗?”把答案划分为：很顺利、较为顺利、不很顺利、很困难；或者问“你在 16 岁前有没有下列行为（有几项填几项）?”：逃学、考试作弊、撒谎、抽烟、打架斗殴、偷窃、赌博、通宵上网等问题后的调查数据。面对这样一些定类或计数数据的统计分析，就不能使用前面介绍的统计检验方法，因为前几章论述的方法都只是适用于测量数据。

计数数据的统计方法，主要是根据 χ^2 分布对数据进行分析，所以称 χ^2 检验，又称卡方检验。又由于按性质进行分类的数据，大都以表格的形式来表示，故又可称之为列联表分析。

第一节 χ^2 检验的意义

对于 χ^2 检验，其意义有以下两个方面。这些意义，又可称之为 χ^2 检验的适用范围。

一、用于配合度检验

χ^2 检验方法用于检验一个因素按两项或多项分类的实际观察值与某理论次数的分布是否相一致的问题，或者说实际观察数与理论分布次数有无显著差异的问题，所以又称为一致性检验。这里所说的实际观察数可简称实计数或实际数，是指在犯罪与罪犯现象的调查研究中所得到的计数资料，而理论次数是指根据概率理论、其他某种理论或根据经验所计算出的次数。

例如，对罪犯脱逃的调查研究，得到罪犯一天中各时段（如早晨、上午、中午、下午、夜晚）脱逃情况的统计数据，这是实际观察数。那么各时段罪犯脱逃情况是否有显著差异呢？现假定罪犯在各时段中脱逃人次没有差异，也就是 5 个时间段脱逃人数无区别，各占 1/5，这就是理论次数。实际次数与理论次数作 χ^2 检验，若经过检验有显著差异，则表明罪犯在各时段的脱逃是有区别的；若经检验无显著差异，那么表明罪犯在各时段的脱逃就没有显著差异，也就是说，罪犯的脱逃在一天中是没有什么规律的。不管是有显著差异，还是无显著差异，这些研究结果对监狱机关开展罪犯的防逃工作都是有重要意义的。

二、用于独立性检验

χ^2 检验还能用于检验两个或两个以上因素各有多项分类之间是否有关联或者是否具有独立性的问题。所谓两个或两个以上因素是指所要研究的两个或两个以上的不同事物。例如，要研究初次犯罪者与重新犯罪者即不同犯罪经历的犯罪人，在不同的犯罪预备（如没有任何准备、简单准备、自己研究、向别人学习）上有无关联；又如上述不同犯罪经历的犯罪人在职业分布上有没有显著差异，等等。

χ^2 检验的上述两类应用，在犯罪与罪犯现象的研究中都是经常要用到的，希望研究者注意掌握。当然初学者看了上面的论述，不一定搞得明白，可以结合下面的例子来学习。

另外一点是，χ^2 检验在应用于计数数据的分析时，对于总体的分布，即计数数据的分布不作任何假设，因此 χ^2 检验又是非参数检验方法的一种。

第二节　χ^2 检验的基本问题

一、χ^2 检验的基本公式

χ^2 检验的基本公式是：

$$\chi^2 = \sum\ (f_o - f_e)^2 / f_e \qquad (10\text{-}1)$$

式中 f_o 为实际观察数，即实计数，f_e 为理论次数。

下面举例说明 χ^2 检验的基本公式的使用。

【例 1】　有研究者调查了罪犯中无业失业人员对自己被捕前自身经济状况的评价，结果如表 10-1。

表 10-1　1999 年罪犯中无业失业人员对自身经济状况的评价

	很富裕	比较富裕	一般	有困难	很困难	合计
实际调查数	2 0.31%	52 8.15%	469 73.51%	97 15.20%	18 2.82%	638 100%
理论计算值	23 3.61%	152 23.82%	288 45.14%	152 23.82%	23 3.61%	638 100%

注：实际调查数引自周路主编：《犯罪调查十年——统计与分析》，天津社会科学院出版社 2001 年版，第 107 页。

表中上一行数据为实际调查数 f_o，下一行数据为理论计算数 f_e。一般认为，罪犯的经济状况呈正态分布。因此，理论数按正态分布进行计算。

在检验时，把实际调查数与理论计算数都代入公式（10-1），

就可以得到 χ^2 值。然后与 χ^2 检验的临界值进行比较，就可以得出检验结果。具体计算与检验过程见本章第三节。

二、自由度的确定

运用 χ^2 分布进行假设检验，需要确定 χ^2 分布的自由度。自由度的确定与 χ^2 检验的类型相联系。当进行配合度检验（一致性检验）时，即需要检验实际观察数与理论分布数是否有差别时，自由度的确定与两个因素有关：一是调查中分类的项数，二是计算理论次数时，采用观察数目的统计量的个数。一般情况下，是调查中分类的项数减去 1，即 n-1。

进行独立性检验时，其自由度是各个需要检验的因素水平减 1 后的乘积。下面列表说明独立性检验的自由度的计算（如表 10-2 所示）。表中以两个需要检验的因素为例，自由度的计算公式为：

$$\begin{aligned}\text{自由度} &= (\text{行数}-1)\times(\text{列数}-1)\\ &= (R-1)(C-1) \qquad (10-2)\end{aligned}$$

表 10-2 自由度计算说明

	C1	C2	C3	C4	合计
R1	√	√	√	*	RT1
R2	√	√	√	*	RT2
R3	*	*	*	0	RT3
合计	CT1	CT2	CT3	CT4	

注：√表示可以自由取值的数据；* 和 0 表示不能自由取值的数据。

表 10-2 是一个 3×4 的列联表。表中，RT1、RT2 和 RT3 分别表示行的合计，CT1、CT2、CT3 和 CT4 分别表示列的合计。

首先考察列联表中的第一行，在行合计 RT1 已经确定的情况下，这一行可以自由取值的数据只有 3 个，假定取前 3 个，并以√表示，最后一个无法自由取值，用 * 表示；类似地，在第二行中，在行合计 RT2 已经确定的情况下，这一行可以自由取值的数据也只有 3 个，第 4 个不能取值的数据也用 * 表示。在第三行中，第一个数据（位于 R3，C1 的位置）不能自由取值，因为在列合计 CT1 已经确定的情况下，第一列的前二个数据已经自由取值了。同理，第三行中的第二个和第三个数据也不能自由取值，因此这一行的前三个数据均用 * 表示。第三行的第四个数据也是不能自由取值的，用 0 表示，因为不论从行或列来看，它前面的数据均是无法自由取值的，在行、列合计确定的情况下，这个值也就无法自由选取。因此，从表 10-2 可以看到，能够自由取值的数据有 6 个，即自由度为 6。而根据公式（10-2）计算的自由度为：

自由度=（R-1）×（C-1）=（3-1）×（4-1）= 6

因此，公式（10-2）的含义与上述分析同义。

第三节　χ^2 检验过程

χ^2 检验有不同的类型，可用于不同内容的检验。下面主要介绍其中的两种。

一、配合度检验

配合度检验主要用于实际观察次数与某理论次数是否有差别的分析。它适用于一个因素有多项分类的计数资料，故有人称之为单因素分类 χ^2 检验。

下面结合例子来阐明配合度检验的过程。

【例 2】　以［例 1］中的调查数据为例。试分析罪犯中无业失业人员对自己被捕前自身经济状况的评价的人数分布是否符合正态分布。具体数据如表 10-1 所示。

首先，提出统计假设。

配合度检验的虚无假设是实际观察数与某理论次数无差异或相等，备择假设是实际观察数与理论次数之间差异显著。它涉及的是某总体的分布是否与某种分布相符合，不涉及总体参数问题。这一点与上面所说的不同。在本例中，虚无假设是罪犯中无业人员的经济状况分布与正态分布无显著差异，备择假设是实际观察数的分布与正态分布有显著差异。

首先，计算罪犯经济状况的理论分布。由于认为罪犯的经济状况呈正态分布，因此理论次数按正态分布进行计算。按正态分布，±3δ 可以认为包括了全体，[①] 这样各等级所占的横坐标应该相同（6δ/5＝1. 2δ），因此各类人数应占的比例为：

很富裕：3δ～1. 8δ，曲线下的面积为 0. 5－0. 4641＝0. 0359，即很富裕所占比例为 3. 59%；

比较富裕：1. 8δ～0. 6δ，曲线下的面积应为 0. 4641－0. 2258＝0. 2383，即比较富裕所占比例为 23. 83%；

一般：0. 6δ～－0. 6δ，曲线下的面积应为 0. 2258×2＝0. 4516，即一般所占比例为 45. 16%；

有困难：－0. 6δ～－1. 8δ，曲线下面积应为 0. 4641－0. 2258＝0. 2383，即有困难所占比例为 23. 83%；

很困难：－1. 8δ～－3δ，曲线下所占面积为 0. 5－0. 4641＝0. 0359，即很困难所占比例为 3. 59%。

这样，各类人的理论次数应为各部分理论上的概率乘以总人数：

很富裕的理论人数＝638×3. 59%≈23（人）

比较富裕的理论人数＝638×23. 83%≈152（人）

一般的理论人数＝638×45. 16%≈288（人）

有困难的理论人数＝638×23. 83%≈152（人）

很困难的理论人数＝638×3. 59%≈23（人）

统计假设则用符号表示如下：

---

① 这一结论由于在本书中没有介绍正态分布的知识，使得读者理解有困难，包括下面的按正态分布所作的理论次数的计算。如果读者欲进一步了解其中的原理，可参阅相关统计书籍。

H_0：$f_{oi}=f_{ei}$

H_1：$f_{oi}\neq f_{ei}$

注意 f_o、f_e 可以有多个值。在这里，f_o、f_e 各有 5 个值。

其次，用基本公式（10-1）计算 χ^2 值：

$$\chi^2=(2-23)^2/23+(52-152)^2/152+(469-288)^2/288+(97-152)^2/152+(18-23)^2/23=219.70$$

并确定自由度：df=5-1=4。

最后，作出统计决策：

查 χ^2 表（见本书附表 7），自由度为 4 时，得到 $\chi^2_{0.005}=14.9$，$\chi^2>\chi^2_{0.005}$，即 $P<0.005$。

因此，罪犯中无业失业人员被捕前自身经济状况不符合正态分布，或者说，罪犯中无业失业人员对自己被捕前自身经济状况评价的人数分布与正态分布有显著差异。下此结论犯错误的概率为 0.005。

上面是对实际观察数与某种理论计算数（如正态分布、二项分布等）之间是否有显著差异的 χ^2 检验，这是一种检验假设分布的情形。下面另举一例，它是检验各项分类的实际观察数之间有没有显著差异的情况。

【例 3】 对某省一年中罪犯在各季度脱逃人数情况进行统计，结果如表 10-3 所示。试分析罪犯脱逃人数在各季度有没有显著差异？

表 10-3 罪犯各季度脱逃人数情况 单位：人

	一季度	二季度	三季度	四季度	N
f_o	9	15	34	18	76

注：表中数据为笔者模拟。

χ^2 检验过程列如下：

首先，提出统计假设。

本例中虚无假设应为罪犯脱逃人数在各季度没有显著差异，即罪犯在各季度脱逃概率应当相等，$P_1=P_2=P_3=P_4=0.25$。备择假设为罪犯脱逃人数在各季度有显著差异。这实际上是要求比较罪犯在各季度的脱逃人数与理论次数差异是否显著的问题。

理论次数 $f_e=76\times0.25=19$

统计假设的表达式为：

H_0：$f_o=f_e=19$

H_1：$f_o\neq f_e$

其次，用基本公式（10-1）计算 χ^2 值：

$$\chi^2=(9-19)^2/19+(15-19)^2/19+(34-19)^2/19+(18-19)^2/19$$
$$=17.99$$

并确定自由度：df=4-1=3。

最后，作出统计决策：

查 χ^2 表（见本书附表 7），自由度为 3 时，得到 $\chi^2_{0.005}=12.8$，$\chi^2>\chi^2_{0.005}$，即 $P<0.005$。

因此，可以下结论说，罪犯脱逃人数在各季度有显著差异。下此结论犯错误的概率为 0.005。

表 10-3 是作者模拟的情况，下面是对某省 1995~2003 年罪犯脱逃情况的调查数据。运用 χ^2 检验进行统计分析。

【例 4】 某省 1995~2003 年脱逃罪犯季节分布如表 10-4 所示。试分析罪犯脱逃有没有季节差异。

表 10-4 1995~2003 年脱逃罪犯季节分布情况 单位：人

季节	春季	夏季	秋季	冬季	总计
实计数 f_o	13	14	16	16	59
理论数 f_e	14.75	14.75	14.75	14.75	59

χ^2 检验过程：

首先，亦提出统计假设。

本例中虚无假设应为罪犯脱逃人数在各季节没有显著差异，即罪犯在各季节脱逃概率应当相等，$P_1=P_2=P_3=P_4=0.25$。备择假设为罪犯脱逃人数在各季节有显著差异。

理论次数 $f_e=59\times0.25=14.75$

统计假设的表达式为：

H_0：$f_o=f_e=14.75$

H_1：$f_o\neq f_e$

其次，用基本公式（10-1）计算 χ^2 值：

$$\chi^2=(13-14.75)^2/14.75+(14-14.75)^2/14.75+(16-14.75)^2/14.75+(16-14.75)^2/14.75=0.46$$

并确定自由度：$df=4-1=3$。

最后，作出统计决策：

查 χ^2 表（见本书附表 7），自由度为 3 时，得到 $\chi^2_{0.05}=7.81$，

$\chi^2<\chi^2_{0.05}$，即 $P>0.05$。

因此，可以下结论说，罪犯脱逃人数在各季节没有显著差异，也即表明，脱逃事件与季节变化无关。

研究者还调查了该省罪犯脱逃的时间分布情况，以及自杀事件的季节分布与时间分布情况。下面把 χ^2 检验结果都列出，供读者参考，但检验过程不再具体写出，有兴趣的读者可按上面介绍的步骤去做一做。

表 10-5　罪犯脱逃在时段上的分布情况　　单位：人

时段	0:00≤6:00	6:00≤12:00	12:00≤18:00	18:00≤24:00	总计
实计数	10	19	16	14	59
理论数	14.75	14.75	14.75	14.75	59

注：$\chi^2=2.898$，$P=0.408>0.05$。

由表 10-5 可知，罪犯脱逃事件在时段分布上无显著差异，也就是说，脱逃事件与时段变化无关。

表 10-6 罪犯自杀事件季节分布表 单位：人

季节	春季	夏季	秋季	冬季	总计
实计数	7	10	11	6	34
理论数	8.5	8.5	8.5	8.5	34

注：$\chi^2=2.0$，$P=0.572>0.05$。

由表 10-6 可知，罪犯自杀事件在季节分布上无显著差异，也就是说，自杀事件与季节变化无关。

表 10-7 罪犯自杀事件时段分布表 单位：人

时段	0:00≤6:00	6:00≤12:00	12:00≤18:00	18:00≤24:00	总计
实计数	16	5	8	5	34
理论数	8.5	8.5	8.5	8.5	34

注：$\chi^2=9.529$，$P=0.023<0.05$。

由表 10-7 可知，罪犯自杀事件在时段分布上有显著差异，也即表明，自杀事件与时段变化有关，突出表现在凌晨时段的自杀率较高。

二、独立性检验（列联表分析）

独立性检验主要用于两个或两个以上因素多项分类的计数资料分析。如果要研究的两个因素（或两个自变量）或两个以上因素之间是否具有独立性，或有无关联，或有无“交互作用”的存在，就要应用 χ^2 独立性检验。也就是说，独立性检验可用于判断两个或两个以上变量之间是否存在联系的问题。这在犯罪与罪犯现象的研究中经常会碰到。本章第一节中所说的例子，如要研究初犯与重新犯罪人即不同犯罪经历的犯罪人，在不同的犯罪预备（没有任何准备、简单准备、自己研究、向别人学习）上有无关联；又如上述不同犯罪经历的犯罪人在职业分布上有没有显著差异等，都可用 χ^2 独立性检验来做统计分析。

由于独立性检验一般多采用表格的形式记录实际观察数据（调查数据），这种表格又称为列联表，故独立性检验又有“列联表分析”的别名。每一个因素可以分为两个或两个以上的类别，因分类的数目不同，列联表有多种形式。两个因素各有两项分类，称为2×2表或四格表，一个因素有两项分类，另一个因素有k项分类称之为2×k表。一个因素有R类另一个因素分C类，这种表称之为R×C表。另外，因素也可以多于两个，这种表称之为多维列联表。

下面举例说明：

【例5】　有研究者调查了98名初犯与96名重新犯罪人共计194人在不同犯罪预备上的人数分布情况（如表10-8所示）。试分析初犯与重新犯罪者在犯罪预备上有没有显著差异。

表10-8　犯罪预备　　单位：人

	初犯	重新犯罪人
没有任何准备	59	41
简单准备	34	43
自己研究	3	9
向别人学习	2	3

（参见孔一：《重新犯罪社会原因检讨》，载《中国刑事法杂志》2002年第5期。引用时对数据作了适当改动。）

这是一个2×4表。

要分析初犯与重新犯罪者在犯罪预备上有没有显著差异，从统计检验的角度说，就是分析上述两组调查数据相互间是否有关联。如果经独立性检验，两组数据相互独立，那么就表明初犯与重新犯罪人在犯罪预备上无显著差异；如果经检验，两组数据有关联，那么就是说，初犯与重新犯罪人在犯罪预备上有显著差异。上述这样对要分析的问题与统计假设与检验之间的转换，犯罪与罪犯研究工作者要予以理解，并且能够转换。

对上述问题，独立性检验的计算过程为：

第一，建立统计假设。

虚无假设：初犯与重新犯罪人在犯罪预备上相互独立或无关联。

备择假设：初犯与重新犯罪人在犯罪预备上有关联或者说差异显著。

第二，计算理论次数。

理论次数的计算是比较烦琐的一步，比较容易出差错。犯罪与罪犯研究工作者在手工计算时应当特别仔细。

独立性检验的理论次数是由列联表所提供的数据直接推算出来的，而不是从某个分布理论或某种经验计算出来的。计算的具体步骤是：

第一步：计算行与列各自的和，以及总数。本例中行的和是：100、77、12、5；列的和是：98、96；总数是194。

第二步：计算理论次数。理论次数的计算公式为：$f_e = f_{xi} \times f_{yi} / N$，式中 f_x 为每一行的和，f_y 为每一列的和，N 为总数。

根据上述步骤与计算公式，得到初犯这一列的理论次数为：50.5、38.9、6.1、2.5；重新犯罪人这一列的理论次数为：49.5、38.1、5.9、2.5。理论次数允许有小数。具体如表10-9所示，表中括号内为理论次数。

表10-9 理论次数计算过程

	初犯（理论次数）	重新犯罪人（理论次数）	f_x
没有任何准备	59（50.5）	41（49.5）	100
简单准备	34（38.9）	43（38.1）	77
自己研究	3（6.1）	9（5.9）	12
向别人学习	2（2.5）	3（2.5）	5
f_y	98	96	194

第三，确定自由度。根据本章第二节的论述，以及公式（10-2），自由度=（2-1）×（4-1）=3。

第四，计算 χ^2 值。根据 χ^2 检验的基本公式，即公式（10-1）来计算：

$$\chi^2=\sum (f_o-f_e)^2/f_e$$
$$=(59-50.5)^2/50.5+(34-38.9)^2/38.9+\cdots\cdots+(3-2.5)^2/2.5$$
$$=7.55$$

第五，作出统计决策。

查 χ^2 表（见本书附表 7），自由度为 3 时，$\chi^2_{0.05}=7.81$，

$\chi^2<\chi^2_{0.05}$，即 $P>0.05$。

因此，可以得出结论，初犯与重新犯罪人在犯罪预备上无关联，或者说两者之间没有显著差异。

为更好地理解独立性检验的过程，再举例如下。

【例 6】 采用“房树人测验”（HTP 测验）对某未成年犯管教所 181 名未成年犯进行了测验，其中盗窃犯 91 人，暴力犯 90 人。根据“房树人测验”的意义，当未成年犯测验图画中有画烟囱、涂黑、手（脚）分开、画树根、露齿等图画时，体现了未成年犯的攻击性行为，精细描绘则体现思虑周全行为，画气窗体现观察力强弱，门上锁体现警觉性。181 名未成年犯“房树人测验”结果如表 10-10 所示。试分析盗窃型未成年犯与暴力型未成年犯在 HTP 测验上有没有显著差异。

表 10-10 未成年犯 HTP 测验结果 单位：人

	攻击性图画	精细描绘	画气窗	门上锁
盗窃犯	46	21	6	18
暴力犯	66	9	5	10

这亦是一个 2×4 表。

对盗窃型未成年犯与暴力型未成年犯在 HTP 测验上有没有显

著差异，这实际上是检验盗窃犯与暴力犯两个样本数据是否独立的问题。如果经 χ^2 检验，结果是两组未成年犯相互独立，那么就没有显著差异；如果经检验，盗窃型未成年犯与暴力型未成年犯的两组数据有关联，那么他们之间就有显著差异。

独立性检验的计算过程如下：

第一，建立统计假设。

虚无假设：盗窃犯与暴力犯在 HTP 测验上相互独立或无关联。

备择假设：盗窃犯与暴力犯在 HTP 测验上有关联或者说差异显著。

第二，计算理论次数。

理论次数由列联表所提供的数据直接推算得到。计算的具体步骤是：

第一步：计算行与列各自的和，以及总数。本例中行的和是：91、90；列的和是：112、30、11、28；总数是 181。

第二步：计算理论次数。根据理论次数的计算公式 $f_e = f_{xi} \times f_{yi} / N$，我们得到盗窃犯这一行的理论次数为：56.3、15.1、5.5、14.1；暴力犯这一行的理论次数为：55.7、14.9、5.5、13.9。

第三，确定自由度。根据公式（10-2），自由度=（2-1）（4-1）= 3。

第四，计算 χ^2 值。根据 χ^2 检验的基本公式（10-1）来计算：

$$\chi^2 = \sum (f_o - f_e)^2 / f_e$$
$$= (46 - 56.3)^2/56.3 + (21 - 15.1)^2/15.1 + \cdots\cdots + (10 - 13.9)^2/13.9$$
$$= 10.74$$

第五，作出统计决策。

查 χ^2 表（见本书附表 7），自由度为 3 时，$\chi^2_{0.050} = 7.81$，

$\chi^2 > \chi^2_{0.050}$，即 $P < 0.05$。

故而可以得出结论，盗窃型未成年犯与暴力型未成年犯在“房树人测验”（HTP 测验）上有关联，或者说两者之间存在显著差异。

【例 7】 对 121 名罪犯进行自我概念调查研究，采用形容词评定法，对罪犯的现实自我、投射自我和理想自我作测查，结果如表 10-11 所示。试分析罪犯在三种自我概念上有没有显著差异。

表 10-11 罪犯自我概念评定情况

形容词词性	现实自我		投射自我		理想自我	
	词频	百分比	词频	百分比	词频	百分比
正性词	790	61.7	550	46.8	1035	87.3
中性词	428	33.4	392	33.3	132	11.1
负性词	62	4.8	234	19.9	19	1.6

这是一个 3×3 表。

独立性检验的原理与过程同［例 5］、［例 6］，把上述数据输入 SPSS（具体计算步骤见本章第四节），分别就词频与百分比进行独立性检验，得到以下结果（如表 10-12、表 10-13 所示）。

表 10-12 自我概念×词性列联表（Crosstabulation）（词频）

			词性			Total
			正性词	中性词	负性词	
自我概念	现实我	实计数	790	428	62	1280
		理论数	834.7	334.6	110.7	1280.0
	投射我	实计数	550	392	234	1176
		理论数	766.9	307.4	101.7	1176.0
	理想我	实计数	1035	132	19	1186
		理论数	773.4	310.0	102.6	1186.0
Total		实计数	2375	952	315	3642
		理论数	2375.0	952.0	315.0	3642.0

经 χ^2 检验，得到 χ^2 值=565.372，自由度 df=4，P=0.000<0.001。

表 10-13 自我概念×词性的列联表（Crosstabulation）（百分比）

			词性			Total
			正性词	中性词	负性词	
自我概念	现实我	实计数	62	33	5	100
		理论数	65.3	25.7	9.0	100.0
	投射我	实计数	47	33	20	100
		理论数	65.3	25.7	9.0	100.0
	理想我	实计数	87	11	2	100
		理论数	65.3	25.7	9.0	100.0
Total		实计数	196	77	27	300
		理论数	196.0	77.0	27.0	300.0

经 χ^2 检验，得到 χ^2 值=45.738，自由度 df=4，P=0.000<0.001。

因此，对罪犯三种自我概念的 χ^2 检验，不管是对罪犯形容词选择后词频的检验，还是对形容词选择后百分比的检验，都有极其显著的差异，表明罪犯在自我概念的不同方面有其显著差异性。

为更好地理解独立性检验（列联表分析）的应用，把笔者关于"不同类型犯罪人家庭学校差异性研究"① 中"结果与分析"部分列出，供犯罪与罪犯研究者参考。

① 邵晓顺：《不同类型犯罪人家庭学校教育差异性研究》，载《中国监狱学刊》2012 年第 6 期，第 106~110 页。

（一）犯罪人家庭变量差异性分析

1. 家庭教养方式差异性分析

父母养育方式分为放任不管型、打骂型、溺爱型、专制型，以及民主型与朋友型六种，不同类型犯罪人家庭教养方式卡方检验结果如表 10-14 所示。卡方值为 11.718，达到 0.05 的显著水平。

表 10-14　家庭教养方式交叉分析表

<table>
<tr><td colspan="3" rowspan="2"></td><td colspan="6">父母养育方式</td><td rowspan="2">合计</td></tr>
<tr><td>放任</td><td>打骂</td><td>专制</td><td>溺爱</td><td>民主</td><td>朋友</td></tr>
<tr><td rowspan="4">犯罪类型</td><td rowspan="2">暴力型</td><td>人数</td><td>20</td><td>22</td><td>35</td><td>17</td><td>45</td><td>5</td><td>144</td></tr>
<tr><td>% within 财产暴力</td><td>13.9%</td><td>15.3%</td><td>24.3%</td><td>11.8%</td><td>31.3%</td><td>3.5%</td><td>100%</td></tr>
<tr><td rowspan="2">财产型</td><td>人数</td><td>61</td><td>22</td><td>74</td><td>52</td><td>125</td><td>11</td><td>345</td></tr>
<tr><td>% within 财产暴力</td><td>17.7%</td><td>6.4%</td><td>21.4%</td><td>15.1%</td><td>36.2%</td><td>3.2%</td><td>100%</td></tr>
<tr><td colspan="2" rowspan="2">合计</td><td>人数</td><td>81</td><td>44</td><td>109</td><td>69</td><td>170</td><td>16</td><td>489</td></tr>
<tr><td>% within 财产暴力</td><td>16.6%</td><td>9.0%</td><td>22.3%</td><td>14.1%</td><td>34.8%</td><td>3.3%</td><td>100%</td></tr>
</table>

注：$\chi^2=11.718$，$P=0.039$。

表 10-14 数据显示，差异性主要表现在打骂这一不良教养方式上，两者相差 8.9 个百分点；两类犯罪人在其他各种养育方式上的比例相差都在 5 个百分点以内。因此，暴力型犯罪人家庭养育方式更多地表现为打骂型。

2. 父母是否打骂的差异性分析

为了进一步检验两类犯罪人的父母在子女犯错误时的处理情况，另外设置题目：父母或其中一方当你犯错误时非打即骂。两类犯罪人的卡方检验结果如表 10-15 所示。卡方值为 7.428，达 0.01

的显著水平。

表 10-15 父母是否打骂交叉分析表

			有无打骂		合计
			无	有	
犯罪类型	暴力型	人数	65	79	144
		% within 财产暴力	45.1%	54.9%	100.0%
	财产型	人数	205	145	350
		% within 财产暴力	58.6%	41.4%	100.0%
合计		人数	270	224	494
		% within 财产暴力	54.7%	45.3%	100.0%

注：$\chi^2=7.428$，$P=0.006$。

表 10-15 数据显示，在全部样本中，子女犯错父母无打骂与有打骂的比例分别为 54.7%与 45.3%，所以犯罪人小时候犯错被打骂是较为普遍的现象。但不同类型犯罪人的情况有差异，暴力型犯罪人被打骂的比例为 54.9%，显著高于平均比率 45.3%，财产型犯罪人比例为 41.4%，低于平均比率 45.3%。此结果显示，不同类型犯罪人与父母是否打骂有关联，暴力型犯罪人犯错时被父母打骂的情况更多。

3. 家庭经济状况的差异性分析

不同类型犯罪人家庭经济状况是否有差异？卡方检验结果如表 10-16 所示。卡方值为 5.496，达 0.05 显著性水平。

表 10-16　家庭经济交叉分析表

			家庭经济		合计
			好	温饱和差	
犯罪类型	暴力型	人数	26	120	146
		% within 财产暴力	17.8%	82.2%	100.0%
	财产型	人数	97	252	349
		% within 财产暴力	27.8%	72.2%	100.0%
合计		人数	123	372	495
		% within 财产暴力	24.8%	75.2%	100.0%

注：$\chi^2=5.496$，$P=0.019$。

表 10-16 数据显示，在全部样本中，家庭经济“好”与“温饱和差”的比例分别为 24.8%与 75.2%，但不同类型犯罪人的比例显示，暴力型犯罪人家庭经济好的比例为 17.8%，显著低于平均比率 24.8%，财产型犯罪人比例为 27.8%，高于平均比率 24.8%。此结果显示，不同类型犯罪人与家庭经济状况有关联，财产型犯罪人家庭经济好的比例更多。这一结果也许与常识性认识不相符。

4. 犯罪人婚姻状况的差异性分析

不同类型犯罪人婚姻状况有何差异？卡方检验结果如表 10-17 所示。卡方值为 34.745，达 0.001 的显著性水平。

表 10-17　犯罪人婚姻状况交叉分析表

			婚姻状况				合计
			未婚	已婚	离婚	其他	
犯罪类型	暴力型	人数	89	30	17	9	145
		% within 财产暴力	61.4%	20.7%	11.7%	6.2%	100.0%
	财产型	人数	129	164	52	12	357
		% within 财产暴力	36.1%	45.9%	14.6%	3.4%	100.0%
合计		人数	218	194	69	21	502
		% within 财产暴力	43.4%	38.6%	13.7%	4.2%	100.0%

注：$\chi^2=37.745$，$P=0.000$。

表 10-17 数据显示，在全部样本中，犯罪人未婚与已婚的比例分别为 43.4%与 38.6%，但不同类型犯罪人的比例显示，暴力型犯罪人未婚比例为 61.4%，显著高于平均比率 43.4%，已婚比例为 20.4%，显著低于平均比率 38.6%。此结果显示，不同类型犯罪人与其婚姻状况有关联，暴力型犯罪人与财产型犯罪人相比，有更多的暴力型犯罪人是未婚。

此外，两类犯罪人在父母的文化程度、家庭教育是否一致、父母关系是否和睦、父母是否犯罪、父母是否有工作、犯罪人工作状况等影响因素上都没有显著性差异。这一结果表明这些因素对不同犯罪人的影响可能具有共同性。

（二）犯罪人学校变量差异性分析

1. 学校教育的差异性分析

学校教育是人生成长中的重要一环，特别是一个人犯错误时，能够给予及时有效的学校教育，是极为重要的。因为教师是经过专门训练的专业教育者，不管是知识，还是教育技能，一般都优于父母等抚养人。这也是他们的职责所在。那么，不同类型犯罪人学校教育状况怎样？卡方检验结果如表 10-18 所示。卡方值为 16.678，达 0.001 的显著性差异。

表 10-18　学校教育交叉分析表

			学校教育					合计
			没思想教育	只有批评	管几次	讲道理	思想与知识教育	
犯罪类型	暴力型	人数	57	21	17	19	32	146
		% within 财产暴力	39.0%	14.4%	11.6%	13.0%	21.9%	100%
	财产型	人数	94	38	24	52	140	348
		% within 财产暴力	27.0%	10.9%	6.9%	14.9%	40.2%	100%
合计		人数	151	59	41	71	172	494
		% within 财产暴力	30.6%	11.9%	8.3%	14.4%	34.8%	100%

注：$\chi^2 = 16.678$，$P = 0.001$。

表 10-18 数据显示，老师有“思想与知识教育”的平均比例为 34.8%，但不同类型犯罪人的比例显示，暴力型犯罪人认为老师有文化思想教育的比例为 21.9%，显著低于平均比率 34.8%，财产型的比例 40.2%，高于平均比率 34.8%；老师“没思想教育”的平均比例为 30.6%，暴力型犯罪人的比例为 39.0%，高于平均比率 30.6%，财产型的比例为 27.0%，低于平均比率 30.6%。其他教育方式两类犯罪人选择比例差异不大。此结果显示，不同类型犯罪人与学校教育状况有关联，暴力型犯罪人更多地认为学校缺乏思想教育。

2. 犯罪人成绩变化的差异性分析

犯罪人在校学习期间成绩变化有三种情况：好变差、差变好与一直没多大变化。对前两种情况的卡方检验结果如表 10-19 所示。

卡方值为 6.957，达 0.01 的显著性水平。

表 10-19　犯罪人成绩变化的交叉分析表

			成绩变化		合计
			差变好	好变差	
犯罪类型	暴力型	人数	73	68	141
		% within 财产暴力	51.8%	48.2%	100.0%
	财产型	人数	223	122	345
		% within 财产暴力	64.6%	35.4%	100.0%
合计		人数	296	190	486
		% within 财产暴力	60.9%	39.1%	100.0%

注：$\chi^2=6.957$，P=0.008。

表 10-19 数据显示，在全部样本中，学习成绩由差变好的平均比例为 60.9%，由好变差的平均比例为 39.1%，但不同类型犯罪人的比例显示，暴力型犯罪人成绩由差变好的比例为 51.8%，显著低于平均比率 60.9%，财产型比例为 64.6%，高于平均比率 60.9%；成绩由好变差，暴力型犯罪人的比例为 48.2%，显著高于平均比率 39.1%，财产型比例为 35.4%，低于平均比率 39.1%。此结果显示，不同类型犯罪人与其学习成绩变化有关联，暴力型犯罪人成绩由好变差的情况更多。

第四节　χ^2 检验 SPSS 的计算过程

根据 χ^2 检验的不同，SPSS 的计算过程亦有差异。下面介绍配合度检验与独立性检验的 SPSS 计算过程。

一、配合度检验的 SPSS 计算过程

以［例 1］的数据为例。

第一步：建立数据文件。定义变量名为“经济状况”和“人数”。把“经济状况”的分类（很富裕、比较富裕、一般、有困难、很困难）赋值为1、2、3、4、5，并把调查所得的各类人数一起输入SPSS中。

第二步：从“Data”菜单中选“Weight Cases”，进入Weight Cases对话框，把“人数”放入Frequency Variable框，定义人数为权数。注意，这一步不能省略，否则得不到分析结果。初学者可能会忽略这一步。

第三步：从“Analyze”→“Nonparametric Tests”→“Chi-Square”，进入Chi-Square Test对话框。选中对话框左侧的变量列表中的“经济状况”，点击向右的箭头按钮使之进入Test Variable List框。

第四步：在Chi-Square Test对话框右下的“Expected Values”栏，选择“Values”，输入根据正态分布计算的期望值。本例中为23、152、288、152、23共5个，每输一个数值点击“Add”按钮，直到输完5个为止。

第五步：点击“OK”提交SPSS运行。

得到以下结果（如表10-20、表10-21所示）。

表10-20　卡方检验分析数据信息

	Observed N	Expected N	Residual
很富裕	2	23.0	-21.0
比较富裕	52	152.0	-100.0
一般	469	288.0	181.0
有困难	97	152.0	-55.0
很困难	18	23.0	-5.0
Total	638	—	—

表 10-21　卡方检验结果

	经济状况
Chi-Square	219.705
df	4
Sig.	0.000

表 10-20 显示了实际观察数（Observed N）和理论计算数（Expected N）以及它们之间的差值（Residual）。表 10-21 则是卡方检验的结果，卡方值 $\chi^2=219.705$，自由度 $df=4$，$P=0.000$。因此，罪犯中无业失业人员被捕前自身经济状况不符合正态分布。

【例 8】　对某监狱 550 名男性罪犯实施瑞文标准推理测验（SPM），结果如表 10-22 所示。试分析罪犯的智力分布是否符合正态分布。

表 10-22　550 名罪犯智力测验结果　　单位：人

智力等级	优	中上	中	中下	差	合计
人数	3	14	150	253	130	550

卡方检验 SPSS 计算步骤如下：

第一步：建立数据文件。定义变量名为“智力等级”和“人数”。把“智力等级”（优、中上、中、中下、差）赋值为 1、2、3、4、5，并把调查所得的各等级上的人数一起输入 SPSS 中。

第二步：从“Data”菜单中选“Weight Cases”，进入 Weight Cases 对话框，把“人数”放入 Frequency Variable 框。

第三步：从“Analyze”→“Nonparametric Tests”→“Chi-Square”，进入 Chi-Square Test 对话框。选中对话框左侧的变量列表中的“智力等级”，点击向右的箭头按钮使之进入 Test Variable List 框。

第四步：在 Chi-Square Test 对话框右下的“Expected Values”

栏，选择“Values”，输入根据正态分布计算的期望值。本例中为20、131、248、131、20共5个，每输一个数值点击“Add”按钮，直到输完5个为止。

第五步：点击“OK”提交SPSS运行。

得到以下结果（如表10-23、表10-24所示）。

表10-23　卡方检验分析数据信息

	Observed N	Expected N	Residual
优	3	20.0	-17.0
中上	14	131.0	-117.0
中	150	248.0	-98.0
中下	253	131.0	122.0
差	130	20.0	110.0
Total	550	—	—

表10-24　卡方检验结果

	智力等级
Chi-Square	876.290[a]
df	4
Asymp. Sig.	0.000

注：a. 0 cells have expected frequencies less than 5. The minimum expected cell frequency is 20.0.

由表10-24得到卡方检验的结果，卡方值 $\chi^2=876.290$，自由度 df=4，P=0.000。因此，该监狱男性罪犯的智力分布不符合正态分布。

上述两个例子是检验实际观察数与某分布的理论计算数之间的差异情况。如果是［例3］的情况，不是去检验与某一分布的理论值的差异，那么SPSS的计算过程要简单些，上面步骤中的第四步可以省去，在第三步后直接点击“OK”即可。具体步骤与计算结果不再写出，读者可以自己做一实践。

二、独立性检验的 SPSS 计算过程

正如前面所说，由于独立性检验一般多采用表格的形式记录实际观察数据，这种表格又称为列联表，故独立性检验又有列联表分析的别名。因此，独立性检验的 SPSS 计算过程在列联表（Crosstabls）中完成。

下面结合实例作说明。

以［例 4］数据为例。

第一步：建立数据文件。命名三个变量，即“初犯重犯”，“犯罪预备”与“人数”。“初犯重犯”变量中把“初犯”赋值为 1，“重犯”赋值为 2；变量“犯罪预备”中“没有任何准备”赋值为 1，“简单准备”赋值为 2，“自己研究”赋值为 3，“向别人学习”赋值为 4。然后按照上述数值以及把调查获得的各类人的数量输入 SPSS 中。

第二步：选择“Data”→“Weight Cases”，进入 Weight Cases 对话框，把“人数”放入 Frequency 栏中，单击“OK”按钮。这一步初学者不要忽略了。

第三步：从“Analyze”→“Descriptive Statistics”→“Crosstabls”，进入 Crosstabls 对话框。把“初犯重犯”放入 Row（s）栏，把“犯罪预备”放入 Column（s）栏。

第四步：单击 Crosstabls 主对话框中的“Statistics”按钮，进入 Statistics 对话框。选择 Chi-square，单击“Continue”按钮，返回 Crosstabls 主对话框。

第五步：单击 Crosstabls 主对话框中的“Cell”按钮，进入 Cells Display 对话框。选择 Observed、Row、Column，单击“Continue”按钮，返回 Crosstabls 主对话框。

第六步：在主对话框，单击“OK”按钮，提交运行。

得到结果如表 10-25、表 10-26、表 10-27 所示。

表 10-25　Case Processing Summary 数据处理概况

	Cases					
	Valid		Missing		Total	
	N	Percent	N	Percent	N	Percent
初犯 * 重犯	194	100. 0%	0	0. 0%	194	100. 0%

表 10-26　初犯 * 重犯 Crosstabulation 列联表

			犯罪预备				Total
			无准备	简单准备	自己研究	向别人学习	
初犯重犯	初犯	Count	59	34	3	2	98
		Expected Count	50. 5	38. 9	6. 1	2. 5	98. 0
		% within 初犯重犯	60. 2%	34. 7%	3. 1%	2. 0%	100. 0%
		% within 犯罪预备	59. 0%	44. 2%	25. 0%	40. 0%	50. 5%
	重犯	Count	41	43	9	3	96
		Expected Count	49. 5	38. 1	5. 9	2. 5	96. 0
		% within 初犯重犯	42. 7%	44. 8%	9. 4%	3. 1%	100. 0%
		% within 犯罪预备	41. 0%	55. 8%	75. 0%	60. 0%	49. 5%
Total		Count	100	77	12	5	194
		Expected Count	100. 0	77. 0	12. 0	5. 0	194. 0
		% within 初犯重犯	51. 5%	39. 7%	6. 2%	2. 6%	100. 0%
		% within 犯罪预备	100. 0%	100. 0%	100. 0%	100. 0%	100. 0%

表 10-27 Chi-Square Tests（卡方检验）

	Value	df	Asymp. Sig. （2-sided）
Pearson Chi-Square	7.472	3	0.058
Likelihood Ratio	7.632	3	0.054
Linear-by-Linear Association	6.276	1	0.012
N of Valid Cases	194	—	—

由表 10-27 可知，有效例数为 194 人，卡方值 $\chi^2=7.472$，自由度 df=3，P>0.05，因此初犯与重新犯罪人在犯罪预备上没有显著差异。

由于运用 SPSS 可以对复杂的调查数据进行统计分析，因此再举调查实例如下。

【例 9】 对某监狱 548 名男性罪犯实施瑞文标准推理测验(SPM)，并按这些罪犯的服刑时间划分为 1~3 年、4~6 年、7 年以上三档，得到测验结果如表 10-28 所示。试分析不同服刑阶段的罪犯智力水平是否有显著差异。

表 10-28 不同服刑时间罪犯的智力测验结果 单位：人

	优	中上	中	中下	差	合计
1~3 年	2	7	57	93	34	193
4~6 年	0	4	64	84	61	213
7 年以上	1	3	29	75	34	142

第一步：建立数据文件。命名三个变量，即“服刑时间”、“智力等级”与“人数”。给变量“服刑时间”与“智力等级”赋值。“服刑时间”变量中 1~3 年=1，4~6 年=2，7 年以上=3；变量“智力等级”中优=1，中上=2，中=3，中下=4，差=5。然后按照上述数值以及把调查获得的各类人的数量输入 SPSS 中。

第二步：选择“Data”→“Weight Cases”，进入 Weight Cases

对话框，把“人数”放入 Frequency 栏中，单击“OK”按钮。

第三步：从“Analyze”→“Descriptive Statistics”→“Crosstabls”，进入 Crosstabls 对话框。把“服刑时间”放入 Row（s）栏，把“智力等级”放入 Column（s）栏。

第四步：单击 Crosstabls 主对话框中的“Statistics”按钮，进入 Statistics 对话框。选择 Chi-square，单击“Continue”按钮，返回 Crosstabls 主对话框。

第五步：单击 Crosstabls 主对话框中的“Cell”按钮，进入 Cells Display 对话框。选择 Observed、Row、Column，单击“Continue”按钮，返回 Crosstabls 主对话框。

第六步：在主对话框，单击“OK”按钮，提交运行。

得到结果如表 10-29 所示，仅列出检验结果。

表 10-29 Chi-Square Tests（卡方检验）

	Value	df	Asymp. Sig. （2-sided）
Pearson Chi-Square	15. 692	8	0. 047
Likelihood Ratio	16. 995	8	0. 030
Linear-by-Linear Association	5. 255	1	0. 022
N of Valid Cases	548	—	—

由表 10-29 可知，有效例数为 548 人，卡方值 $\chi^2 = 15.692$，自由度 df=8，$P<0.05$，因此不同服刑阶段的罪犯智力水平存在显著差异。

第十一章　回归分析

在犯罪与罪犯研究领域，常常会遇到彼此有关系的两列或多列变量。对于这些变量，根据不同的研究目的，可以从不同的角度去分析变量之间的关系。当研究者的主要目的在于分析变量之间关系的强度时，一般可以采用度量变量间关系强度的指标——相关系数来作分析。这个过程叫相关分析。对此已经在本书第六章作了阐述。但是，假如研究者的目的是要确定变量之间数量关系的可能形式，并用一个数学模型来表示这种关系形式时，就需要作回归分析。

回归分析的应用非常广泛。在犯罪与罪犯现象研究领域，回归分析有其重要意义，特别是在犯罪现象的调查研究中。因为建立了变量之间关系的数学模型，实际上就等于确定了自变量与因变量的关系模型，也就是确定了一事物与另一事物之间的数量关系。利用这个数学模型，人们就可以从一个变量的变化来预测或估计另一变量的变化情况。例如，建立物价指数与盗窃犯罪案件之间的数学模型，就可以从某年度的物价指数，来预测该年度的盗窃案件数；[①] 或者是在犯罪人的受教育年限与犯罪次数之间建立数学模型——回

① 杨家骕著：《犯罪调查统计学》，台湾中华书局 1969 年版，第 215~221 页。

归方程，那么调查某犯罪人的教育年限，就可以估计其可能的犯罪次数。[①] 又如，根据个体的身高与脚长的数据，建立起两者之间的数学模型，就可以根据脚长来估计个体的身高，这在犯罪侦查中得到了广泛的应用。

上面所介绍的都是一个变量与另一个变量之间建立起来的数学模型。这两个变量之间有相关关系，通常可以用一元线性函数来描述它。而一次函数是变量之间存在的各种各样关系中最简单的形式。对于变量之间的关系用一次函数所做的分析，称为一元线性回归分析。下面主要介绍一元线性回归，以及一元线性回归方程的检验和应用。对多元线性回归仅作简要介绍。

第一节　一元线性回归分析

一、回归方程与回归系数

一次函数的标准形式可以写成 $y=a+bx$。这个式子表明，x 每取一个值，就有一个唯一确定的值与之对应。如果作平面图，它作出来的图是一条直线。但是，在犯罪与罪犯研究领域，两列变量的关系一般不会是一次函数的标准形式，它所作出来的图可能只是直线趋势而不完全是直线。例如，研究者获得数年来某省少年犯罪情况，假定年度为 x、犯罪数量为 y，把两列变量的对应值描绘于 x、y 组成的平面图中，得到图 11-1。

① 高树桥、李从珠著：《犯罪调查及其统计方法》，群众出版社 1986 年版，第 299~302 页。

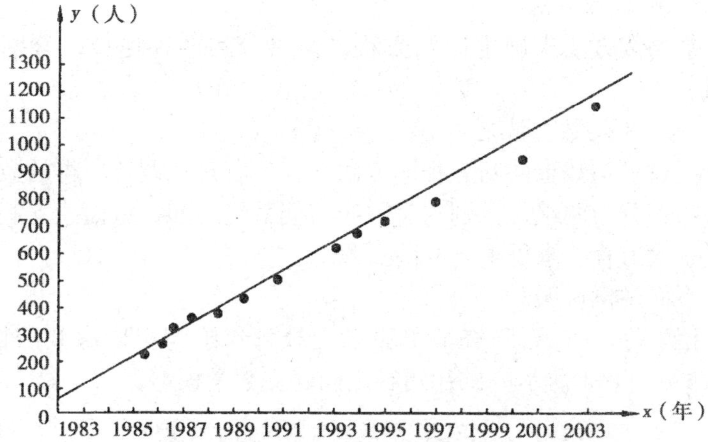

图 11-1 年度与少年犯罪数量散点图

从图中，可以发现数据大致落在一条直线附近，这说明变量 x 与 y 之间具有较为明显的直线关系。从图中还可以看到，这些点又不都在一条直线上，这表明变量 x 与 y 的关系并没有确切到给定 x 就可以得到唯一确定的 y 的程度。但是可以用一条直线来代表 x 与 y 之间的关系。设这条直线的数学表达式为：

$$\hat{y}=a+bx \tag{11-1}$$

这个方程就叫做回归方程，它代表 x 与 y 的线性关系。式中 $\hat{y}$ 也叫做对应于 x 的 y 变量的估计值。常数 a 表示该直线在 y 轴的截距，常数 b 表示该直线的斜率，实际上也是 $\hat{y}$ 的变化率，即当 x 变化一个单位时，$\hat{y}$ 将变化 b 个单位。在回归分析中，b 叫做回归系数，确切地说，应该叫做 y 对 x 的回归系数。反过来，如果以 y 作为自变量建立回归方程，则 $\hat{x}=a'+b'y$，这时 b′叫 x 对 y 的回归系数。

二、回归方程的求法

从（11-1）式可以发现，建立一个回归方程，实际上是计算 a 和 b 的过程。下面介绍两种确定 a 和 b 的方法。

1. 平均数方法

平均数方法来确定回归方程，又可分为两种途径，分别予以介绍。

(1) 平均数方法之一。

通过平均数求回归方程的方法之一，就是把调查所得的数据按奇偶顺序分为两组，分别求奇数组与偶数组的和，从而建立起两个二元一次方程，求得 a 与 b 的过程。

下面举例说明。

【例 1】 有人调查了犯罪人受教育年限与犯罪次数的情况，结果如表 11-1 所示。试在两者之间建立数学模型。

表 11-1 犯罪人受教育年限与犯罪次数情况

编号	1	2	3	4	5	6	7	8
受教育年限（年）	0	1	3	5	6	8	10	12
犯罪次数	5	4	3	3	2	2	1	1

（资料来源：高树桥、李从珠著：《犯罪调查及其统计方法》，群众出版社 1986 年版，第 299 页。）

设犯罪人受教育年限（x）与犯罪次数（y）之间存在直线关系，其数学表达式（回归方程）为：

$$\hat{y}=a+bx$$

把教育年限与犯罪次数代入所设的回归方程，然后求和：

第一组（奇数组）

$5=a+b\times0$

$3=a+b\times3$

$2=a+b\times6$

$1=a+b\times10$

上面四个式子的和为：$11=4a+19b$ ………………………… (1)

第二组（偶数组）

$4=a+b\times1$

$3=a+b\times5$

$2=a+b\times8$

$1=a+b\times12$

上面四个式子的和为：$10=4a+26b$ ………………………… (2)

（1）与（2）联立，建立二元一次方程组：

$$\begin{cases}11=4a+19b\\10=4a+26b\end{cases}$$

求解得：$a=24/7=3.43$

$b=-1/7=-0.14$

因此，犯罪人受教育年限与犯罪次数之间的数学模型为：

$y=3.43-0.14x$

（2）平均数方法之二。

通过平均数求回归方程的方法之二，就是把调查所得的数据按前后各一半分为两组，分别求出前半部分与后半部分的和，从而建立起两个二元一次方程，求得 a 与 b 的过程。

仍以［例 1］的数据为例。

设回归方程：

$\hat{y}=a+bx$

把教育年限与犯罪次数代入所设的回归方程，然后求和：

第一组（前半部分）

$5=a+b\times0$

$4=a+b\times1$

$3=a+b\times3$

$3=a+b\times5$

上面四个式子的和为：$15=4a+9b$ ………………………… (1)

第二组（后半部分）

$2=a+b\times6$

$2=a+b\times8$

$1=a+b\times10$

$1=a+b\times12$

上面四个式子的和为：$4=4a+36b$ ……………………………（2）

（1）与（2）联立，建立二元一次方程组：

$$\begin{cases}15=4a+9b\\4=4a+36b\end{cases}$$

求解得：$a=14/3=4.67$

$b=-11/27=-0.41$

因此，犯罪人受教育年限与犯罪次数之间的数学模型为：

$y=4.67-0.41x$

虽然都是采用了平均数的方法来求回归方程，但是由于两种方法所运用的数据不同，因此所求的回归方程亦不同。这说明用平均数方法求回归方程不是最优的办法。

2. 最小二乘法

如果想得到比较精确的回归方程，则必须应用最小二乘法。所谓最小二乘法，简单讲就是应该使误差的平方和最小。具体说，就是各对实际调查数据与回归方程所模拟的数据之差最小；由于两者之差有正有负，因此给各个实际数与回归方程计算数之差平方后相加，来求最小值。这可以通过数学方法求得。

关于用最小二乘法求解回归方程的原理及具体计算过程在此不作过多介绍，请有兴趣的读者参阅相关统计书籍。下面直接给出通过最小二乘法求得的回归方程中 a 与 b 的计算公式：

$$b=\frac{\sum(x-\bar{x})(y-\bar{y})}{\sum(x-\bar{x})^2} \qquad (11-2)$$

$$a=\bar{y}-b\bar{x} \qquad (11-3)$$

对［例 1］的数据，可得到：$\bar{x}=2.6$，$\bar{y}=5.6$

再代入公式（11-2）、（11-3），求得：

$$b=\frac{\sum(x-\bar{x})(y-\bar{y})}{\sum(x-\bar{x})^2}$$

$$=[(0-5.6)(5-2.6)+(1-5.6)(4-2.6)+\cdots\cdots+(12-5.6)$$

$(1-2.6)]/[(0-5.6)^2+\cdots\cdots+(12-5.6)^2]$

$=-41/125.88$

$=-0.33$

$a=\bar{y}-b\bar{x}$

$=2.6-(-0.33\times5.6)$

$=4.45$

因此，得到回归方程为：

$y=4.45-0.33x$

也就是说，犯罪人受教育年限与犯罪次数之间的数学模型为：$y=4.45-0.33x$。

从上面的回归方程可以知道，犯罪人受教育年限与犯罪次数之间呈负的关系，即随着犯罪人受教育年限的增加，犯罪次数减少；具体是犯罪人受教育年限每增加一年，犯罪次数减少 0.33 次。

还可以从原始数据来求得 a 与 b，其计算公式是：

$$b=[\sum XY-(\sum X\sum Y)/n]/[\sum X^2-(\sum X)^2/n] \qquad (11-4)$$

求得 b 后，再求 a，公式同（11-3）。

下面举例说明。

【例 2】　在本书第六章“相关分析”中，例举了一个青少年罪犯结交不良朋友数与犯罪次数的调查数据（见第六章［例 1］）。现欲在这两者之间建立数学关系模型。

第六章［例 1］已计算出 $\sum x=96$，$\sum y=86$，$\sum x^2=484$，$\sum xy=424$，$n=24$。

上述数据代入公式（11-4），得到：

$b=[\sum XY-(\sum X\sum Y)/n]/[\sum X^2-(\sum X)^2/n]$

$=(424-96\times86/24)/(484-96^2/24)$

$=80/100$

$=0.8$

再计算 $a=\bar{y}-b\bar{x}$

$=86/24-0.8\times96/24$

$=0.38$

这样得到回归方程：

$y=0.38+0.8x$

从回归方程可知，犯罪人结交不良朋友数量与犯罪次数之间呈正相关关系，即随着犯罪人结交不良朋友数目的增加，其犯罪次数亦增加。

回归分析在犯罪现象的研究中应用较多，主要用于犯罪的预测，特别是较长期的预测。为此，就如何建立回归模型再举例如下。

【例3】 1997~2013年，某地人民法院审理的一审案件中行政案件情况如表11-2所示。试建立行政案件的数学模型。

表11-2 1997~2013年某地人民法院一审行政案件情况

序号	年份	案件数 Y	X	XY	X^2
1	1997	527	0	0	0
2	1998	983	1	983	1
3	1999	916	2	1832	4
4	2000	632	3	1896	9
5	2001	5940	4	23760	16
6	2002	8573	5	42865	25
7	2003	9934	6	59604	36
8	2004	13006	7	91042	49
9	2005	25667	8	205336	64
10	2006	27125	9	244125	81
11	2007	27911	10	279110	100
12	2008	35083	11	385913	121
13	2009	52596	12	631152	144
14	2010	79966	13	1039558	169
15	2011	90557	14	1267798	196
16	2012	98350	15	1475250	225
17	2013	97569	16	1561104	256
合计	—	575335	136	7311328	1496

由上表，可以分别求得：

$\sum X = 136$

$\sum Y = 575335$

$\sum X^2 = 1496$

$\sum XY = 7311328$

$n = 17$

上述数据代入公式（11-4），得到：

$$b = [\sum XY - (\sum X \sum Y)/n] / [\sum X^2 - (\sum X)^2/n]$$
$$= (7311328 - 136 \times 575335/17) / (1496 - 136^2/17)$$
$$= 2708648/408$$
$$= 6639$$

$$a = \bar{y} - b\bar{x}$$
$$= 575335/17 - 6639 \times 136/17$$
$$= -19269$$

因此，可以得到行政案件数与年份的回归方程：

$y = -19269 + 6639x$

或者是：$y = 6639x - 19269$

在犯罪现象的调查研究中，有时涉及的犯罪资料年份或时期较长，如 15 年、20 年甚至更长，而观察数值又往往很大，这样运算起来就比较麻烦，并且计算时容易产生各种差错。为了解决这个问题，可以采用简捷法来求得回归方程。

利用简捷法求回归方程，当犯罪资料的年份或时期的数目为奇数时，其原点即为数列中间的年份或时期；假如犯罪资料的年份或时期为偶数时，其原点应位于数列中间两个年份或时期之间；计算时，在中心年份或时期以前的各年份或时期赋值为 -1、-3、-5……在中心年份或时期之后的各年份或时期赋值为 1、3、5……

利用简捷法可直接求得 a 与 b 两项常数的数值，公式为：

$$a = \sum Y/n \qquad (11\text{-}5)$$

$$b = \sum XY / \sum X^2 \qquad (11\text{-}6)$$

可以运用简捷法对［例3］的犯罪资料求回归方程。表11-3显示简捷法的计算过程。

表11-3　简捷法求回归方程计算过程介绍

序号	年份	案件数Y	X	XY	X^2
1	1997	527	-15	-7905	225
2	1998	983	-13	-12779	169
3	1999	916	-11	-10076	121
4	2000	632	-9	-5688	81
5	2001	5940	-7	-41580	49
6	2002	8573	-5	-42865	25
7	2003	9934	-3	-29802	9
8	2004	13006	-1	-13006	1
9	2005	25667	0	0	0
10	2006	27125	1	27125	1
11	2007	27911	3	83733	9
12	2008	35083	5	175415	25
13	2009	52596	7	368172	49
14	2010	79966	9	719694	81
15	2011	90557	11	996127	121
16	2012	98350	13	1278550	169
17	2013	97569	15	1463535	225
合计	—	575335	—	4948650	1360

表11-3中，由于年份数目为奇数，因此原点应为中间的年份2005年。并由表中数据可以分别求得：

$\sum Y = 575335$

$\sum X^2 = 1360$

$\sum XY = 4948650$

$n = 17$

将这些数据代入公式（11-5）、（11-6），得到：

$$a=\sum Y/n$$
$$=575335/17$$
$$=33843$$
$$b=\sum XY/\sum X^2$$
$$=4948650/1360$$
$$=3639$$

由于 b 为半年时期的数值，因此还必须将 b 值加倍，方为一年为单位的数值，即

$$b'=3639\times2$$
$$=7278$$

由此，得到行政案件数与年份的回归方程为：

$$y=-33843+7278x$$

两个回归方程的差异在于一个是以 1997 年为原点，一个是以 2005 年为原点。不过，在对犯罪与罪犯现象的研究中应用回归分析方法时，建议还是以前面介绍的回归方程求法为佳。

最后，提醒读者注意的是，计算回归方程本身并不需要事先假定变量 X 和 Y 之间一定要有相关关系，即使 X、Y 毫不相干，也可以用最小二乘法求得一条回归直线来表示 X 和 Y 之间的关系。显然，在这种情况下所求得的直线是毫无意义的。因此，在计算回归直线以前需要先计算相关系数 r，并对 r 进行显著性检验。如果相关系数检验是显著的，才进行回归分析，这时回归直线才定量地描述了 X 和 Y 之间的线性相关关系。否则，在相关系数检验不显著的情况下，进行回归方程的计算是没有意义的。

也正是基于上述这一点，需要进行回归方程的显著性检验。

三、回归方程的显著性检验

正如前面所说，当研究者得到一个有关犯罪与罪犯问题的经验回归方程

$$\hat{y}=a+bx$$

之后，还不能马上就用它去作犯罪分析和犯罪预测，因为 $\hat{y}=a+bx$ 是否真正描述了变量 y 与 x 之间的统计规律性，还需要运用统计方法对回归方程进行检验。

1. F 检验

在一元线性回归方程中的假设检验是：

H_0：b=0

如果虚无假设 H_0 成立，即 b=0，表明回归方程为一常数 a，与 x 无关，那么就意味着所选定的自变量 x 其实对因变量 y 无影响，因而研究 y 与 x 之间的关系也就没有意义；如果虚无假设 H_0 不成立，即 b≠0，回归方程才有意义。因此，对回归方程的显著性检验就是要检验假设 H_0 是否为真。

对一元线性回归方程的假设检验，属于 F 检验。这一点不作证明，读者可参阅相关统计书籍。构成 F 检验的回归均方与误差均方，由回归平方和与误差平方和除以各自的自由度，这与第九章方差分析原理一样。而且，y 的每个观察值与其平均值 $\bar{y}$ 的离差平方和即为总离差平方和，经证明，总离差平方和可分解为回归平方和与误差平方和。即

$$S_{总}=S_{回}+S_{误}$$

式中 $S_{回}$ 是回归值与观察值 y 的平均值之差的平方和，它反映了自变量的变化所引起的对 y 的波动，它的大小反映了自变量 x 的重要程度。$S_{误}$ 是 y 的实际值与回归值之差的平方和，它由试验误差以及未加控制的因素引起，可统称为测验误差，它的大小反映了试验误差及其他随机因素对试验结果的影响。

由 $S_{回}$、$S_{误}$ 构成 F 检验，其计算公式为：

$$F=(S_{回}/1)/[S_{误}/(n-2)]=MS_{回}/MS_{误} \quad (11-7)$$

公式中自由度的计算请注意，$S_{回}$ 的自由度为 1，而 $S_{误}$ 的自由度为 n-2。

从原始数据求三个平方和的计算公式为：

$$S_{总}=\sum Y^2-(\sum Y)^2/n \tag{11-8}$$

$$S_{回}=b^2\left[\sum X^2-(\sum X)^2/n\right] \tag{11-9}$$

$$S_{误}=S_{总}-S_{回}$$

通过 F 检验，看 $S_{回}$ 是否显著地大于 $S_{误}$，如果 $S_{回}$ 显著大于 $S_{误}$，则表明总变异中回归的贡献显著，拒绝 H_0，说明回归方程显著，x 与 y 有显著的线性关系；如果 $S_{回}$ 没有显著地大于 $S_{误}$，则表明总变异中回归的贡献不显著，接受 H_0，说明回归方程不显著，x 与 y 没有明显的线性关系。

在［例 2］中，可以对建立的回归方程进行显著性检验。

经计算：$\sum x=96$，$\sum y=86$，$\sum x^2=484$，$\sum y^2=378$，$n=24$，$b=0.8$。

把上述数值代入公式（11-8）、(11-9)，得到：

$$\begin{aligned}S_{总}&=\sum Y^2-(\sum Y)^2/n\\&=378-86^2/24\\&=69.833\end{aligned}$$

$$\begin{aligned}S_{回}&=b^2[\sum X^2-(\sum X)^2/n]\\&=0.8^2(484-96^2/24)\\&=64\end{aligned}$$

$$\begin{aligned}S_{误}&=S_{总}-S_{回}\\&=69.833-64\\&=5.833\end{aligned}$$

$$MS_{回}=S_{回}/1=64/1=64$$

$$MS_{误}=S_{误}/(n-2)=5.833/(24-2)=0.265$$

$$F=MS_{回}/MS_{误}=64/0.265=241.51$$

查 F 检验表（见本书附表 6），得到：

$$F_{0.01}(1,22)=7.94$$

即 $F>F_{0.01}$，$P<0.01$

因此，可以说青少年罪犯结交不良朋友数与犯罪次数之间建立的回归方程是非常显著的，或者说两者之间有着十分显著的线性关系。

对于上述 F 检验结果，可以列出方差分析表（如表 11-4 所示）。

表 11-4 方差分析表

变异来源	平方和	自由度	均方	F	$F_{0.05}$
回归	64	1	64	241.51	7.94
误差	5.833	22	0.265	—	—
总和	69.833	23	—	—	—

对［例 3］的回归方程的显著性检验过程为：

经计算：$\sum X = 136$，$\sum Y = 575335$，$\sum X^2 = 1496$，$\sum Y^2 = 40337407025$，$n=17$，$b=6639$。

把上述数值代入公式（11-8）、（11-9），可得：

$$S_{总} = \sum Y^2 - (\sum Y)^2/n$$
$$= 40337407025 - 5753352/17$$
$$= 20866210025$$

$$S_{回} = b^2[\sum X^2 - (\sum X)^2/n]$$
$$= 66392(1496 - 1362/17)$$
$$= 17983138000$$

$$S_{误} = S_{总} - S_{回}$$
$$= 20866210025 - 17983138000$$
$$= 2883072025$$

$$MS_{回} = S_{回}/1 = 20866210025/1 = 20866210025$$

$$MS_{误} = S_{误}/(n-2) = 2883072025/(17-2) = 192204801.7$$

$$F = MS_{回}/MS_{误} = 20866210025/192204801.7 = 108.56$$

查 F 值表（见本书附表 6，单侧检验），得到：

$F_{0.01}(1, 15) = 8.68$

即 $F > F_{0.01}$，$P < 0.01$

故可以说，行政案件与年度之间的线性数学模型是显著的。

2. 样本决定系数

又称测定系数，它是表明回归效果的一个统计指标，其值由回归平方和与总离差平方和之比产生。

上面对回归方程的方差分析表明，回归平方和对总平方和的贡献越大，说明回归方程越显著，线性回归效果也就越好，回归直线与样本观测值拟合的也就越好，因此回归平方和在总平方和中所占的比率是评价回归效果的一个指标。这个比率越大回归效果就越好。

经对回归平方和与总离差平方和的比率进行数学计算，最后可以得到，样本决定系数正好是相关系数 r 的平方。变量 x 与 y 之间的相关系数的平方，即决定系数，是一个回归直线与样本观测值拟合优良程度的指标。

r^2 的值总在 0 和 1 之间。如果 $r^2=0.81$，表明变量 y 的变异中有 81%是由变量 x 的变异引起的，或者说有 81%可以由 x 的变异推测出来，所以 r^2 又称之为测定系数。同样道理，$r^2=0.81$ 时 x 变量的变异中有 81%是 y 变量的变异造成的。因此，r^2 是两个变量共同变异部分的比率（如图 11-2 所示）。

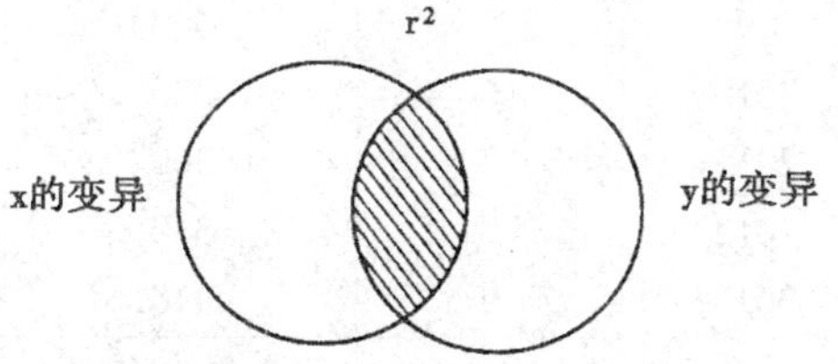

图 11-2　r^2 示意图

在［例 2］中，青少年罪犯结交不良朋友数与犯罪次数的相关系数为 0.9573，则决定系数为 0.9164。因此，青少年罪犯结交不良朋友数与犯罪次数之间共同的变异部分达 91.64%。这表明两者之间存在高度线性相关关系。

四、预测及应用

建立回归模型的目的就是应用，而预测是回归模型最重要的应用。

一方面，可以运用回归方程进行预测或估计。

因为有了 y 对 x 的回归方程，也就找到了 x 与 y 之间变化的数量关系，对于任意一个 x_i 值都可估计出与之对应的 y 值来。下面结合例子作说明。

【例 4】 某市 2004～2013 年发生的重大、特大案件数见表 11-5 所示。

表 11-5 某市 2004～2013 年重大、特大案件数与预测数

序号	年份	X	案件数 Y	预测数
1	2004	0	200	214
2	2005	1	250	234
3	2006	2	230	255
4	2007	3	300	275
5	2008	4	270	295
6	2009	5	370	315
7	2010	6	320	335
8	2011	7	360	356
9	2012	8	340	376
10	2013	9	410	395
合计	—	45	3050	3050

运用前面介绍的最小二乘法，可以得到该市重大、特大案件的回归方程：

$y=214.1+20.2x$

表 11-5 中的预测数正是根据这个回归方程计算得来的。这是根据回归模型所作的在观察值范围内的预测，称为内插式预测。还

可以利用回归方程进行观察值之外的预测，称为外推式预测。例如，利用这个回归方程，可以预测该市在2013年之后若干年的重、特大案件的数量，如可以预测该市2015年重特大案件数是：

$$\begin{aligned} y &= 214.1 + 20.2 \times 11 \\ &= 436.3 \end{aligned}$$

该市2015年重特大案件数量在436件左右。其他年份的预测亦可按此来计算。

一般来说，内插预测准确度高些，外推式预测准确度差些，外推越远，准确度越差。

在这里需要注意的是，犯罪现象研究工作者在运用回归模型预测犯罪趋势时，它只是预测在一定时间内有关犯罪现象在数量上可能达到的规模与程度，并不是绝对的。因为影响犯罪现象的因素很多，在这些因素的作用之下，常常使预测数与实际发生数存在差距。这是必然的。

另一方面，还可以为预测建立预测区间。

正如本书第七章所论述的点估计与区间估计那样，前面所述的运用回归方程进行预测或估计可以看做是点估计。其实还可以进行预测区间估计，这也就知道了所作预测的精度。

根据回归方程，确定了x值，就可以得到一个y，［例4］中对某市重特大案件的预测，确定预测2015年，可根据回归方程计算得到2015年的重特大案件数为436件。对于436这个数值，要清楚的是，这只是该市2015年发生重特大案件的一个大概值。知道一个大概，虽然有意义，但意义不大。人们往往更希望得到该市重特大案件的一个预测值范围，即该市2015年发生重特大案件大致在多少之间。给一个预测值范围比只给出一个数值更可信。

预测区间的计算式为：

$$\hat{y}_0 \pm t_{0.05/2} \cdot S_{y0} \quad (11-10)$$

式中 $\hat{y}_0$ 为预测值，

标准误 S_{y0} 的计算公式为：

$$S_{y0}=S\times\sqrt{1+1/n+(x_0-\bar{x})^2/\sum(x_i-\bar{x})^2}$$

上述标准误计算公式中 x_0 为预测时的自变量，$\bar{x}$ 为样本观察值的平均数，x_i 为样本观察值。

根据表 11-5 的数据，并预测 2015 年的重特大案件数，则 $x_0=11$，$\bar{y}_0=436.3$，$\bar{x}=\sum x_i/n=45/10=4.5$

$S=\sqrt{\sum(y-\bar{y})^2/(N-2)}$

$=\sqrt{[(200-305)^2+(250-305)^2+\cdots\cdots+(410-305)^2]/(10-2)}$

$=71.28$

$\sum(x_i-\bar{x})^2=(0-4.5)^2+(1-4.5)^2+\cdots\cdots+(9-4.5)^2=82.5$

再计算标准误：

$$S_{y0}=S\times\sqrt{1+1/n+(x_0-\bar{x})^2/\sum(x_i-\bar{x})^2}$$
$$=71.28\times\sqrt{[1+1/10+(12-4.5)^2]/82.5}$$
$$=95.15$$

查 t 分布表，当自由度为 8 时（注意自由度为 n-2），$t_{0.05/2}$（8）= 2.306

由回归方程可知，当 $x_0=11$，$\bar{y}_0=436.3$，因此与 $x_0=11$ 对应的 y_0 的 0.95 的置信区间为：

$436.3\pm2.306\times95.15$

即 217~656

因此，可以认为该市 2015 年重特大案件的发生数在 217~656 件，下此结论的把握度（准确度）为 95%。

上面仅对某一年的案件数进行了预测，实际上可以对多年的案件数进行预测，即有一个 x，就可以得到 y 的一个置信区间。连接这一系列置信区间的端点值，可以在回归直线上下各得到一条线条，这两条线条形成的带形区间，就称之为预测区间（如图 11-3 所示）。

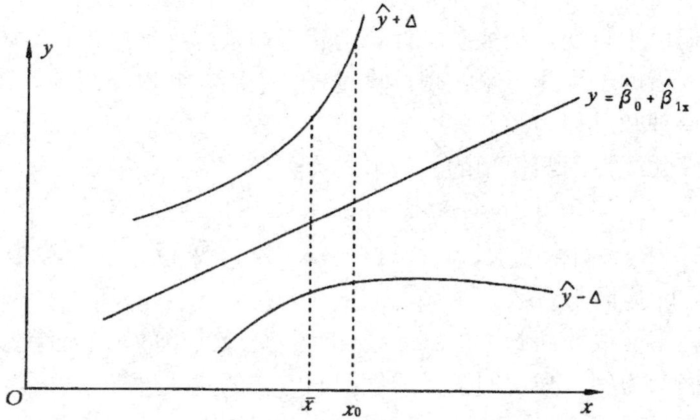

图 11-3　预测区间示意图

第二节　多元线性回归分析

一、多元线性回归模型

前面介绍的一元线性回归问题，是最简单的情况。由于犯罪与罪犯现象的复杂性，往往牵涉多个变量之间的关系问题。在回归分析中如果自变量是两个或两个以上，就叫做多元回归。多元回归分析比只用一个自变量进行预测或估计更有效，更符合实际，这是由事物的复杂性决定的，要求我们用多个自变量的最优组合来共同预测或估计因变量。因此，多元线性回归比一元线性回归的实用意义更大。例如，前面介绍的青少年犯罪问题，其犯罪次数不仅与结交的不良朋友数有关，而且与受教育年限有关，还可能与其他一些因素有关，当研究者用不良朋友数、受教育年限及其他因素共同去预测或估计青少年的犯罪次数时，会比单独用不良朋友数或受教育年限一个因素去预测更准确、更有效。

多元线性回归的基本原理和基本计算过程与一元线性回归相同，但由于自变量个数多，计算会相当烦琐。一般手工计算不太可能，要借助于计算机来实现计算过程，因而在此以介绍多元回归的基本原理及过程为主。

多元线性回归模型的一般形式为：

$$y=a+b_1x_1+b_2x_2+\cdots\cdots+b_ix_i$$

式中 y 为因变量，x_1，x_2……x_i 为自变量，a 为常数，b_1，b_2……b_i 为回归系数。

在多元线性回归中，二元线性回归是最简单的。下面就以二元线性回归为例，来说明多元线性回归方程的建立过程。虽然二元回归是多元回归中最简单的，但仍然比一元线性回归要复杂得多。

设因变量为 y，自变量为 x_1 和 x_2，则二元线性回归方程的一般形式为：

$$\hat{y}=a+b_1x_1+b_2x_2 \qquad (11-11)$$

上述回归方程在几何上表示一个平面，故也称之为 y 对 x_1、x_2 的回归平面。

从公式（11-11）可以发现，建立二元线性回归方程的过程，实际上就是求得 a、b_1、b_2 的过程。与一元线性回归方程相同，也用最小二乘法来计算这三个数值。

具体演算过程不予展开，下面给出计算公式。

常数 a 可由下式求得：

$$a=\bar{y}-b_1\bar{x}_1-b_2\bar{x}_2 \qquad (11-12)$$

b_1 和 b_2 可由下列方程组求得：

$$\begin{cases} b_1\sum x_1^2+b_2\sum x_1x_2=\sum x_1y \\ b_2\sum x_1x_2+b_2\sum x_2^2=\sum x_2y \end{cases} \qquad (11-13)$$

式中

$\sum x_1^2=\sum(x_1-\bar{x}_1)^2$

$\sum x_2^2=\sum(x_2-\bar{x}_2)^2$

$\sum x_1x_2=\sum(x_1-\bar{x}_1)(x_1-\bar{x}_2)$

$\sum x_1y=\sum(x_1-\bar{x}_1)(y-\bar{y})$

$\sum x_2y=\sum(x_2-\bar{x}_2)(y-\bar{y})$

（11-13）方程组称为二元线性回归中的正规方程组。由该方程组可解得 b_1 与 b_2，然后代入公式（11-12）求得 a。这样就建立起了二元线性回归方程。

下面举例说明。

【例 5】 假定在某地区进行犯罪调查中得到下列统计资料（如表 11-6 所示）。表中是该地区 10 年中青少年犯罪总数与学校流失生人数以及失业青年总数。资料表明，该地区青少年犯罪总数 Y 是随学校流失生人数 X_1 以及失业青年总数 X_2 的变化而变化。

表 11-6 青少年犯罪总数与流失生人数及失业青年总数数据表

犯罪总数（千人）y	50	52	56	59	62	64	68	69	70	71
流失生人数（千人）x_1	38	39	39	41	44	42	43	46	48	47
失业青年数（千人）x_2	50	50	54	56	56	60	64	63	62	60

试建立青少年犯罪总数与流失生及失业青年总数之间的数学模型，或者说，现要求建立由流失生人数与失业青年总数共同估计青少年犯罪总数的回归方程。

根据上述数据，计算后得到以下数值：

$$\sum x_1^2=112.1 \qquad \sum x_2^2=234.5$$

$$\sum x_1y=226.9 \qquad \sum x_2y=331.5$$

$$\sum x_1x_2=130.4$$

代入正规方程组(11-13)

$$\begin{cases}112.1b_1+130.4b_2=226.9\\130.4b_1+234.5b_2=331.5\end{cases}$$

由该方程解得：

$b_1=1.05 \qquad b_2=0.82$

并由公式(11-12)得到:

$$\begin{aligned} a &= \bar{y}-b_1\bar{x}_1-b_2\bar{x}_2 \\ &= 62.1-1.05\times 42.7-0.82\times 57.5 \\ &= -30 \end{aligned}$$

这样得到回归方程为:

$$\hat{y}=-30+1.05x_1+0.82x_2$$

利用这个回归方程，可以根据任意一对数值（x_1，x_2），来估计 y值，如 $x_1=15$，$x_2=38$，则 $\hat{y}=-30+1.05\times 15+0.82\times 38=16.91$

也就是说，如果某地区流失生人数为 1.5 万人，失业青年为 3.8 万人，那么该地区犯罪青少年总数为 1.691 万人。不过，上述数据为笔者模拟，现实中青少年犯罪总数与流失生及失业青年的数学模型，或者是犯罪现象与其他现象之间的回归分析，还需犯罪现象研究工作者去认真调研。

二、多元线性回归方程的检验

下面简单介绍一下多元线性回归方程的 F 检验。

与一元线性回归方程的检验相同，多元线性回归方程的检验也需要进行方差分析。

同样地，多元线性回归中的总离差平方和可分解为回归平方和与误差平方和。即

$S_{总}=S_{回}+S_{误}$

具体计算公式为;

$S_{总}=\sum (Y-\bar{Y})^2=\sum y^2$

$S_{回}=\sum (\hat{Y}-\bar{Y})^2=b_1\sum x_1y+b_2\sum x_2y+\cdots\cdots$

$S_{误}=S_{总}-S_{回}$

多元回归的方差分析中自由度分别为:

$df_{总}=N-1$

$df_{回}=k$ （k 为自变量的个数）

$df_{误}=N-1-k$

对于［例 5］的数据，可以通过计算得到以下数值。

总离差平方和、回归平方和及误差平方和分别为：

$S_{总}=\sum\ (Y-\bar{Y})\ 2=\sum y^2=522.7$

$S_{回}=\sum\ (\hat{Y}-\bar{Y})^2=1.05\times226.9+0.82\times331.5=510.1$

$S_{误}=S_{总}-S_{回}=522.7-510.1=12.6$

自由度为：

$df_{总}=N-1=10-1=9$

$df_{回}=k=2$

$df_{误}=N-1-k=10-1-2=7$

均方为：

$MS_{回}=S_{回}/2=510.1/2=255.05$

$MS_{误}=S_{误}/\ (N-1-k)\ =12.6/7=1.8$

得到 F 检验值：

$F=MS_{回}/MS_{误}=255.05/1.8=141.7$

查 F 检验表（见本书附表 6），得到：

$F_{0.01}\ (2,\ 7)\ =9.55$

即 $F>F_{0.01}$，$P<0.01$

把上述方差分析结果列成方差分析表，如表 11-7 所示。

表 11-7　方差分析表

变异来源	平方和	自由度	均方	F	$F_{0.01}$
回归	510.1	2	255.05	141.7	9.55
误差	12.6	7	1.8	—	—
总	522.7	9	—	—	—

方差分析表明，［例 5］所求得的二元线性回归方程非常显著，也就是说，因变量 y 与两个自变量 x_1、x_2 之间存在显著的线性关系。

三、多元线性回归的应用

多元线性回归在犯罪与罪犯研究领域是相当有用的一种变量分析方法，但是由于计算很复杂，手工操作基本不可能，如果不会利用计算机及统计软件，那么多元回归分析就会应用不起来。因此，犯罪与罪犯研究工作者一定要能够运用计算机以及统计软件包，这样才能够更好地开展本领域的研究工作。

下面结合实例介绍多元线性回归的应用。

【例6】　有研究者①观测682人的身高Y和脚长X_1、脚宽X_2的数据资料，得到回归方程为（单位cm）：

$$\hat{Y}=98.4+2.8X_1+0.22X_2$$

现得到一个犯罪现场资料：犯罪人在现场遗留的脚长为26cm，脚宽为9.5cm，试预测该犯罪人的身高情况。

根据上述回归方程，可预知该犯罪人的身高Y为：

$$\hat{Y}=98.4+2.8\times26+0.22\times9.5=173.29\ (\text{cm})$$

即犯罪人的身高为173cm左右。

从上述例子可以知道，多元回归分析在刑事技术、刑事侦查中有其用武之地。可以根据犯罪人在现场遗留的脚长、脚宽等数据资料来预测其身高情况。

多元线性回归分析在犯罪与罪犯现象的研究中还有许多用途，再举例如下。

【例7】　对某市公安看守所犯罪嫌疑人104人进行心理健康状况与人格特征的调查研究。具体情况是：

（1）研究对象：都为男性；年龄最小16岁，最大58岁，平均年龄26.81±9.71岁；独生子女33人，非独生子女71人；来自

---

① 高树桥、李从珠著：《犯罪调查及其统计方法》，群众出版社1986年版，第319页。

城镇的28人，农村76人；小学及以下40人，中学59人，大专及以上5人；被捕前有工作25人，有临时工作40人，无工作39人。

（2）研究方法：采用“艾森克人格问卷”（EPQ）、“症状自评量表”（SCL—90）和“特质应对方式问卷”分别测量犯罪嫌疑人的人格特征、心理健康状况和应对方式。自编问卷调查犯罪嫌疑人的人口统计学特征，犯罪嫌疑人作团体测量，数据用SPSS10.0统计分析。

研究结果：

1. 犯罪嫌疑人心理健康状况影响因素多元逐步回归分析

以SCL—90总分为因变量，以年龄、学历、父母学历、被捕前来源地（城市、县镇或农村）、被捕前工作情况、是否是独生子女、父母婚姻状况、自己婚姻情况、积极应对、消极应对等因素为自变量，进行多元逐步回归分析。结果表明，进入回归方程的自变量有“消极应对”和“自己婚姻情况”两个因素（如表11-8所示）。

表11-8　犯罪嫌疑人SCL—90总分的多元逐步回归分析结果

因子	R^2值	F值	进入回归方程的变量	β值	t值
SCL—90总分	0.247	12.971***	消极应对 自己离婚	0.413 −0.273	4.226*** −2.792**

注：** $p<0.01$；*** $p<0.001$。

2. 对犯罪嫌疑人的人格特征各维度影响因素的多元逐步回归分析

以EPQ的三个维度E、N、P得分为因变量，以年龄、学历、父母学历、被捕前来源地（城市、县镇或农村）、捕前工作情况、是否是独生子女、父母婚姻状况、自己婚姻情况、积极应对与消极应对得分、SCL—90各因子得分为自变量，进行多元逐步回归分析。结果是：影响内外向人格特征（E维度）的自变量有“敌对”

和“消极应对”两个因素；影响神经质人格特征（N 维度）的自变量有“强迫”和“消极应对”两个因素；影响精神质人格特征（P 维度）的自变量只有“捕前工作情况”一个因素，见表 11-9。

表 11-9　犯罪嫌疑人 EPQ 各维度的多元逐步回归分析结果

因子	R^2 值	F 值	进入回归方程的变量	β值	t 值
E	0. 156	5. 531***	敌对	0. 382	3. 029**
			消极应对	−0. 292	−2. 317*
N	0. 442	23. 780***	强迫	0. 519	4. 952***
			消极应对	0. 258	2. 463*
P	0. 096	6. 496*	捕前工作	0. 310	2. 549*

注：* p<0. 01；** p<0. 01；*** p<0. 001。

从上面两个调查结果可以发现，犯罪嫌疑人的“消极应对”方式对他们的心理健康状况和人格特征有重要影响。

本书对犯罪与罪犯现象的统计研究，主要统计分析方法就介绍这些，即相关分析、假设检验、方差分析、卡方检验与回归分析，而且阐述的，主要是单因素的统计分析过程。在此，再说明两点：

一方面，笔者在文中也已经多次指出，犯罪与罪犯现象是复杂的，往往是多因素共同作用或影响的结果，因此单因素的分析往往是不够的，甚至有时是不符合现实情况的。犯罪与罪犯研究工作者应当重视多因素的统计分析方法。因而，在理解了本书中所介绍的各种统计分析方法之后，希望犯罪与罪犯研究工作者能够进一步去学习、掌握多因素的统计研究方法。

另一方面，需要指出的一点是，在本书中介绍的几种统计分析方法，在介绍时是各自分开的，但是在运用时并不是一个研究只可用一种分析方法，常常需要多种统计分析方法的共同运用，才能更好地研究与分析某个犯罪或罪犯现象。因此，希望犯罪与罪犯研究工作者能够综合运用本书中介绍的统计分析方法。只有这样，才能更好地促进犯罪与罪犯领域的研究工作。

第三节　回归分析 SPSS 的计算过程

一、一元线性回归的 SPSS 计算过程

【例 8】　对某看守所 136 名犯罪嫌疑人实施“焦虑自评量表”（SAS）和“抑郁自评量表”（SDS）测量。现要求建立犯罪嫌疑人焦虑与抑郁之间的数学模型。

第一步：把调查所得数据资料输入 SPSS，建立犯罪嫌疑人的数据文件。

第二步：从“Analyze”→“Regression”→“Linear”，打开 Linear 线性回归主对话框，在左侧的源变量栏中选择“焦虑”作为因变量进入 Dependent 栏中，选择“抑郁”作为自变量进入 Independent（s）栏中。

第三步：单击“OK”按钮提交运行。

得到结果如表 11-10、表 11-11、表 11-12、表 11-13 所示。

表 11-10　引入或剔除的变量

Model	Variables Entered	Variables Removed	Method
1	抑郁[a]		Enter

a. All requested variables entered.

b. Dependent Variable：焦虑。

表 11-11　模型摘要

Model	R	R Square	Adjusted R Square	Std. Error of the Estimate
1	0. 627a	0. 394	0. 389	7. 2266

a. Predictors：(Constant)，焦虑。

表 11-12　方差分析（ANOVA）

Model		Sum of Squares	df	Mean Square	F	Sig.
1	Regression	4544. 327	1	4544. 327	87. 017	0. 000[a]
	Residual	6997. 908	134	52. 223	—	—
	Total	11542. 235	135	—	—	—

a. Predictors:（Constant），抑郁。

b. Dependent Variable：焦虑。

表 11-13　回归系数

Model		Unstandardized Coefficients B	Unstandardized Coefficients Std. Error	Standardized Coefficients Beta	t	Sig.
1	（Constant）	10. 416	3. 315	—	3. 142	0. 002
	抑郁	52. 338	5. 611	0. 627	9. 328	0. 000

a. Dependent Variable：焦虑。

结果分析如下：

表 11-10：引入或剔除的变量（Variables Entered/Removed）：用强迫引入法（Enter），变量“抑郁”被引入。

表 11-11：模型摘要（Model Summary）：相关系数（R）= 0. 627，决定系数（R Square，R2）= 0. 394，调整决定系数（Adjusted R Square）= 0. 389，估计值的标准误（Std. Error of the Estimate）= 7. 2266。

表 11-12：方差分析（ANOVA）：回归均方（Regression-Mean Square）= 4544. 327，误差均方（Residual - Mean Square）= 52. 223，F=87. 017，P=0. 000。变量焦虑与抑郁之间存在显著的线性关系。

表 11-13：回归分析中的系数（Cocfficients）：常数项（Constant）= 10. 416，回归系数（B）= 52. 338，回归系数的标准误

（Std. Error）= 5.611，标准化回归系数（Beta）= 0.627，回归系数 t 检验的 t 值=9.328，P=0.000，回归系数非常显著。

因此，得到回归方程为：

$$y=10.416+52.338x$$

再对［例 3］的数据运用 SPSS 进行一元线性回归分析。

第一步：建立 SPSS 数据文件。定义变量"年"与"案件数"。变量"年"从 1983 到 1999 年分别按顺序赋值 0~16，并输入相应年份的行政案件数。

第二步：从"Analyze"→"Regression"→"Linear"，打开 Linear 线性回归主对话框，在左侧的源变量栏中选择"案件数"作为因变量进入 Dependent 栏中，选择"年"作为自变量进入 Independent（s）栏中。

第三步：单击"OK"按钮提交运行。

得到结果如表 11-14、表 11-15、表 11-16、表 11-17 所示。

表 11-14 引入或剔除的变量（Variables Entered/Removed）

Model	Variables Entered	Variables Removed	Method
1	年		Enter

a. All requested variables entered.

b. Dependent Variable：案件数。

表 11-15 模型摘要（Model Summary）

Model	R	R Square	Adjusted R Square	Std. Error of the Estimate
1	0.928	0.862	0.853	13865.8335

a. Predictors：(Constant)，年。

表 11-16　方差分析（ANOVA）

Model		Sum of Squares	df	Mean Square	F	Sig.
1	Regression	17982289186. 039	1	17982289186. 039	93. 530	0. 000
	Residual	2883920061. 020	15	192261337. 401	—	—
	Total	20866209247. 059	16	—	—	—

a. Predictors：(Constant)，年。
b. Dependent Variable：案件数。

表 11-17　回归系数（Coefficients）

		Unstandardized Coefficients		Standardized Coefficients	t	Sig.
Model		B	Std. Error	Beta		
1	(Constant)	−19267. 510	6439. 575	—	−2. 992	0. 009
	年	6638. 843	686. 461	0. 928	9. 671	0. 000

a. Dependent Variable：案件数。

这样可以得到回归方程为：

$$y=-19268+6639x$$

上述计算结果与前面手工计算结果是一样的。

二、多元线性回归的 SPSS 计算过程

【例 9】　对某看守所 81 名男性犯罪嫌疑人实施测量，测验内容包括焦虑自评量表（SAS）、抑郁自评量表（SDS）、特质应对方式问卷、社会支持评定量表以及包含人口统计学特征的问卷。现要求以焦虑为因变量进行多元线性回归分析。

第一步：建立 SPSS 数据文件。把 SAS、SDS、特质应对方式问卷、社会支持评定量表以及人口统计学特征值输入 SPSS 软件中。

第二步：从“Analyze”→“Regression”→“Linear”，打开

Linear 线性回归主对话框，在左侧的源变量栏中选择“焦虑”作为因变量进入 Dependent 栏中，选择“抑郁指数”、“社会支持”、“消极应对”、“积极应对”以及年龄、学历、犯罪类型、父母学历、被捕前来源地（城市、县镇或农村）、捕前工作情况、是否是独生子女、父母婚姻状况、自己婚姻情况、法庭审理次数等作为自变量进入 Independent（s）栏中。

第三步：在 Method 栏中选择 Stepwise（逐步引入—剔除法）。

第四步：单击“Statistics”，进入 Statistics 对话框，选择 Descriptives、Casewise diagnostic 中的 Outliers（n=3 为默认值）。

第五步：其余使用默认选项。单击“OK”按钮提交运行。

得到结果如表 11-18、表 11-19、表 11-20、表 11-21 所示（注：只列出部分结果）。

表 11-18　引入或剔除的变量（Variables Entered/Removed）

Model	Variables Entered	Variables Removed	Method
1	抑郁指数	.	Stepwise（Criteria：Probability-of-F-to-enter<=0. 050，Probability-of-F-to-remove >=0. 100）.
2	犯罪类型	.	Stepwise（Criteria：Probability-of-F-to-enter<=0. 050，Probability-of-F-to-remove >=0. 100）.

a. Dependent Variable：焦虑。

表 11-19　模型摘要（Model Summary）

Model	R	R Square	Adjusted R Square	Std. Error of the Estimate
1	0. 681	0. 464	0. 457	6. 8890
2	0. 712	0. 507	0. 494	6. 6496

a. Predictors：（Constant），抑郁指数。

b. Predictors：（Constant），抑郁指数，犯罪类型。

c. Dependent Variable：焦虑。

表 11-20 方差分析（ANOVA）

Model		Sum of Squares	df	Mean Square	F	Sig.
1	Regression	3244.986	1	3244.986	68.376	0.000
	Residual	3749.187	79	47.458	—	—
	Total	6994.173	80	—	—	—
2	Regression	3545.259	2	1772.629	40.089	0.000
	Residual	3448.914	78	44.217	—	—
	Total	6994.173	80	—	—	—

a. Predictors：（Constant），抑郁指数。

b. Predictors：（Constant），抑郁指数，犯罪类型。

c. Dependent Variable：焦虑。

表 11-21 回归系数（Coefficients）

		Unstandardized Coefficients		Standardized Coefficients	t	Sig.
Model		B	Std. Error	Beta		
1	（Constant）	8.216	3.975	—	2.067	0.042
	抑郁指数	56.779	6.866	0.681	8.269	0.000
2	（Constant）	3.545	4.235	—	0.837	0.405
	抑郁指数	55.158	6.657	0.662	8.286	0.000
	犯罪类型	4.485	1.721	0.208	2.606	0.011

a. Dependent Variable：焦虑。

结果分析如下：

表 11-18：显示变量的引入和剔除，以及引入和剔除的标准。逐步引入剔除法（Stepwise）最先引入了变量“抑郁指数”，建立

了模型（Model）1。接着引入了变量“犯罪类型”，建立了模型 2，模型 2 包含变量“抑郁指数”和“犯罪类型”。

表 11-19：模型摘要：显示各模型的拟合情况。模型 2 的复相关系数（R）为 0.712，决定系数（R Square，即 R^2）为 0.507，调整后的决定系数为 0.494，估计值的标准误（Std. Error of the Estimate）为 6.6496。

表 11-20：方差分析（ANOVA）：显示各模型的方差分析结果。模型 2 经方差分析，F = 40.089，P = 0.000。因此，可以认为焦虑与抑郁指数和犯罪类型之间有直线关系。

表 11－21：显示各模型的偏回归系数（B）、标准误（Std. Error）、常数（Constant）、标准化偏回归系数（Beta）、回归系数假设检验的 t 值和 P 值（Sig.）。模型 2 常数项为 3.545，偏回归系数 b_1 为 55.158，b_2 为 4.485，经 t 检验，b_1 和 b_2 的 P 值分别为 0.000 和 0.011，按 $\alpha=0.05$ 水平，均有显著性意义。

根据上述多元逐步回归分析，可以在焦虑 y 与抑郁 x_1 和犯罪类型 x_2 之间建立以下回归方程：

$$y=3.545+55.158x_1+4.485x_2$$

另外要说明的一点是，在多元回归分析中，可以放宽变量引入回归方程的标准，从而会使更多的因素（自变量）进入回归方程。

实现这一操作的按钮为“Options”。

在［例 9］中，第四步之后，运行第五步：在多元回归分析主对话框中再打开“Options”按钮，在 Options 对话框中，选择“Use probability of F”，然后在“Entry”后的空格中（系统默认值为 0.05）输入 0.10，在“Removal”中（系统默认值为 0.10）输入 0.11，单击“Continue”，返回主对话框。并提交 SPSS 运行。

在放宽变量引入的标准之后，进入回归方程的变量就增加了，此时，进入回归方程的变量有 5 个：抑郁 x_1、犯罪类型 x_2、积极应对 x_3、消极应对 x_4、父母离婚 x_5。其回归方程变为：

$$y=-1.456+48.904x_1+3.928x_2-0.235x_3+0.229x_4+5.328x_5$$

第四部分

研究报告

第十二章　研究报告

在犯罪与罪犯现象的研究中，在完成了相关资料的收集、数据资料的处理和分析之后，最后的环节就是对研究成果的总结——撰写研究报告。大型的犯罪与罪犯现象的研究，其最后成果一般可能是一部专著，以及一个或数个研究报告；小型的研究往往就是一个研究报告，以及一篇或数篇论文；当然更小型的调查研究往往就是一篇论文。研究报告是把自己的研究成果传达给他人，同他人进行交流的主要形式。研究报告撰写的质量如何，将直接影响到研究成果的交流和其社会价值，因此犯罪与罪犯研究工作者一定要重视研究报告的撰写。

研究报告与学术论文有其一定的形式要求。内容与形式的统一，是常说的一句话。在调查研究之后得到了一个好的“内容”，就应当以准确的形式把它表现出来。本章就是希望解决这一形式问题。

第一节　研究报告的特点与类型

一、研究报告的特点

研究报告是系统地反映调查研究的目的、方法、过程和结果的一种书面总结。它以文字、图表等形式来表现，目的是告诉读者，对于犯罪或罪犯问题，研究者是如何进行研究的，取得了哪些研究结果，这些结果对于认识和解决这一犯罪或罪犯问题有哪些理论意义和实际意义，根据这些研究结果可能采取的对策怎样，等等。

根据对研究报告的上述理解，犯罪与罪犯领域的研究报告主要有以下几个特点：

1. 目的明确，针对性强

这是研究报告的基本要求。这是因为，任何犯罪与罪犯现象的研究报告，都是为了解决某个或某类犯罪或罪犯问题而写的。无论是犯罪或罪犯现象中的现实问题，还是这其中的理论问题；无论是研究当前犯罪或罪犯现象中的新情况、新问题，还是研究总结预防或惩治犯罪的新经验、新方法，都具有明确的目的性和针对性。在许多情况下，犯罪与罪犯现象的研究，正是在非常明确的目的指引之下，开展了某项研究工作。例如，针对经济领域中严重走私问题开展的专项研究，国家公务人员职务犯罪专题研究等，研究告一段落之后所撰写的研究报告，其目的性和针对性是非常强的。

同时，研究报告的针对性，还要根据研究报告的读者而选择适当的内容与形式。一般地，研究报告有三类读者：一是上级领导、决策机关和政法系统的职能部门，他们对研究报告的阅读，希望从中得到某项政策或决策实施后预防或防范犯罪、惩治罪犯方面的效果如何，或者是找到实施某项决策或政策的依据，或者是希望总结预防和惩治犯罪的经验、方法或措施并经过职能部门的工作能够得到推广应用；二是犯罪与罪犯领域的理论研究工作者，这是一些研究报告撰写者的同行学者，他们希望阅读到有严谨的研究设计、科学的研究方法、准确的研究结果与严密的理论论证的研究报告，希望从中得到研究思路与方法的启迪，或者是理论上的新发现等；三是犯罪与罪犯领域的实践工作者，他们希望通过阅读研究报告能够得到对他们的实践工作给予理论指导的东西，要求研究报告中结论或方法的可操作性。因此，研究报告要针对读者对象的特殊性，选择不同内容与形式，从而使研究报告发挥其应有的作用。

2. 实事求是，科学严谨

这也是研究报告的基本要求，同时是研究工作者的基本研究道德。

研究报告必须以事实为基础，凭事实说话。这应当成为犯罪与罪犯研究工作者的一条准绳。因为研究工作者如果不能提供真实的材料和准确的数据，仅凭一些想象的或者是道听途说的材料来组织预防和惩治犯罪问题的报告，更不用说虚假的歪曲的材料，其后果的严重性是不说自明的。

同时，犯罪与罪犯现象的研究报告应当实事求是地报告研究的结果，不管结果可能损害所谓的“形象”，又或者与权威相异。做到这一点是比较困难的，因为犯罪现象是丑恶现象，把犯罪事实与问题揭露了或者揭露太多了，可能损害某地或某些人的“形象”，甚至对某些人来说是个威胁，从而使一些研究工作者产生这样或那样的顾虑。而在预防和惩治犯罪与罪犯领域，由于历史的原因和现实的需要，纪律性和权威性都比较强，当研究者的结论与权威相左时，何去何从会给一些研究工作者带来困难。

另外，当研究结果与研究者原先的假设相背离时，应当实事求是地予以报告，不能弄虚作假，更不能编造数据。由于犯罪现象的复杂性，研究者会遇到这种情况。此时，应当认识到，研究结果与研究假设不一致，也是一个非常好的研究结果，不必感到意外。循此结果进行深入的挖掘研究，写成的研究报告常常会是一个非常有价值的调查报告。

最后，研究报告须以研究的结果为限，不能随意夸大。这一点在犯罪与罪犯现象的研究中常被忽视。犯罪与罪犯研究人员应当在研究报告中如实地说明报告所提供的事实和数据的局限性，指明它的来源和范围以及这些事实和数据的可信度和误差。在此基础上，要明确研究结论的适用范围，根据研究对象能够推论到多大范围，不能随意扩大。要避免动辄“普遍适用”、“适用全省甚至全国”“适用所有人”等结论。在这里，研究对象的选择非常重要，研究对象如何，研究结论的适用范围有时往往就明确了。

3. 理论研究报告注重严密推理，应用研究报告重视时效对策

这不仅是犯罪与罪犯现象研究报告所要求的，也是一般调查报告的要求，不过犯罪与罪犯领域的应用研究报告更强调对策性。

由于我国的犯罪与罪犯研究领域，基础研究较为薄弱，表现为有关犯罪和罪犯现象的重大的原创性理论研究成果不那么多。这一方面是研究手段与方法问题，另一方面是占有的研究资料问题，还有是研究的思维问题。总之，经得起严格推敲的犯罪与矫正理论研究报告不是很多。因此，基础理论研究的严密思维是需要大力加强的。

在犯罪的应用研究方面，更为强调时效性和对策性，强调“短平快”的研究结果报告。随着社会的发展和国际与国内交流的增多，影响我国犯罪现象的因素越来越复杂，犯罪问题日益成为当前一个突出的社会问题。如何有效地防范犯罪、治理犯罪，成为整个社会关注的焦点问题之一。犯罪问题的应用研究受到各级政府组织的重视，如何才是有效的治理犯罪的对策，也成为犯罪研究工作者的主课题。因此，大量的对策性应用研究报告成为犯罪与罪犯研究领域的主流。同时，对策研究强调时效性。如果有关犯罪或罪犯的研究报告错过了时机，不能及时回答人们迫切需要了解的问题，而是放“马后炮”，这也是没有任何价值的。

二、研究报告的类型

研究报告的形式多种多样，依据调查的目的、性质、任务、对象、范围和具体内容的不同，可以区分为不同的类型。

依据调查研究的目的不同，可以区别为重在犯罪和罪犯矫正理论研究的理论性研究报告和重在实际应用的应用性对策性研究报告；依据调查研究的性质不同，可以区分定量分析研究报告和定性分析研究报告；依据研究报告在性质和主要功能上的不同，可以区分为提供犯罪与罪犯现象这一特殊研究对象的一般状况的描述性研

究报告和解释犯罪与罪犯现象产生的原因、过程、后果和趋势的解释性研究报告；依据犯罪调查中研究对象的多少或选择方式的不同，可以区分为普查报告、抽样调查研究报告、典型调查研究报告；依据犯罪与罪犯调查中研究的内容不同，可以区分为综合性研究报告和专题性研究报告；依据犯罪与罪犯现象的研究中调查范围的不同，可以区分为宏观性研究报告和微观性研究报告；依据犯罪与罪犯研究报告的读者对象不同，可以区分为决策性研究报告、学术性研究报告和说明性研究报告等。

总之，研究报告的分类是一个较为复杂的问题，而且同一篇研究报告，由于分类标准和侧重点不同，可以归属于不同的类型。

1. 描述性研究报告与解释性研究报告

这是根据研究报告的性质不同和主要功能的差异来区分的。

描述性研究报告着重于对所研究的犯罪与罪犯现象进行系统、全面的描述，不过这种描述既可以是定量的，也可以是定性的。其主要目标是通过对犯罪调查与研究资料和结果的详细描述，向读者展示犯罪现象（含罪犯现象）的基本情况、发展过程和主要特点。在我国，周路主编的《犯罪调查十年——统计与分析》是一部典型的描述性研究报告（专著）。它通过对天津市1990~1999年每三年一次的刑事犯罪人员的普查资料，描绘出天津市乃至我国在社会转型时期的犯罪特点和规律，是一种定量的描述性研究报告。另外一部典型的描述性研究报告是朱济民主编的《来自监狱的报告——中国盗窃犯心理研究》，它通过对一万名盗窃犯的问卷调查，一千名盗窃犯的MMPI心理测量和一百名盗窃犯的个案分析，从静态角度剖析了在押盗窃犯的犯罪心理形成和犯罪行为实施的主客观原因，从动态角度揭示决定和影响盗窃犯改造的诸种因素，从而对我国20世纪90年代在押盗窃犯的心理状况作了较为全面的描述，是一部定量定性相结合的研究报告。

解释性研究报告的着眼点则有所不同，它的主要目标是利用研究所得的犯罪资料与结果来解释和说明某类或整个犯罪现象产生的原因，或用以说明不同犯罪现象之间的关系。这类研究报告中虽然也有一些对犯罪现象的描述，但一方面，这种描述不像描述性研究报告中那样全面和详细；另一方面，这种描述也仅仅只是作为合理解释和说明犯罪现象的原因、犯罪现象相互间关系的基础或前提而存在。在犯罪与罪犯研究领域，狄小华撰写的《冲突、协调和秩序——罪犯非正式群体与监狱行刑研究》，是一部解释性研究报告的典型案例。它从横向上描绘了罪犯非正式群体内部、罪犯非正式群体与其他罪犯之间、罪犯非正式群体与监狱警察之间的互动关系，在纵向上揭示了罪犯非正式群体产生、发展、衰弱直至解体的全过程。它有对罪犯非正式群体的描述，但目的是揭示罪犯非正式群体发展变化的规律。研究报告中的描述部分服务于理论阐述，因而是一篇解释性研究报告。

描述性研究报告和解释性研究报告的差别在于，前者强调内容的广泛和详细，要求尽可能面面俱到，同时还十分看重描述的清晰性和全面性，力图给读者以整体的认识和了解；后者则强调内容的深入与集中，看重解释的理论性和针对性，力图给读者以合理的、深刻的说明。不过，犯罪与罪犯研究工作者应当注意的是，上述关于两者之间的区分是相对的，相互间的界限并不是十分明显。而且，一份研究报告中往往同时兼有描述和解释两方面的功能，只是有所侧重而已。

2. 学术性研究报告与应用性研究报告

这是根据读者对象的不同来区分的。

学术性研究报告主要用作专业杂志上发表或学术会议交流之用。它往往比较紧凑、严谨。对研究设计、研究方法的论述比较详细，特别是在样本抽取、变量测量、资料收集等方面，描述更为仔细。资料分析部分会相对比较广泛，但对结果的讨论则相对谨慎。不过，用于发表的学术论文，应根据各杂志的约稿要求，来确定研究报告中不同部分的撰写详略情况。

应用性研究报告主要是提供给决策部门或政法管理部门以及预

防与惩治犯罪的实际工作部门所使用。因此，对研究过程的介绍可较为简单甚至可以片言数语。研究结果部分常常应采用较为直观的统计图、统计表等形式，以便于阅读，因为他们大多数是非专业研究人员。但根据研究结果所提出的政策或对策建议部分，应当十分突出，可以占应用性研究报告的主要部分。

3. 定量研究报告与定性研究报告

这是根据研究的性质来区分的。

定量研究报告以对数据资料的统计分析结果及其讨论为主要内容，数量化、表格化、逻辑性强是其表达结果的主要特征。例如，前面介绍的《犯罪调查十年》、《来自监狱的报告——中国盗窃犯心理研究》等。在这类研究报告中，报告的格式较为规范且相对固定，报告的各个部分相互之间界限分明。

定性研究报告主要以对文字材料的描述和定性分析为主要特征。此类研究报告的结构，既无严格的规范，也没有十分固定的格式；在报告的内容上，描述和分析、资料与解释之间的界限也不十分明显；报告中主观色彩较重。

下面要阐述的内容，主要以定量研究报告的撰写为主。

第二节　研究报告的基本模式

研究报告有一定的规范要求。虽然由于研究的性质、内容和主要功能不同，研究报告的结构会有所差别，但都有大致相同的结构。其一般模式在结构上分为：标题、摘要、导言、研究方法、结果、讨论、结论、参考文献、附录等几个部分。下面分别加以论述。

一、标题

研究报告的标题，应当简明、扼要地表明该研究的主要问题，同时还要表现出研究的主要变量。例如，中国的犯罪问题与社会变迁的关系；我国女性群体安全感比较分析；国外对罪犯心理矫治研究的元分析；青少年罪犯焦虑抑郁特征分析。标题应尽量避免使用多余的词语，如“有关……的研究”，“对……的调查”，“对……的检验”等。

标题部分还应标明研究者的姓名与单位。用于刊物发表的论文，有关单位的标注，不同的杂志有不同的要求，希望研究者注意。

二、摘要

摘要部分要求用尽量少的语言对研究报告进行概括，是对研究的主要内容与结果的概要总结，目的在于使读者能够尽快地了解研究的问题、方法、结果与结论，以使读者在阅读完摘要后就能决定是否有价值阅读全文。因此，摘要是很重要的。

摘要除要求文字简洁明了之外，一般对字数也有严格的限制。学位论文或学术会议交流论文摘要可较长，但一般不超过一页，而用于刊物发表的研究报告的摘要，一般字数要求在 300 字以内。

一篇好的摘要应具备以下特点：①

1．准确性

摘要应能准确反映论文的目的和内容，不应包含论文中没有出现的内容。如果该研究主要是在以前的某个研究的基础上进行的，是对以前研究的扩展，那么就应该在摘要中注明以前研究的作者姓名和年份。将摘要与论文的层次标题进行对比是核实摘要精确性的有效方法。

2．独立性

摘要应自成一体，独立成篇，所以要对特殊的术语、所有的缩写、省略语作出说明。新术语或尚无合适中文术语的，可用原文或

① 中国心理学会编：《心理学论文写作规范》，科学出版社 2002 年版，第 13~14 页。

译出后加括号注明原文。在引用其他出版物时要包括作者的姓名和出版日期。

3. 简练而具体

摘要中的每一个句子都要能最大限度地提供信息，且尽可能地简练。摘要的开头要提出最重要的信息（但不要重复题名）。它可以是目的或论题，也可以是结果或结论。摘要里最多只需包括4个或5个最重要的观点、结果或含义。

4. 非评价性

摘要中要报告研究结果而不是对研究结果进行评价，不要在摘要中对论文做诠释和评论（尤其是自我评价）。

5. 连贯性和可读性

采用条理清晰、措辞有力的形式写作。尽可能使用第三人称来取代第一人称，避免使用缺乏实质信息的“万金油”语句（例如，“具有一定的理论意义和实践意义”或者“由此推断……”）。

在编写摘要时应注意以下几点：

第一，不要把犯罪与罪犯学科领域中的常识性内容写入摘要，但也不要过于深奥，令一般读者难以明白；切忌把应在引言中出现的内容写入摘要。从笔者近几年参加的若干全省性或全国区域性监狱学（矫正学）领域研讨会的论文评审看，“摘要”变成类似于“引言”的现象普遍存在，需要引起犯罪与罪犯研究领域的论文报告者特别的注意。

第二，一般也不得简单重复题名中已有的信息，如一篇文章的题名是《重新犯罪社会原因检讨》，摘要的开头就不要再写“对重新犯罪的社会原因进行了检讨研究”。

第三，除实在无法变通外，一般不用数学公式，不出现插图、表格。

第四，不用引文，除非该文献证实或否定了他人已出版的著作。

第五，用第三人称。建议采用“对……进行了研究”、“报告了……的现状”、“进行了……调查”等记述方式，不必使用“本文”、“作者”等作为主语。

下面是一篇法学研究类报告的摘要示例：

犯罪构成是立法者依据一定的利益需求与价值观而将生活中之危害行为加以类型化而形成的，表现为通过刑法规范所确认的认定犯罪之规格、标准或最低条件——本文称之为模型。它同构成犯罪的事实（原型）是不同层面之范畴。注释刑法学应以刑法条文中静态存在的模型意义上的犯罪与刑罚为研究对象。同两大法系的构成体系相比较，在现阶段国情下我国几十年所形成的通说体系具有直观、简单、易操作的特点，并无重新构成之当务必要。

（资料来源：参见冯亚东、胡东飞：《犯罪构成模型论》，载《法学研究》2004 年第 1 期。）

综述类法学研究论文的摘要示例如下：

我国学界对恐怖主义犯罪的研究开始于 20 世纪 80 年代，美国“9·11”事件后明显增多。综观已有的研究成果，绝大多数研究者都试图对恐怖主义犯罪的相关概念给出定义，虽然定义的角度各不相同，但概括起来，主要涉及主体、目的、手段、对象四个方面的内容，只不过，不同的定义对这四个方面的取舍、强调、理解和表述存在差异。这表明目前我国学界并没有对恐怖主义犯罪的定义达成共识。

（资料来源：参见夏勇、王焰：《我国学界对恐怖主义犯罪定义研究的综述》，载《法商研究》2004 年第 1 期。）

下面是一篇犯罪与罪犯研究中结构式摘要的例子：

目的：探讨男性少年暴力罪犯的心理防御机制的特征，为少年犯罪的预防和干预策略提供理论参考依据。方法：随机抽取 88 名少年管教所的男性少年暴力罪犯与 33 名中专男性二年级学生进行“防御方式问卷”调查。结果：两组应用最多的都是成熟防御机制，但不成熟防御机制（D1）、中间型防御机制（D3）、掩饰因子（D4）评分有显著性差异，D1、D3 的多个项目评分也有显著性差异。结论：与一般同龄群体相比，少年暴力罪犯较多使用不成熟型、中间型防御机制，提示少年暴力罪犯心理健康水平不及同龄群体，应付挫折和应激的方式和能力达不到社会的要求。

（资料来源：参见徐莉萍等：《男性少年暴力罪犯心理防御机制分析》，载《中国心理卫生杂志》2002 年第 12 期。）

下面是一篇存在较大问题的摘要例子，供学习者反思参考。这样的例子在过去几年矫正学科领域的研讨会上看到得非常多。这是典型的把摘要变成了“前言”。

几年来，毒品犯罪问题十分突出，毒品不仅对人的身体具有极大的危害性，而且严重腐蚀社会的肌体，是社会的一大公害。它不仅对人们的身心健康造成极大损害，既破坏社会风气，又诱发其他犯罪活动，而且对社会的经济增长、和谐稳定和文化发展带来消极影响。许多毒品犯交友不慎才被诱导犯罪，然而还有许多毒品犯不知那是犯法而还去做，可见法律意识非常淡薄。因此，要加强法制教育力度，提高公民及毒品犯的法律观念，完善各项法律。同时社会要多关注毒品犯罪活动，打击、抑制其活动，使全国的毒品犯罪率渐渐减低，从而为预防和遏制毒品犯罪的蔓延、更好地维护社会稳定服务。针对日趋突出的毒品犯罪问题，本文先分析了毒品犯罪的成因，然后就打击毒品犯罪的工作对策进行了思考，为我国毒品犯罪防范工作服务。

三、导言

也有称引言的，是研究报告的一个重要组成部分。在导言中，作者要阐述该研究的目的，使读者了解研究的指向。根据篇幅长短不同，导言所包含的内容也可有所不同，一般包括以下几个方面：

1. 研究背景介绍

研究报告的作者应当在报告的开头部分介绍一下本研究的背景情况，把自己的研究放到一个较大背景中，以便读者了解为什么这个问题十分重要，它为什么值得研究。在关于犯罪与罪犯的大型调查研究中，背景的介绍有其必要性。通过背景介绍，使读者明白本研究的地位、作用与价值，从而引起读者的重视。

一般地，研究背景介绍用于大型的犯罪与罪犯现象的调查研究之后所做的研究报告中。用于刊物发表的论文，一般不作研究背景介绍，即使有介绍，也是一两句话而已。

2. 文献综述

陈述了研究背景之后，接下来的工作就是对研究者在本次研究中所涉及的犯罪与罪犯领域中已发表的研究结果和结论进行总结和评述。这是非常重要的一步，但却被一些犯罪与罪犯研究工作者所忽视。

应当说，文献查阅和回顾的工作在研究开始时就需要着手去做，并应该大致完成。在撰写研究报告时，只是进行系统的整理与评述。因为对本次研究课题所涉及的研究领域的资料的收集与梳理、回顾与研读，需要在课题研究开始时进行，这是开展研究工作的基础。

文献综述部分应当充满着恰当的、相关的并且是简明的和精确的材料，要想在综述中概括所有与研究问题有关的材料是不可能的，应当选取最有代表性的，与本次研究关系最密切的材料。选择材料的原则是：第一，选择与自己研究的问题关系最为直接的材料；第二，注意以前研究中不完整的或者需要进一步研究的地方；第三，综述的材料不一定按时间顺序组织，可以按与自己所研究问题的关系密切程度来组织；第四，特别注意以往研究结果中不一致的情形，对几个研究结果矛盾之处应仔细检查研究。

另外需要注意的一点是，文献综述时不能只是简单地将有关文章的摘要重述一遍，更不能将别人的文章逐字逐句地写进文献评述中。作者如何在纷繁复杂的材料中选择与自己研究最为有关的材料，将它们组织起来，也是一项重要的技能。

下面举一个研究文献综述的例子，供读者参考。

对监禁环境中罪犯的情绪问题，国内外司法心理研究人员较为关注。国外有关研究表明，罪犯存在较高程度的焦虑和抑郁，且通常在服刑的早期阶段较高。麦肯齐（D. L. Mackenzie）和古德斯坦（L. Goodstein）（1985）发现长刑犯在服刑的初期比后期自尊更低，更加焦虑和抑郁。桑顿（D. Thornton）（1987）、赞布尔（E. Zamble）和波珀林（F. J. Porporino）（1988）发现了类似的结果。我国司法心理研究人员对罪犯情绪问题的关注主要在20世纪90年代以后，在研究的结果上有与国外学者一致的结论，亦有差异之处。例如，都认为罪犯在服刑初期存在焦虑、疑惧、悲观、苦闷等心理状态。但是，在服刑后期才表现出忧虑、欣喜等心理，即服刑前期以焦虑为主，服刑后期以对重返社会的忧虑为主。另外，20世纪80~90年代，亦有数量较多的、运用EPQ、MMPI、16PF等量表测量罪犯人格特征时涉及罪犯情绪问题。主要结论为：罪犯情绪不稳定（EPQ）、16PF测量显示罪犯属焦虑型，MMPI测量显示了相同的结果。20世纪90年代以来，有关对罪犯情绪状况的研究表现出两个主要特征。一是较多运用综合性的心理卫生评定量表——SCL—90来测查罪犯心理卫生状况；二是开展了专门针对少年犯的人格及心理健康测查。对罪犯心理健康的测查表明，罪犯心理卫生状况较差，普遍存在各种心理疾患，其中敌对、偏执、忧郁、睡眠障碍方面尤为严重。对少年犯用EPQ测试发现，情绪紧张型占76%，表现为在改造中情绪紧张不安、不易控制、敏感、常感情用事等；明尼苏达（简式）多项人格量表测查显示，焦虑症状明显的占被测查少年犯的50%左右，占被测查暴力型少年犯的63.9%。对犯罪青少年心理健康状况的调查结果显示：SCL—90总均分和各因子均明显高于正常对照组，其中排在前三位的症状依次是躯体化、人际关系敏感和抑郁；此外，家庭不完整的罪犯有更多的紧张、神经过敏和烦躁等焦虑症状。

3. 对研究问题的陈述

对所要研究的问题有一个清晰的陈述，是反映一份研究报告是否合格的主要标准之一。因此，在文献综述之后，作者就应当直截了当地提出自己所要研究的问题，以使读者能够很容易地认识到问题之所在。

需要注意的是，研究问题的提出必须简洁、明确，甚至用一两句话就可以，任何含糊、表达不清的词语都会导致读者的困惑与误解，从而使读者失去耐心，放弃阅读整个研究报告。

在导言部分，对研究问题的陈述，主要是介绍研究的基本框架，如所要研究问题或准备检验的假设是什么，主要的自变量和因变量是什么，以及变量之间的关系等。

下面是一个研究问题陈述的例子。

……总的来看，已有的研究结果显示，罪犯普遍存在焦虑和抑郁等情绪问题。但是，罪犯焦虑和抑郁的表现特征与具体内容如何，尚无研究。

为此，本研究抽取了青少年罪犯 98 人，作焦虑和抑郁自评量表测试，以期清晰罪犯焦虑和抑郁的具体内容和特征。

4. 研究假说的陈述

在研究问题陈述之后，一般还可以接着提出研究的假说。这有利于作者将研究的问题集中起来，使研究问题更为明确，从而使读者阅读时一目了然。

同时，还可对提出的假说的理论基础进行必要的阐述与论证。论证可用逻辑论证和实验论证。实验论证则是利用他人的相关研究或文献综述中的研究。

假说及其理论基础，应当在收集资料、分析研究结果之前就提出。

下面举一个假说及其理论基础的例子。

我们同意，劳动对好逸恶劳的财产型罪犯和原具劳动习惯的性犯罪者的作用不同。劳动对前者有改造作用，对后者基本上没什么作用。对于从未参加过什么劳动的未成年犯，劳动的改造作用可能与上述两者中的一个同一，也可能表现为未成年犯独特的规律。劳动的改造作用应从劳动体验入手。这种体验又表现为一种矛盾冲突

（如图 12-1 所示）。

强迫劳动→罪犯→
- 好逸恶劳者 →直接冲突 CⅠ
  - 抗拒
  - 接受
- 有劳动习惯者 →非直接冲突 CⅡ
- 从未参加过劳动者 →冲突 C

图 12-1　强迫劳动不同罪犯产生不同冲突

罪犯在监狱的劳动是重复单一的。这种劳动状况与劳动习惯的区别是缺少与某种需要和情绪的结合。因此，劳动与某种愉快刺激的联结建立条件反射是形成劳动习惯的关键。非直接冲突可能是原来工作与监内工作的矛盾，劳动强度与身体承受力的矛盾，等等。这类冲突的罪犯容易接受强加于他们的劳动，劳动可能改造了罪犯的某些方面，也可能没什么作用。

5. 研究的意义

对犯罪与罪犯问题的研究，不管是理论性研究，还是应用性研究，它或者是在犯罪理论方面有所贡献，或者是有助于解决某个或某些实际问题，因而每个研究应当有其理论的或实践的意义。对此，在研究报告的导言部分可以给予一定的阐述，指出研究问题所涉及的具体领域，以及本次研究的结果对该领域的贡献或价值并作出必要的陈述。从而使读者对该项研究工作在实践和理论两方面的意义，都有所了解并便于作出评价。

以上所述的数项内容，是研究报告的导言部分所应包含的。不过，这只是一个一般的模式，具体写报告时要根据研究工作的具体情况来灵活采用不同的形式。而且，要根据研究报告所面对的读者不同，导言部分要有所取舍，并不是一定要包括上述所有的部分。一般地，文献综述和研究问题的陈述是必须的，其他部分应当根据研究报告的对象以及大型研究或小型研究而区别对待。

四、研究方法

研究方法部分，是研究报告中更为关键的部分。它旨在详细说明研究工作进行的情况，包括采用的设计和程序。因为读者不光要看研究结果，而且还要了解研究是如何做的。只有清楚了研究所采用的方法，明了各种具体操作步骤，读者才能评价所做的研究是否具有科学性，是否有价值。研究方法部分的写作标准是：给读者足够的信息，以便有可能进行重复研究。

由于每项具体研究所采用的方法并不是完全相同的，因此在研究报告中所介绍的内容自然也就不完全一样。这一点请研究者注意。一般地，研究方法大多从以下几方面进行论述：

1. 研究对象

研究对象即研究“谁”，有多少。这在研究报告中必须明确指出。研究对象的数量和特征，是这部分内容的主要方面。同时，他们是如何选取的，也应介绍清楚。

在犯罪与罪犯调查研究中，调查对象如犯罪嫌疑人、罪犯或其他人，需作全面介绍。不仅包括他们的人口统计学特征的内容，而且应当有抽样总体、样本抽取过程或程序、样本规模（样本容量）、回答率或回收率等方面的介绍。

一些研究者只是在研究报告中写上“对××市的派出所进行了抽样调查”或者“在××监狱抽取了××名罪犯进行了调查”，诸如之类的说明是很不够的。因为这样一个介绍，读者并不清楚研究者究竟调查了什么人，也不明白研究者究竟是怎么抽样的。没有这些信息，读者就无法判断该调查结果有多大的价值，也无法判断研究者的结论在多大程度上反映了现实情况。只有当读者了解了样本的来源和特征后，才能估计该研究结果能够作多大的推论，局限性怎样。例如，研究的样本全部是男性罪犯，那么把结论推广到女性罪犯时也许就不能成立；如果研究者是对中学生的侵犯行为进行了调查，那么把结论推广到大学生时需要验证，或者应当非常谨慎。

下面是一个研究对象描述的例子。

被试：在会识字、能写字的罪犯中随机选取男犯 59 名、女犯 62 名，共 121 名被试，涉及强奸、杀人、盗窃、拐卖、贩毒、诽谤等

18 种罪名。被试文化程度构成如下：文盲，4 名，占 3.3%；小学，25 名，占 20.7%；初中，69 名，占 57%；高中（含中专），19 名，占 15.7%；大专及以上，4 名，占 3.3%。被试刑期构成如下：10 年以下，40 名，占 33.1%；10 年及以上有期徒刑，43 名，占 35.5%；无期徒刑，37 名，占 30.6%；死缓，7 名，占 5.8%。被试中年龄最小为 20 岁，最大为 58 岁，平均 33.3 岁。

2. 研究方式或研究方法

针对导言部分所提出的问题，在研究方法部分应当指出采取的研究方式或方法是什么。研究采取了实验研究，或者是调查研究，又或者是文献研究等，需要具体指出来。由于不同的研究方式（或研究方法），常常由不同的资料收集方法和资料分析方法以及特定的程序和技术所组成，同时还包含着不同的方法论问题，因此采用不同的研究方式的犯罪或罪犯现象的研究，在研究报告中介绍的内容和重点会不一样。例如，如果采取的是调查研究方式，那么需要介绍调查的总体、样本，采用的调查方式（自填式问卷或者是调查人员访谈），调查工具，调查员培训及资料回收方式等方面的情况；如果是采用文献研究方式，则要对犯罪或罪犯的文献资料的形式、文献的选取、文献的质量以及文献资料的处理和分析方法进行详细的说明介绍。

一般来说，在犯罪与罪犯现象的研究中，较多地采用调查研究的形式。研究方法上单一的或者是多种研究方法综合运用的情况较多见。例如，对罪犯或犯罪嫌疑人的问卷调查就做一次测量，这是单一方法的运用。对罪犯或犯罪嫌疑人采用问卷调查、访谈、个案研究等多种研究方法综合运用。后一种情况一般在大型研究中常常如此。例如，关于中国盗窃犯的研究，在研究方法部分作的说明是：

课题研究采用了问卷调查（1 万名）、心理测验（1000 名）和个案分析（100 名）相结合的综合性研究方法。在 21 个省、市、自治区以及新疆生产建设兵团，按照男犯和女犯、成年犯和未成年犯（分别为 9∶1 的比例）的区分总共选择了 98 个监狱、少年犯管教所作为抽样点，再用分层和随机抽样的方法确定了问卷和心理测验的样本，用典型抽样的方法确定了个案分析的样本。

为了完成任务，我们组织了 170 余人的调查队伍，其中既有研究与教学人员，也有机关业务部门与一线监狱人民警察。

为了保证课题研究的代表性、资料收集的科学性和整个研究过程的规范性，我们制定了“《中国盗窃犯心理研究》实施细则”，明确了课题研究的目的与假设，解释了课题研究的内容和方法，规定了课题研究的对象及其抽样类别与步骤，提出了课题研究特别是资料收集的过程与要求。对课题组主要成员进行了专门培训。

调查问卷实际返回 10036 份，经整理有效问卷 9594 份，有效率 95.6%；MMPI 心理测验实际返回 1100 份，经整理有效答卷 1064 份，有效率 96.7%。对调查问卷和心理测验所得到的数据运用“社会科学统计软件包”（SPSS）进行了计算机统计处理。

（参见朱济民主编：《来自监狱的报告——中国盗窃犯心理研究》，百家出版社 1999 年版。引用时作了适当删改。）

应当说明的一点是，上面所举的两个例子并非是经典的。两个例子中都有一些不足。不过作为初学者来说，还是可资参考的。

除上述两个内容之外，研究方法部分还可以就资料收集与分析方法作介绍，或者是对变量进行操作定义，并可适当介绍研究程序。不过，研究对象和研究方法，是其中两个最主要的、必不可少的内容。

五、结果

结果部分主要阐述研究中得到的数据或其他结果以及有关的统计分析。结果的分析还要与研究假说相联系，即应简要说明每一项结果与研究假说的关系。在结果部分，重要的一点是，作者在写研究报告时，不仅要报告与研究假设一致的结果，还应当报告与假说不一致的所有结果。

在结果的呈现方式上，可以先给出总体的、一般性的陈述，然后才是个别的、具体细节的陈述。不管是在对整个研究结果的陈述中，还是在对各个部分结果的陈述中，都可以采取这个方法。

当研究报告的结果部分主要是由数据资料的分析结果组成时，最经济有效的方法是运用图表。这一点也正是本书前面所着重阐述的内容。统计分析的结果，报告时必然是大量的表格或图示。而在报告定量研究的结果时，常常遇到的正是这样一种困难：即需要报告的数据或表格也许太多。把所有表格或数据都在报告中列出来是不可能的，也是不需要的。此时，研究者要进行取舍。要从大量的数据中选择和确定最关键和最重要的结果，并以恰当的形式把它们表达出来。

在此要强调的一点是，各种数据表格的呈现要按照规定的要求来，如每个表格都要有表号和标题，标题的名称要切合表格的内容。一般用于刊物发表的论文，表格要用三线表，并且没有竖线。有关表格的制作要求，在本书第四章已作了阐述，希望引起犯罪与罪犯研究工作者的关注。因为在犯罪与罪犯研究的论文中，有关结果表达如表格中各种各样的大大小小的错误非常多。实际上，只要研究者注意了，这些错误是可以避免的。

六、讨论

在讨论部分，作者要根据自己提出的问题及他人的研究成果，对研究结果进行解释；评价该研究结果的含义、理论意义和实践意义；说明研究结果是否支持研究的假说；并在最后讨论该研究的局限性，对将来进一步研究的建议等。

讨论部分是作者发挥创造力的部分，是表现作者自己独到见解的部分，因而也是报告中最重要的部分。

在这一部分，作者一开头就要以明确的叙述说明研究假说是否得到证实，或者明确地回答导言部分所提出的研究问题。但是，需要注意的是，不要简单地再次解释和重复结果部分已经表达了的观点。每一句新的陈述都要为读者理解研究的问题带来一些新的东西。

在讨论部分，作者要阐明结果的意义。阐述研究得到的结果说明什么，分析在研究过程中产生该结果的原因是什么，如果结果与假说不一致，则还需讨论没有获得预期结果的原因是什么。所有这些都应该详细讨论。

同时，还可以把自己的研究结果同文献评述中列举的那些研究结果进行比较，看看是否又一次验证了他们的结论。另外，还可以讨论自己的研究可能存在的缺陷，以及将自己的结论进行推广时必须具备的条件等。

当然，在讨论部分，可以根据研究结果来提出新的理论，或将自己的研究结果并入已有的理论中。

下面是一个关于罪犯自杀研究中讨论的例子

调查表明：

（1）文化低的罪犯有更高的自杀率。

（2）入监时间短的罪犯有更高的自杀率。

（3）年龄在26~47岁（占85%）的罪犯有更高的自杀率。

（4）刑期长的罪犯有更高的自杀率。

（5）故意杀人的罪犯有更高的自杀率。

法国著名社会学家涂尔干在其研究自杀最经典的著作《自杀论：社会学研究》（1897年）中以大量翔实的资料和科学的方法（如比较和相关分析）批判了“自杀与心理异常、遗传及自然因素有关”的常识性观点，正确地指出了影响自杀的决定因素：社会因素。涂尔干将自杀分为利己型自杀、利他型自杀和失范型自杀。罪犯自杀大多属于利己型自杀，即缘于罪犯对生存意义的质疑和对生活的绝望感。而质疑和绝望并不取决于罪犯的心理状态或个体差异，而取决于罪犯与社会的联系程度和罪犯社会地位的高低。

文化低的罪犯在监狱社会中一般只能从事最低级的体力劳动，他们工作劳累但成效并不显著（如考核分积累得很慢），也并不受他人的尊重，因此他们更多地认识到减刑的艰难和刑期的漫长以及生活的屈辱。

入监不久的罪犯除了感觉服刑遥遥无期外，对丧失自由和被社会疏离的痛苦感受最深（缘于与刚刚逝去的时光的对比和对服刑痛苦的高感受性）。监狱民警对他们的管束也一般比对“老犯”严厉；“新犯”与“老犯”相比也往往处于劣势。“新犯”在监狱社会的地位需要相当一段时间才可能得到改善。

罪犯应服刑期的均值为7.6年，已服刑期的均值为1.8年，余刑均值为5.8年。这就是说，26~47岁罪犯出狱时年龄大多在32~53岁。犯罪人原有的职业地位和家庭关系（以夫妻关系为核心）大多遭到了严重的破坏，而一个三四十岁的有犯罪记录的人很难再成家立业。

在中国社会处于首属社会向次属社会转型的现阶段，故意杀人又没有被判处死刑者，大多杀人的起因为激情所致或人际冲突，而被害人和犯罪人往往有一定的社会关系：处于同一职业网络或情感网络之中，如犯罪人的同事、朋友、家人等。杀害对与自己有一定联系的人使犯罪人更容易产生罪责感和负疚感，而因为他杀害的是社会关系网络中的人，因此更容易受到处于这一网络中的被害人之外的成员的强烈谴责，如杀害了自己弟弟的犯罪人的父母拒绝探视他。由此他们生存的意义逐渐缺失。

由罪犯自杀的时间、地点和方式看，纯粹的情景预防——使其“不能”自杀，如通过环境设计（封闭可能高坠的出口等）和监视（“三联号”或电视监控等）很难奏效。司法预防——使其“不敢”自杀更不可行，孟子说“民不畏死，奈何以死惧之”，一个人连死都不怕，还会有什么能使他退缩呢？因此，最为可行的预防罪犯自杀的方法就是社会预防——使其“不愿”自杀，也就是关注和改善那些监狱社会中的弱势罪犯的处境，帮助罪犯正确认识自己的罪行和服刑意义，借助于罪犯处于同一情感网络中的人对罪犯的帮助教育，改革现行僵化的减刑模式。

本研究的主要缺陷在于观测案例规模的局限和对自杀罪犯的社会关系、犯罪生涯、改造表现、狱内社会地位、自杀起因、自杀动机、自杀情境等方面的考察不够深入。未能建立有效的罪犯自杀预测方法和可行的预防方案。这也正是同类研究需要克服和改进的地方。

七、小结

研究报告常常包括一个非常简要的小结。在小结中，再次对研究报告前面几个部分的主要内容做一个纲要式的总结，但主要包括在研究结果中得到的各种结论和推论。

这一部分在有的研究报告中不呈现。许多刊物对其刊登的学术论文的要求中也没有小结部分。但有的刊物却有这方面的要求，研究者对此要加以注意。

下面举一个关于青少年罪犯焦虑抑郁特征研究中小结的例子供参考。

（1）青少年罪犯在服刑期间存在抑郁症状的达74.5%以上，患焦虑症的比例为30.5%。与警校生相比，青少年罪犯焦虑平均得分存在显著差异，抑郁、焦虑比例数和抑郁平均得分无显著差异。

（2）引起青少年罪犯抑郁的主要原因是：自罪、胃肠道症状、精神性焦虑、体重下降、迟滞、疑病。

（3）引起青少年罪犯焦虑的主要原因是：躯体性障碍和焦虑的心理障碍。

八、参考文献

在研究报告的结尾处，应当列出与研究报告相关的或在研究报告中引用到的资料来源。这些参考资料，是研究者在从事本次研究过程中所阅读、评述、引证过的文献。这样做一方面体现了科学的、实事求是的研究态度，另一方面也为同一领域的研究者提供了一个参考的文献索引。

参考文献的排列，可以按作者的姓氏笔画或外文字母的排列顺序为序；也可以按引用的顺序排列；或按文献发表的年代为排列顺序。

参考文献主要包括三部分信息：作者、著作或论文题目及其出处，但具体有一定的格式标准。而用于发表的论文，其参考文献的著录方式不同的杂志有些差异，研究者可注意具体杂志在“征稿启事”中对参考文献的格式要求。

举例如：

1. 中文文章的写法

（1）夏勇. 定罪犯罪构成与设罪犯罪构成. 中国刑事法杂志，2002，59（5）：21~32.

（2）翟中东. 2003 年中国监狱学研究综述. 犯罪与改造研究，2004，173（1）：15~22.

2. 英文文章的写法

（1）Collins，J. J. and Messerschmidt，P. M. Epidemiology of alcohol-related violence. Special Issue：Alcohol，aggression and injury. *Alcohol Health and Research World*，1993，17（2）：93~100.

（2）Goldstein，P. J. The drugs/violence nexus：a tripartite conceptual framework. *Journal of Drug Issues*，1985，15（4）：493~506.

3. 中文版著作的写法

（1）王金玲著：《社会转型中的妇女犯罪》，浙江人民出版社 2003 年版，第 136~139 页。

（2）邵晓顺主编：《服刑人员心理矫治：理论与实务》，群众出版社 2012 年版，第 59~65 页。

4. 英文著作的写法

（1）Berkowitz，L. Roots of Aggression：A Re-examination of the Frustration-Aggression Hypothesis. New York：Atherton，1969.

（2）Flannery，R. B. Violence in the Workplace. New York，USA：crossroad Pub. Co，1995.

九、附录

在附录部分列出不宜在正文中出现的内容，如研究中收集资料所使用的调查问卷、心理测验量表；计算某些指标或数据的数学公式介绍；分析数据时的重要的统计推断及公式；某些研究工具、测量仪器以及计算机软件介绍等。有时也可以列出重要的原始数据，以便读者在重复研究时参考使用。

附录材料的提供，主要是帮助有兴趣的读者去深入了解研究者的各种技术细节，或者回答研究者在报告的正文部分由于省略某些内容而产生的某些疑问。

由于构成附录的这些材料占有较大的篇幅，而刊物的篇幅有限，因此绝大多数在学术刊物上发表的研究报告，这部分常常省略。

为了更直观地了解研究报告的格式要求，笔者把近期发表的一篇文章①呈列如下供读者批评参考。

犯罪人家庭学校教育差异性研究

邵晓顺

（浙江警官职业学院　浙江　杭州　310018）

【摘要】对1068名犯罪人作问卷调查，考察三个年龄组（小于18岁、18~30岁与30~45岁）犯罪人在家庭学校教育等方面的差异性情况，结果是：犯罪人年龄越小，曾经受的家庭不良教养方式比例越高，父母或与（外）祖父母之间教育意见不一致、家庭不和睦、对子女打骂以及父母也犯罪的情况越多，认为学校有思想文化教育的比例越低，有犯罪朋友的比例越高，早年不良行为也越多。而家庭经济情况、母亲文化程度以及是否有知心朋友对不同年龄段犯罪

① 邵晓顺：《犯罪人家庭学校教育差异性研究》，载《公安学刊》2013年第1期。

人影响不显著。

【关键词】犯罪人；年龄组；家庭学校教育；差异性分析

一、问题的提出

国内外关于家庭学校教育偏差与犯罪行为关系的研究不少。近期有研究指出，我国青少年犯罪的家庭成因主要有五种：残缺型家庭、盲目溺爱与放纵型家庭、打骂型家庭、父母有不良恶习型家庭和贪欲型家庭。[1]另有研究指出，青少年犯罪的家庭学校教育因素主要是失和家庭与失教家庭以及教育管理失重与素质教育形式化。[2]还有学者研究认为，不良的家庭教育是未成年人犯罪的基础性因素，学校教育不作为犯罪的教育性因素，辍学、无业、交往是犯罪的个体性因素。[3]桑普森与劳布研究认为，家庭过程变量与青少年违法犯罪状况有非常强的直接关联，父母子女关系方面的变量对青少年违法犯罪行为和其他行为问题有最强的预测力；而孩子对学校的低依恋程度以及糟糕的学业表现会增加犯罪概率。[4]戈特弗里德森和赫希认为，自我控制程度低的人，犯罪的可能性就高，而儿童的不良养育模式是造成个体自我控制力低的重要因素；那些不做家庭作业、不喜欢学校和学校表现不良的学生，容易卷入违法犯罪活动。[5]博格等人认为，如果孩子在不稳定的管教环境中成长，或者管教过于宽松或严厉，特别是虐待或者忽视孩子，那么今后这些孩子就很可能实施犯罪行为。[6]Bartol等研究认为，父母教养方式不一致、亲子互动缺乏、亲子间缺少温暖、严厉体罚等是青少年违法犯罪发生的重要因素；早年学校失败经验与反社会行为的发展及犯罪行为有关。[7]诸多研究揭示了家庭与学校变量与青少年犯罪行为之间的紧密关系，然而通过对不同年龄阶段犯罪人家庭、学校诸变量的差异性研究不多。而这种差异性作用研究将能够在一定程度上揭示我国家庭、学校内在功能的变迁与犯罪行为的关系，从而对如何更好发挥家庭学校教育来促进青少年成长以启示。

二、研究对象与方法

（一）研究对象

在浙江省监狱、劳教所、未成犯管教所及河北省邯郸监狱随机抽取违法犯罪人员1100人作问卷调查。取样时考虑了男女与年龄两个维度的分层，即成年犯与未成年犯，男女服刑人员与劳教人员各占一定比例；同时限定被调查人员年龄在45周岁以下，能看懂报纸。年龄限制是考虑到问卷中有早年不良行为项目。获有效问卷1068份，其中监狱服刑人员736人，占68.9%；未成年犯193人，占18.1%；劳动教养人员139人，占13.0%。女违法犯罪人361人，占33.8%；男违法犯罪人707人，占66.2%。

被调查违法犯罪人员年龄最小13.75岁，最大44.83岁，平均年龄27.80±7.97岁。文化程度小学417人，占39.0%；初中504人，占47.2%；高中35人，占3.3%；大专及以上88人，占8.2%。已婚302人，占28.3%；未婚595人，占55.7%；离婚121人，占11.3%。有子女419人，占39.2%；无子女638人，占59.7%。农村户籍847人，占79.3%；居民户口208人，占19.5%。被捕前住农村305人，占28.6%；乡镇250人，占23.4%；县城263人，占24.6%；（大）城市228人，占21.3%。有兄妹936人，占87.6%；无兄妹125人，占11.7%。

出生地有浙江、北京、上海、天津、重庆、新疆、海南、广东、黑龙江等28个省、市、自治区，浙江籍占28.6%，贵州籍占12.4%，河北籍占8.5%，安徽籍占7.8%，四川籍占6.9%。民族有汉族、苗族、满族、蒙古族、维吾尔族、侗族、白族、回族、壮族等19个，汉族占91.4%。案由（罪错）包括盗窃、抢劫、诈骗、故意杀人、强奸、聚众斗殴、打架、贩卖毒品、运输毒品、绑架、抢夺、走私、贪污受贿等53个。

（二）测量工具与实施

测量工具为自编调查问卷。在访谈成年犯、未成年犯、劳教人员、社区矫正人员30余人的基础上，结合犯罪学、犯罪心理学的相关理论研究编制问卷。问卷内容包括：人口统计学信息、工作情况、婚姻家庭、学习、交友、抚养人、父母文化程度与工作、家庭养育方式、家庭教育与经济情况、学校教育、早年不良行为、判刑（劳教）次数等，共计40个项目。

采用一个监区或分监区整群随机抽样方式，实施团体测验，主要由研究者本人作主试。全部调查于2011年7月完成。

（三）数据处理

1068份有效问卷的数据输入SPSS作列联表分析和方差分析。1068名违法犯罪人员分为三组，18岁及以下、18~30岁（含）、30~45岁，对三组犯罪人作卡方检验和方差分析以确定家庭学校等变量对他们的差异性影响。

三、结果与分析

（一）犯罪人家庭变量差异性分析

1. 家庭教养方式差异性分析

父母养育方式分为放任不管型、打骂型、溺爱型、专制型，以及民主型与朋友型六种，前四种定义为不良的教养方式，而民主与朋友型规定为良好的教养方式。三个年龄段犯罪人在两类家庭教养方式上卡方检验结果如表1所示。卡方值为25.524，达0.001的显著水平。

表 1　教养方式交叉分析表

			年龄阶段			合计
			小于 18 岁	18~30 岁	30~45 岁	
教养方式	好	人数	22	157	150	329
		% within 年龄阶段	15.2%	31.4%	38.0%	31.6%
	不良	人数	123	343	245	711
		% within 年龄阶段	84.8%	68.6%	62.0%	68.4%

注：①卡方值 25.524，P 值 0.000。

②表 1 至表 12 都删去了纵向合计栏。

从合计栏的数据显示，在全部样本中，教养方式好与不良的比例分别为 31.6%与 68.4%，但不同年龄段数据显示，小于 18 岁的犯罪人家庭教养方式好的比例为 15.2%，显著低于平均比例 31.6%，而教养方式不良的比例为 84.8%，显著高于平均比例 68.4%。此结果显示，教养方式与年龄阶段有关联，年龄越小家庭教养方式不良的比例越高。

2. 家庭教育一致与否的差异性分析

父母之间及父母与上辈人之间在教育小孩时意见是否一致，对小孩的成长会产生一定的影响。父母之间或父母与祖父母、外祖父母之间教育意见不一致，会造成子女无所适从，或者使小孩学会投机取巧、察言观色，形成不良的人格特征。三个年龄段犯罪人在家庭教育一致性的卡方检验结果如表 2 所示。卡方值为 15.768，达 0.001 的显著水平。

表 2 家庭教育交叉分析表

			年龄阶段			合计
			小于 18 岁	18~30 岁	30~45 岁	
家庭教育意见	一致	人数	81	331	293	705
		% within 年龄阶段	55. 5%	66. 9%	73. 3%	67. 7%
	不一致	人数	65	164	107	336
		% within 年龄阶段	44. 5%	33. 1%	26. 8%	32. 3%

注：卡方值 15. 768，P 值 0. 000。

从合计栏的数据显示，在全部样本中，家庭教育一致与不一致的比例分别为 67. 7%与 32. 3%，但不同年龄阶段的比例显示，小于 18 岁的犯罪人家庭教育一致比例为 55.5%，显著低于平均比率 67. 7%，30~45 岁组的比例为 73. 3%，高于平均比率 67. 7%；而家庭教育不一致的情况，小于 18 岁组犯罪人的比例为 44. 5%，显著高于平均比率 32. 3%，30~45 岁的比例为 26. 8%，低于平均比率 32. 3%。此结果显示，家庭教育意见是否一致与犯罪人年龄阶段有关联，年龄越小家庭教育意见不一致的情况越多。

3. 家庭是否和睦的差异性分析

父母或抚养人在日常生活中经常吵架或相互关系冷淡，会造成子女心理不安全感，有的小孩因此离家出走，亦可能破坏亲子关系或影响了家庭功能的发挥，两种情况都可能会使小孩加入不良社会群体中去。三个年龄段犯罪人在家庭和睦因子上的卡方检验结果如表 3 所示。卡方值为 16. 418，达 0. 001 的显著水平。

表 3　家庭是否和睦交叉分析表

			年龄阶段			合计
			小于 18 岁	18~30 岁	30~45 岁	
家庭是否和睦	和睦	人数	81	322	290	693
		% within 年龄阶段	54.7%	64.5%	72.5%	66.2%
	吵架	人数	67	177	110	354
		% within 年龄阶段	45.3%	35.5%	27.5%	33.8%

注：卡方值 16.418，P 值 0.000。

从合计栏的数据显示，在全部样本中，家庭是否和睦的比例分别为 66.2%与 33.8%，但不同年龄阶段的比例显示，小于 18 岁的犯罪人家庭和睦一致比例为 54.7%，显著低于平均比率 66.2%，30~45 岁组的比例为 72.5%，高于平均比率 66.2%；而家庭争吵的情况，小于 18 岁组犯罪人的比例为 45.3%，显著高于平均比率 33.8%，30~45 岁的比例为 27.5%，低于平均比率 33.8%。此结果显示，家庭是否和睦与犯罪人年龄阶段有关联，年龄越小家庭不和睦的情况越多。

4. 父母是否打骂的差异性分析

子女犯错误，父母或其中一方非打即骂，这种粗暴型的教育方式与青少年犯罪行为有关。三个年龄段犯罪人在犯错后是否被打骂的卡方检验结果如表 4 所示。卡方值为 26.075，达 0.001 的显著水平。

表 4　对子女是否打骂交叉分析表

			年龄阶段			合计
			小于 18 岁	18~30 岁	30~45 岁	
有无打骂	无	人数	52	244	239	535
		% within 年龄阶段	36.1%	48.7%	59.8%	51.2%
	有	人数	92	257	161	510
		% within 年龄阶段	63.9%	51.3%	40.3%	48.8%

注：卡方值 26.075，P 值 0.000。

从合计栏的数据显示，在全部样本中，子女犯错父母无打骂与有打骂的比例分别为 51.2%与 48.8%，但不同年龄阶段的比例显示，小于 18 岁的犯罪人家庭有打骂的比例为 63.9%，显著高于平均比率 48.8%，30~45 岁组的比例为 40.3%，低于平均比率 48.8%；而父母对子女无打骂的情况，小于 18 岁组犯罪人的比例为 36.1%，显著低于平均比率 51.2%，30~45 岁组的比例为 59.8%，高于平均比率 51.2%。此结果显示，父母是否打骂与犯罪人年龄阶段有关联，年龄越小子女犯错时父母打骂的情况越多。

5. 家庭经济状况的差异性分析

违法犯罪人的家庭经济状况在不同年龄阶段犯罪人中是否有差异，所作的卡方检验结果如表 5 所示。卡方值 0.774，没有达到显著性差异。这表明家庭经济状况在不同年龄组犯罪人身上中没有差异，不管是中年犯罪人还是少年犯罪人，他们认为自己家庭的经济状况差不多，因而家庭经济差也许不是造成他们去犯罪的影响因素。

表 5　家庭经济交叉分析表

			年龄阶段			合计
			小于 18 岁	18~30 岁	30~45 岁	
家庭经济	好+温饱	人数	135	474	377	986
		% within 年龄阶段	92.5%	94.4%	93.8%	93.9%
	差	人数	11	28	25	64
		% within 年龄阶段	7.5%	5.6%	6.2%	6.1%

注：卡方值 0.774，P 值 0.679。

6. 父亲文化程度的差异性分析

不同年龄段犯罪人其父亲的文化程度有何差异，作卡方检验结果如表 6 所示。卡方值为 8.753，达 0.05 的显著性水平。

表 6　犯罪人父亲文化程度交叉分析表

			年龄阶段			合计
			小于 18 岁	18~30 岁	30~45 岁	
父亲文化程度	初中以下含	人数	143	441	360	944
		% within 年龄阶段	96.6%	88.4%	89.6%	90.0%
	初中以上	人数	5	58	42	105
		% within 年龄阶段	3.4%	11.6%	10.4%	10.0%

注：卡方值 8.753，P 值 0.013。

从合计栏的数据显示，在全部样本中，父亲文化程度在初中以上与初中以下的比例分别为 90.0%与 10.0%，但不同年龄阶段的比例显示，小于 18 岁的犯罪人父亲初中（含）文化以下的比例为 96.6%，显著高于平均比率 90.0%，而 18~30 岁组与 30~45 岁组的比例分别为 88.4%与 89.6%，略低于平均比率 90.0%；父亲文化程度在初中以上的情况，小于 18 岁组犯罪人的比例为 3.4%，显著低于平均比率 10.0%，而 18~30 岁组与 30~45 岁组的比例分别为

11.6%与10.4%，略高于平均比率10.0%。此结果显示，父亲文化程度高低与犯罪人年龄阶段有关联，小于18岁的犯罪人其父亲文化程度低的情况显著多于其他年龄段。

7. 母亲文化程度的差异性分析

不同年龄段犯罪人其母亲的文化程度有何差异，作卡方检验结果如表7所示。卡方值为4.970，没有达到显著性差异。这表明不同年龄犯罪人其母亲的文化程度差不太多，或者说母亲的文化程度对子女是否会犯罪影响不显著。

表7　犯罪人母亲文化程度交叉分析表

			年龄阶段			合计
			小于18岁	18~30岁	30~45岁	
母亲文化程度	初中以下含	人数	133	438	349	920
		% within 年龄阶段	97.1%	92.2%	94.6%	93.8%
	初中以上	人数	4	37	20	61
		% within 年龄阶段	2.9%	7.8%	5.4%	6.2%

注：卡方值4.970，P值0.083。

8. 父母是否犯罪的差异性分析

父母犯罪会由于其犯罪性而使子女更容易去实施犯罪行为。不同年龄组犯罪人在父母是否犯罪的卡方检验结果如表8所示。卡方值为24.147，达0.001的显著水平。

表 8 父母有无犯罪交叉分析表

			年龄阶段			合计
			小于 18 岁	18~30 岁	30~45 岁	
父母是否犯罪	无	人数	133	475	399	1007
		% within 年龄阶段	89.9%	94.1%	99.0%	95.4%
	有	人数	15	30	4	49
		% within 年龄阶段	10.1%	5.9%	1.0%	4.6%

注：卡方值 24.147，P 值 0.000。

从合计栏的数据显示，在全部样本中，父母无犯罪与有犯罪的比例分别为 95.4%与 4.6%，但不同年龄阶段的比例显示，小于 18 岁的犯罪人父母没有犯罪的比例为 89.9%，显著低于平均比率 95.4%，30~45 岁组的比例为 99.0%，高于平均比率 95.4%；父母有犯罪的情况，小于 18 岁组犯罪人的比例为 10.1%，显著高于平均比率 4.6%，30~45 岁组的比例为 1.0%，显著低于平均比率 4.6%。此结果显示，父母是否犯罪与犯罪人年龄阶段有关联，年龄越小其父母有犯罪的情况越多。

（二）犯罪人学校变量差异性分析

1. 学校教育的差异性分析

学校教育是人成长中的重要一环，特别是一个人犯错误时，能够给予及时有效的学校教育，是极为重要的。因为学校教育工作者是经过专门训练的专业教育者，不管是知识，还是教育技能，一般都优于父母等抚养人。这也是他们的职责所在。那么，随着时间的发展，学校教育从犯罪人角度看是怎么一个发展变化的状况呢？卡方检验结果如表 9 所示。卡方值为 12.021，达 0.01 的显著性差异。

表 9 学校思想文化教育情况交叉分析表

			年龄阶段			合计
			小于 18 岁	18~30 岁	30~45 岁	
学校教育	有文化思想双教育	人数	34	148	150	332
		% within 年龄阶段	23.3%	29.4%	37.4%	31.6%
	无教育+讲道理	人数	112	355	251	718
		% within 年龄阶段	76.7%	70.6%	62.6%	68.4%

注：卡方值 12.021，P 值 0.002。

从合计栏的数据显示，在全部样本中，老师“有文化思想双教育”与“无教育+讲道理”① 的比例分别为 31.6%与 68.4%，但不同年龄阶段的比例显示，小于 18 岁的犯罪人认为老师有文化思想双教育的比例为 23.3%，显著低于平均比率 31.6%，30~45 岁组的比例 37.4%，高于平均比率 31.6%；老师“没什么教育或只是讲道理”，小于 18 岁组犯罪人的比例为 76.7%，显著高于平均比率 68.4%，30~45 岁组的比例为 62.6%，低于平均比率 68.4%。此结果显示，学校教育状况与犯罪人年龄阶段有关联，犯罪人年龄越小认为学校有文化思想教育的比例越低，认为学校没什么思想教育的比例越高。

2. 犯罪人成绩变化的差异性分析

犯罪人在校学习期间成绩变化有三种情况：好变差、差变好与一直没多大变化。对前两种情况的卡方检验结果如表 10 所示。卡方值为 23.947，达 0.001 的显著性水平。

---

① 对犯罪人调查结果显示，老师在学生犯错误后的“讲道理”跟“没什么思想教育”差不多，因此把两种情况合并一起统计。参见邵晓顺：《违法犯罪人员家庭学校教育与早年不良行为关系研究》，载《犯罪与改造研究》2012 年第 3 期。

表 10 犯罪人成绩变化的交叉分析表

			年龄阶段			合计
			小于 18 岁	18~30 岁	30~45 岁	
成绩变化	差变好	人数	69	250	254	573
		% within 年龄阶段	47.9%	50.5%	65.5%	55.8%
	好变差	人数	75	245	134	454
		% within 年龄阶段	52.1%	49.5%	34.5%	44.2%

注：卡方值 23.947，P 值 0.000。

从合计栏的数据显示，在全部样本中，学习成绩由差变好的平均比例为 55.8%，由好变差的平均比例为 44.2%，但不同年龄阶段的比例显示，小于 18 岁的犯罪人成绩由差变好的比例为 47.9%，显著低于平均比率 55.8%，30~45 岁组的比例为 65.5%，高于平均比率 55.8%；成绩由好变差，小于 18 岁组犯罪人的比例为 52.1%，显著高于平均比率 44.2%，30~45 岁组的比例为 34.5%，显著低于平均比率 44.2%。此结果显示，犯罪人学习成绩变化与犯罪人年龄阶段有关联，年龄越小其成绩由好变差的情况越多。

（三）犯罪人交友情况差异性分析

1. 有无犯罪朋友的差异性分析

一个人交往的朋友中有没有犯罪的，对该个体是否会犯罪影响作用巨大。对不同年龄阶段犯罪人在未犯罪之前交往的朋友中是否有犯罪朋友的卡方检验结果如表 11 所示。卡方值为 14.588，达 0.001 的显著性水平。

表 11 有无犯罪朋友交叉分析表

			年龄阶段			合计
			小于 18 岁	18～30 岁	30～45 岁	
犯罪朋友	无	人数	72	313	263	648
		% within 年龄阶段	51.1%	62.6%	69.0%	63.4%
	有	人数	69	187	118	374
		% within 年龄阶段	48.9%	37.4%	31.0%	36.6%

注：卡方值 14.588，P 值 0.001。

从合计栏的数据显示，在全部样本中，犯罪人犯罪之前没有犯罪朋友的平均比例为 63.4%，有犯罪朋友的平均比例为 36.6%，但不同年龄阶段的比例显示，小于 18 岁的犯罪人无犯罪朋友的比例为 51.1%，显著低于平均比率 63.4%，30～45 岁组的比例 69.0%，高于平均比率 63.4%；有犯罪朋友的，小于 18 岁组犯罪人的比例为 48.9%，显著高于平均比率 36.6%，30～45 岁组的比例为 31.0%，低于平均比率 36.6%。此结果显示，犯罪人在未犯罪前是否有犯罪朋友与犯罪人年龄阶段有关联，年龄越小其朋友中有犯罪朋友的比例越高。

2. 是否有知心朋友的差异性分析

不同年龄段犯罪人在是否有知心朋友上有何差异，作卡方检验结果如表 12 所示。卡方值为 3.653，没有显著性差异。这表明不同年龄犯罪人其知心朋友情况差不太多，或者说是否有知心朋友对他们是否犯罪影响不显著。

表 12　是否有知心朋友交叉分析表

			年龄阶段			合计
			小于 18 岁	18~30 岁	30~45 岁	
知心朋友	无	人数	77	216	186	479
		% within 年龄阶段	51.3%	42.7%	45.9%	45.1%
	有知心朋友	人数	73	290	219	582
		% within 年龄阶段	48.7%	57.3%	54.1%	54.9%

注：卡方值 3.653，P 值 0.161。

（四）早年不良行为数的差异性分析

犯罪人早年（中小学或相当于中小学阶段的年龄段）不良行为（经常抽烟、偷窃、考试作弊、经常撒谎、经常上网、曾多次通宵上网、多次打架、有过性行为、赌博、多次逃学、酗酒、欺负同级或低年龄同学、离家出走、吸毒 14 项）在三个年龄阶段的状况如表 13 所示。

表 13　不同年龄段犯罪人早年不良行为数方差分析表

	年龄段	人数	均值	标准差	F
小学不良行为数	小于 18 岁	147	3.9456	2.65294	104.458***
	18~30 岁（含）	500	2.2960	2.38238	
	30~45 岁	391	1.0512	1.46670	
	总数	1038	2.0607	2.33360	
中学不良行为数	小于 18 岁	134	4.6791	2.93437	124.138***
	18~30 岁（含）	482	3.1784	2.86663	
	30~45 岁	375	1.1573	1.59689	
	总数	991	2.6165	2.76564	

注：*** P<0.001。

表13结果表明，不同年龄段犯罪人在中小学阶段其不良行为存在状况有极其显著的差异。对这种差异作LSD后溯检验，结果是：不管是小学阶段还是中学阶段（或者是相当于这两个阶段的年龄期间），小于18岁组犯罪人的早年不良行为数显著多于18~30岁组，同时还显著多于30~45岁组，而18~30岁组的早年不良行为数又显著多于30~45岁组。换言之，随着犯罪人年龄组的减小，早年不良行为越来越多。

四、讨论

（一）家庭教育的历史变迁

犯罪人年龄加上20岁大约是他们父母的年龄，那么三组父母的年龄分别是：18岁以下组父母在38岁以下，即出生于1973年后，是在改革开放时期成长起来的一代父母；18~30岁组父母的年龄在38~50岁，即出生于1961~1973年，是在“文化大革命”期间和改革开放初中期成长起来的一代父母；30~45岁组父母年龄在50~65岁，即出生于1946~1960年，主要是新中国成立前后到“文化大革命”期间成长起来的一代父母。从犯罪人家庭与学校教育的差异性，是否可以来推断他们父母所受教育的差别性。犯罪虽然是多因素作用的结果，但犯罪人家庭却是其中重要的影响因素。调查结果显示，犯罪人年龄越小，他们曾经受的家庭不良教养方式的比例越高，父母或（与）（外）祖父母之间教育意见不一致、家庭不和睦、对子女打骂以及父母也犯罪的情况越多。因此，从犯罪人角度分析，随着时间的推移，从新中国成立到改革开放30多年以来，越来越多的家庭出现了家庭教育技能的退行、家庭成长氛围与环境的不良，家庭作为孩子第一任教师的作用越来越差，这种情况让人担忧。需要政府与社会相关管理部门对家庭教育建设进行有效的指导，家庭教育规划应当提上议事日程。据报道，2012年杭州市政府将发布《杭州市家庭教育工作“十二五”规划》,[①] 这是一个面向杭州200余万户家庭和110万名儿童五年间的家庭教育方案。这次的调查数据表明，这样的工作确有其必要性。

（二）学校教育的发展变化

本次调查结果显示，犯罪人认为学校没什么思想教育的人数是认为学校有思想教育人数的两倍还多；而且犯罪人年龄越小认为学校有思想文化双教育的比例越低，认为学校没什么思想教育的比例越高。因此，从犯罪人角度分析，新中国成立以来特别是改革开放以来，我国基础教育在取得巨大成绩的同时，学校功能发挥不佳的问题越来越严重，呈现出成绩与问题两极分化现象。任何一个承担基础教育的学校，至少有两方面的功能：知识传授与思想品德教育。认为我国的学校没有思想品德教育，那是不客观、不准确的，但是对学校中的少部分人，特别是犯了错误、成绩又不佳的学生，学校可能就放弃了对他们深入细致的教育，而这部分人往往是最需要进行思想品德教育与专门的学习辅导的。放弃了他们，往往会把他们推向社会的对立面。严峻的情况是，从对犯罪人的调查数据看，这种现象却是越来越多地存在而不是相反。

（三）犯罪人早年不良行为的发展性

本次调查显示，随着犯罪人年龄组的减小，早年不良行为越来越多。家庭、学校教育的偏差，可能还有社会管理中的问题如网络与传媒的管理指导不到位等，可能是造成少年人越来越多不良行为的诱因。早年不良行为是成年后违法犯罪行为的预演或犯罪行为的种苗，不加以阻断或扶正，非常容易发展成为违法犯罪行为。而且不良行为的堆积具有累积与增大效应，使成长过程中以及成年后更易诱发犯罪行为。因此，这种不良行为增多的趋势是令人担忧的现象，需要引起家长、老师、社会的更多关注，从而更多地去监督与纠正，更好地去帮助那些有问题的少年人，以促使他们能够健康成长。

---

① 《都市快报》2012年1月31日。

五、结论

（1）从犯罪人角度看，从新中国成立到改革开放 30 多年以来，随着时间的推移越来越多的家庭出现了家庭教育技能的退行，家庭成长氛围与环境影响的不良现象更为多见。越来越严重的家庭教育偏差可能是我国犯罪现象增多的原因之一。

（2）从犯罪人角度分析表明，对后进学生的思想教育不足现象不断增多。这可能是造成我国犯罪现象增多的又一个原因。

（3）从新中国成立到现在，犯罪人早年不良行为越来越多。

参考文献（略）

附　录

SPSS 应用基础

关于 SPSS 应用基础，主要介绍这样几个部分：SPSS 数据资料的输入与编辑、数据文件的整理、对数据进行分类汇总和对数据进行变换和计算等。当调查数据通过上述步骤的处理，就为开展 SPSS 统计分析做好了准备。下面分别予以介绍。

一、数据资料的输入

要把数据输入 SPSS 中，首先应当定义变量。定义变量即要定义变量名、变量类型、变量长度（小数点位数）、标签和变量值标签等。在 SPSS10.0 for Windows 中，定义变量是一个较为简单的事。其步骤是：

1. 打开 SPSS 统计软件包，进入 Untitled - SPSS Data Editor 界面，即数据编辑界面（请注意，这个界面是进行各项 SPSS 操作的基本界面，要对数据进行编辑、整理、汇总、计算以及进行统计分析时，都要从此界面开始。有时此界面又称为“主菜单”）。

2. 光标对准主画面 Data Editor 的左下方的“Variable View”（变量视图）按钮，单击鼠标左键，打开定义变量对话框。

3. 在定义变量对话框中，把鼠标光标置于第一列“Name”（变量名）的第一行，就可以输入变量名。系统默认的变量名不多于8个字符，即4个汉字。例如，“性别”、“年龄”、“学历”、“月收入”、“犯罪类型”、“SAS得分”、“消极应对”，等等。输入上述变量名之后，在这一行后面的任一空格用鼠标一点，即出现系统默认的变量属性。

在小型研究中，由于数据较少，仅输入变量名即可，其他可用系统默认的变量属性。不过，由于输入SPSS的一般都是一些数值，而这些数值代表的意义需要加以说明，这个功能在“Values”（变量值标签）中。

对变量所赋的值作说明（定义变量值标签）的方法是：单击已定义的变量如“性别”这一行中“Values”下的空格，空格里出现“None…”点击“…”即出现“Value Labels”对话框。在对话框光标闪烁处输入数值如1（“Value Labels”对话框最上面的空格）；鼠标点击下面的空格，输入“男”，此时原来隐藏的“Add”变黑；点击“Add”按钮，即出现：1.00=“男”。然后光标自动又回到最上的空格，输入2；鼠标再点击下面的空格，输入“女”，原来隐藏的“Add”又变黑；点击“Add”按钮，即出现：2.00=“女”。然后点击“OK”，系统自动回到“Variable View”变量定义对话框。此时，在已定义的变量这一行“Values”下的空格中出现了一对大括号，括号中是“1.00，男”，表明对变量的标签已设置完成。如果发现变量值标签定义错了，那么需要再回到“Value Labels”对话框，点击错误的标签，此时，“Remove”由隐藏变黑，点击Remove，定义的标签值消失，然后按上述步骤重新输入正确的标签即可。

小型研究看到上面即可以，下面这段话不用看。但对一个较大型的研究，还需要注意对变量宽度进行定义。定义变量宽度结合到下面一起说，即对定义变量再补充以下几点。

一方面，变量的类型有八种可供选择。分别是标准数值型（Numeric）、带逗点的数值型（Comma）、逗点作小数点的数值型（Dot）、科学记数法（Scientific Notation）、日期型（Date）、带美元符号的数值型（Dollar）、自定义型（Custom Currency）、字符型（String）。系统默认的变量类型为标准数值型。

另一方面，定义变量宽度。系统默认的标准数值型变量的宽度：总宽度为8，小数位数为2。要改变其宽度，只要点击该变量后的“Width”与“Decimals”下的空格，在出现的向上或向下的箭头上点击即可实现减小宽度或增大宽度以及对小数进行调整的目的。定义变量宽度的意义在于，对于大型的研究，由于数据量庞大，如果变量宽度定得过宽，将使SPSS运行速度减慢，合适的变量宽度，可以减少内存，增加运行速度。

当定义好变量，接下来就是输入数据。数据输入有两种方式，一是直接在数据编辑窗口SPSS Data Editor界面中输入原始数据；二是从其他类型文件中调用（读取）数据。下面分别予以介绍。

1. 直接输入数据

定义好变量后，就可以输入该变量的数据了。直接在变量名下的单元格内输入数据，输完一个值后，按回车键或上下移动键，一个个依次输入即可。在这里，还可以分为两种情况，一种输入方式是一个一个变量地输入，即输完一个变量的数据再输另一个变量，直到全部输入为止；另一种输入方式是按调查对象（被试）来输，即一份调查问卷一次输完，输完一份再输另一份。一般采用后一种输入方式。

输入数据后，还要保存数据。SPSS中保存数据的操作与Word环境下保存文件的操作类似。选择文件保存路径与文件名即可实现数据保存工作。

2. 从其他数据文件中读入数据

由于一般读者对Excel操作及操作后的结果（文件）较为熟悉，在此仅介绍从Excel文件中如何调用数据。其步骤是：

第一步：单击“File”→“Open”→“Data”，打开Open File对话框，先在“搜寻（I）”搜寻范围中确定Excel文件存放地，然后在对话框下方“文件类型（T）”中选择“Excel（*.xls）”

文件类型，即在文件显示框中出现需要调入 SPSS 的数据文件。

第二步：点击要调入的 Excel 文件，则该 Excel 文件即到“文件名（N）”后的空格中。

第三步：点击“打开”按钮，出现了“Open Excel Data Source”对话框。如果数据文件已经在“Worksheet”中，则点击“OK”即可，如果数据文件不在“Worksheet”中，则要点击该空格后面向下的箭头进行选择。

第四步：点击“OK”，数据就被调入（读取）SPSS 中。

由于在 Excel 中输入和编辑数据要比在 SPSS 中更为方便，因此，上述方法希望读者掌握。不过，读入 SPSS 后，要对读入后的数据文件中的变量进行定义，同时，要进行保存数据的操作。

讲到了保存数据的操作，再作一点提醒。

SPSS 中保存文件有两个命令。一个是“Save”（保存），另一个是“Save as”（另存为）。当定义好了变量，切换到“SPSS Data Editor”数据编辑界面，建议此时就应当运用“Save”（保存）去建立一个数据文件，不要等输完了数据才去建立数据文件。因为建立 SPSS 的数据文件之后，每输入一些数据，即可以也应当随时进行保存。随时保存，这是一个好的习惯，希望读者领会这一点。另外，当读者要对数据文件进行一系列的输入数据操作时，建议采用“Save as”（另存为），把数据文件另存为一个文件后，再进行操作。这样万一出现差错，还有原始数据。否则，直接在输入的原始数据中进行操作，一旦操作有误，就有可能无法恢复了。

二、SPSS 数据文件的编辑

对 SPSS 数据文件进行编辑，包括增加、删除一个变量（Variable）或记录（Case）以及对数据的剪切、复制与粘贴。

1. 增加（或插入）一个变量（Variable）或记录（Case）

如果在现存变量右边界的右面再增加一个变量，或者是在已经存在的变量之间插入一个变量，只要把光标定位于最右边一个变量右面一个变量列上或者是把光标定位于新变量要占据的那一列的任意行上，单击鼠标键。

单击主菜单中的“Data”项，展开下拉菜单。在下拉菜单中选择“Insert Variable”，单击鼠标键。这样就在希望插入变量的地方增加了一个新变量，而原来占据此位置的变量及其右侧的变量右移。要插入几个变量，重复上述步骤即可。对插入的变量要进行命名和定义，这一点别忘了。

增加一个记录与增加一个变量的操作过程有些类似。具体操作步骤是：把光标置于要插入记录的一行中任意一个单元格；单击主菜单中的“Data”项，展开下拉菜单；在下拉菜单中选择“Insert Case”，单击鼠标键。这样就在选中的一行上方增加了一个空行。可以在此行上输入一份调查数据。

2. 删除一个变量（Variable）或记录（Case）

其步骤是：把光标置于选定的变量或记录序号上，单击鼠标键；单击主菜单的“Edit”，展开下拉菜单；在下拉菜单中选择“Cut”项，单击鼠标键，选中的变量或记录暂时消失（存入剪贴板），还可以用“Paste”命令恢复；如果用鼠标键单击“Clear”，则为不可恢复的删除；但可用“Edit”下的“Undo”选项来恢复。

3. 数据的剪切、复制与粘贴

对于数据（变量或记录）的剪切、复制与粘贴，其操作与Word环境下的操作基本一样，操作者可借助于鼠标右键，非常方便地实现这些功能。

三、数据文件的整理

1. 对数据进行排序

有时需要对调查数据进行排序，如按年龄大小排列，或者是既要按年龄大小排列，还要再按文化程度高低进行排列，等等。这项任务在“Sort Cases”中完成。其步骤是：

第一步：在主菜单中单击“Data”项，展开“Data”的下拉菜单。

第二步：在下拉菜单中选择“Sort Cases”项，打开“Sort Cases”对话框。

第三步：在对话框左边的源变量框中选择想要进行排序的一个或数个变量，选中后单击对话框中间的向右箭头按钮使之移到右面的 Sort by 下面的矩形框中。请注意，如果选择了两个以上的排序变量，数据排序的结果与变量在 Sort by 栏的顺序有关。数据将首先按照列在首位的变量进行排序，然后再按列在第二位的变量进行排序，依此类推。

第四步：在“Sort Cases”对话框右下的“Sort Order”进行选择，其中“Ascending”为升序排列，“Descending”为降序排列。系统默认为升序排列。可对每个变量进行升序或降序的选择。

第五步：最后单击“OK”即可实现数据的排序。

2. 合并数据文件

这是指把两个或数个数据文件合并为一个。合并数据文件有两种类型：增加变量（Variable）或增加记录（Case）。这儿的增加变量或记录与前面的“增加（或插入）一个变量（Variable）或记录（Case）”不同，前面是增加一个“空”的变量或记录，在这里是把一个数据文件“增加”到另一个数据文件中去。

增加变量和增加记录有所差异，分开叙述。

增加变量的步骤：

第一步：从“Data”→“Merge files”→“Add Variables”，进入“Add Variables：Read File”读取外部文件增加变量（数据横向合并）对话框。

其中“文件名”栏：放入外部文件名。“文件类型”栏：选择外部文件类型。

第二步：选好外部文件后点击“打开”按钮，弹出“Add Variables from”对话框。在对话框中，左侧为 Excluded Variables 栏，即拒绝变量栏，外部文件与当前数据的同名变量被拒绝增加到新文件中，其他变量进入“New Working Data File”栏。

第三步：单击“OK”按钮，即完成数据合并过程。

要合并数个数据文件，重复上述过程即可。

最后别忘了对合并形成的新的数据文件进行保存。

增加记录的步骤：

第一步：从“Data”→“Merge files”→“Add Case”，进入“Add Case：Read File”读取外部文件增加记录（数据纵向合并）对话框。

其中“文件名”栏：放入外部文件名。“文件类型”栏：选择外部文件类型。

第二步：选好外部文件后点击“打开”按钮，弹出“Add Case from”对话框。在对话框中，左侧为 Unpaired Variables 栏，即不匹配变量栏，指两个文件中变量名相同但变量定义不同的变量，或者是变量名亦不同的变量。右侧为“Variables in New Working Data File”栏，即“新数据文件变量”栏，变量名相同并且变量定义相同的变量进入该栏，两个文件中的这些记录能够被合并。

第三步：单击“OK”按钮，两个数据文件被合并。

不过合并后的数据文件仅保留“变量名相同且变量定义相同”的变量数据，其他数据丢失。如果强行把左边的不匹配变量放到“新数据文件变量栏”，虽然数据能够被保留下来，但在新数据文件中是两个不同的变量，不能合并到一个变量中去。

因此，在合并两个数据文件的记录时，需要特别提醒读者，合并的数据文件中的变量一定要匹配。匹配的意思是：变量名相同，而且变量的定义相同，两者中一个条件不能满足，就是不匹配的变量，不能被合并。有时，变量名看似相同，如都是“性别”，但是不能被合并，可能的原因是，一个“性别”后没有空格，一个“性别”后随手打了一个空格，这样的两个变量也是不匹配变量，不能被合并。还有就是，都是“性别”变量，但是变量定义不一致，如一个“性别”变量宽度为8，另一个“性别”变量宽度为6，亦是不匹配变量，变量记录不能被合并。

四、数据的分类汇总

打开数据文件后，对数据的分类汇总步骤如下：

第一步：打开“Data”菜单，选择“Aggregate”，展开Aggregate Data对话框。

第二步：在Aggregate Data对话框中左侧的源变量框中选择一个或数个变量进入分类变量“Break Variable［s］”框中。

第三步：在Aggregate Data对话框中左侧的源变量框中选择一个或数个变量作为要求汇总的变量进入汇总变量“Aggregate Variable［s］”框中，即要求对这些变量的值进行分类汇总。

第四步：点击“Name & Label”（名称与标签）按钮，可以对分类汇总后所生成的新变量进行命名及标签定义。命名好新变量及定义好标签，单击“Continue”按钮返回Aggregate Data对话框。

如果不点击该选择项，则系统对每个新变量赋予的变量名均为对应的原始变量名后面加下划线和数字1。

第五步：单击“Function”（函数）按钮，展开Aggregate Data：Aggregate Function对话框。该选项可以确定汇总变量的描述内容，包括“Mean of value”（分类汇总变量的算术平均数）、“Sum of value”（分类汇总变量的所有数值之和）等8个函数，以及统计大于或小于某设定数值的记录所占的百分比和在设定的两个数值之间的记录的百分比等。系统默认的函数为平均数。选择函数完成后，单击“Continue”按钮返回Aggregate Data对话框。

第六步：在Aggregate Data主对话框，选择“Create new data file”选项（系统默认选项），激活“file”按钮，单击此按钮，展开一个对话框。在对话框中可以指定保存新数据文件的路径和文件名。单击“保存”，返回主对话框，指定的数据文件的文件名和路径显示在“file”按钮后面。

第七步：单击“OK”按钮，执行汇总功能。

五、数据的变换和计算

在数据编辑窗口 SPSS Data Editor 界面中的 Transform 中完成。介绍其中的两个功能。

1. Compute（计算）过程

这是一个非常有用的功能，如要对原始数据乘以某一数值后新生成一个变量，或者是某些变量进行相加减后产生一个新变量，又或者是知道了调查对象的出生日期，要计算其年龄等，都可以在 Compute 中完成。

具体操作过程是：

第一步：打开数据文件后，从“Transform”→“Compute”，进入 Compute Variable 对话框。

第二步：假如要对青少年犯罪人的焦虑自评测验（SAS）得分（变量名为“焦虑得分”）乘以 10，以得到一个新变量“焦虑 1”。其操作是，在对话框左上角的“Target Variable”中输入新变量名“焦虑 1”，然后选中原变量“焦虑得分”，点击对话框中间向右的箭头，使“焦虑得分”进入 Numeric Expression 栏中，再点击对话框中间面板上的按钮“＊”、“1”与“0”，使它们在 Numeric Expression 栏形成表达式“焦虑得分＊10”。

第三步：单击“OK”按钮，即得到新变量“焦虑 1”。

2. Recode 过程

数据的重新编码过程。

如要将年龄重新编码：15 岁为 1，16 岁为 2，17 岁为 3；或者是测验（如卡特尔十六项人格因素测验）中有的测验题要反向计分，原来 2 分的在实际计算时为 0 分，原来 0 分的在实际计算时为 2 分等情况，都可以用 Recode 过程来实现。

具体操作步骤是：

第一步：打开数据文件后，从“Transform”→“Recode”，此时有两种选择："Into Same Variables" 和 "Into Different Variables"。前者指重新编码后仍用原来的变量名，此时原变量将被替换，后者重新编码后不用原来的变量名，则产生一个新的变量。

第二步：在 "Recode into Same Variables" 对话框中，选择左侧变量列表中要重新编码的变量，如 "测验得分"，点击中间向右的箭头，使之进入 Numeric Variables 中，此时，对话框下面的 "Old and New Values" 由原来的隐藏变成黑。

第三步：点击 "Old and New Values" 按钮，展开 "Recode into Same Variables：Old and New Values" 对话框。在 "Old Value" 下的 "Value" 右侧输入 "0"，在 "New Value" 下输入 "2"，单击此时已变黑的 "Add" 按钮，在 "Old →New" 下显示 0→2。重复以上操作，可以得到 2→0。单击 "Continue" 按钮返回 "Recode into Same Variables" 对话框。

第四步：单击 "OK" 按钮，就可实现对原测验得分的重新编码。

如果是保留原数据，重新编码后希望产生一个新的变量，则用 "Into Different Variables" 选项，如对年龄进行重新编码，原输入的年龄保留，但对年龄进行分组，18 岁以下为一组，赋值为 1，18 岁以上为另一组，赋值为 2，并产生新变量 "年龄分组"。此时就需要采用 "Into Different Variables" 选项。具体操作过程与 "Into Same Variables" 相同，不过在 "Output Variable" 中要输入新的变量名，并点击 "Change" 按钮产生新的变量。

SPSS16.0 后有了中文版，给我国犯罪与罪犯领域研究者带来了便利。打开 SPSS16.0，最上面一行是 "未标题 1 [数据集 0] — SPSS Statistics 编辑器"；当使用者输入了数据并保存了一个文件，该行则显示数据文件名。第二行是 SPSS 软件的各种操作功能，有 "文件、编辑、视图、数据、转换、分析、图形、实用程序、附加内容、窗口、帮助"。第三行是经常要用到的一些操作功能，如第一个图形是 "打开"，这与 Word 操作系统的含义相同；第二个图形是“保存”，这个图形要建立了数据文件后才能用，也与 Word 操作系统的含义相同；第三个图形是“打印”；第四个图形是一些常用操作与统计分析的按钮，方便使用者操作，如有“双变量相关”、“排序个案”、“交叉表”、“重新编码为其他变量”、“频率”、“计算变量”、“因子分析”、“独立样本 T 检验”、“单因素方差分析”、“逻辑回归”、“多个独立样本检验”、“偏相关”等，都是统计分析中最常用的一些操作与分析；其他一些图形的意义可把鼠标点到该图形，即显示该图形的操作内容，读者可自行查看。最底一行有两个按钮，分别是“数据视图”与“变量视图”。其作用上面已有介绍。

SPSS16.0 操作界面第二行的各个按钮，把鼠标放到该操作按钮，点击鼠标右键，即出现一个下拉“菜单”，如“文件”下拉菜单中有“新建”、“打开”、“打开数据库”、“另存为”、“保存所有数据”、“打印预览”、“打印”等，与 Word 操作界面基本相同，使用者按其意操作即可，非常方便。

附表 1　随机数码表

	00~04	05~09	10~14	15~19	20~24	25~29	30~34	35~39	40~44	45~49
00	88758	66605	33843	43623	62774	25517	09560	41880	85126	60755
01	35661	42832	16240	77410	20686	26656	59698	86241	13152	49187
02	26335	03771	64115	88133	40721	06787	95962	60841	91788	86386
03	60826	74718	56527	29508	91975	13695	25215	72237	06337	73439
04	95044	99896	13763	31764	93970	60987	14692	71039	34165	21297
05	83764	47694	06143	42741	38338	97694	69300	99864	19641	15083
06	27998	42562	65402	10056	81668	48744	08400	83124	19896	18805
07	82686	32323	74625	14510	85927	28017	80588	14756	54937	76379
08	18386	13862	10988	04197	18770	72757	71418	81133	69503	44037
09	21717	13141	22707	68165	58440	19187	08421	23872	03036	34208
10	18446	83052	31842	08634	11887	86070	08464	20565	74399	36541
11	66027	75177	47398	66423	70160	16232	67343	36205	50036	59411
12	51420	96779	54309	87456	78967	79638	68869	49062	02196	55109
13	27045	62626	73159	91149	96509	44204	92237	29969	49315	11804
14	13094	17725	14103	00067	68843	63565	93578	24756	10814	15185
15	92382	62518	17752	53163	63852	44840	02592	88572	03107	90169
16	16251	50809	49326	77232	90155	69955	93892	70445	00906	57002
17	09342	14528	64727	71403	84156	34083	35613	35670	10549	07468
18	38148	79001	03509	79424	39625	73315	18811	86230	99682	82896
19	23689	19997	72382	15247	80205	58090	48804	94548	83693	22799
20	25407	37726	73099	51057	68733	75768	77991	72641	95386	70138
21	25349	69456	19693	85568	93876	18661	69018	10332	83137	88237
22	02322	77491	56095	03055	37738	18216	81781	32245	84081	18436
23	15072	33261	99219	43307	39239	79712	94753	41450	30994	53912
24	27002	31036	85278	74547	84809	36252	09373	69471	15606	77209

续表

	50~54	55~59	60~64	65~69	70~74	75~79	80~84	85~89	90~94	95~99
00	70896	44520	64720	49898	78088	76740	47460	83150	78905	59870
01	56809	42909	25853	47624	29486	14196	75841	00393	42390	24847
02	66109	84775	07515	49949	61482	91836	48126	80778	21302	24975
03	18071	36263	14053	52526	44347	04923	08100	57805	19521	15345
04	98732	15120	91754	12657	74675	78500	01247	49719	47635	55514
05	36075	83967	22268	77971	31169	68584	21336	72541	66959	39708
06	04110	45061	78062	18911	27855	09419	56459	00695	70323	04538
07	75658	58509	24479	10202	13150	95946	55087	38398	18718	95561
08	87403	19142	27208	35149	34889	27003	14181	44813	17784	41036
09	00005	52142	65024	64438	69610	12154	98422	65320	79996	01935
10	43674	47103	48614	40823	78252	82403	93424	05236	54588	27757
11	68597	68874	35567	90468	99671	05634	81533	47406	17228	44455
12	91874	70208	06308	40719	02772	69589	79936	07514	44950	35190
13	73854	19740	53014	29375	62256	77488	74388	53949	49607	19816
14	65926	34117	55344	68155	38099	56009	03515	05926	35584	42328
15	40005	35246	49440	40295	44390	83043	26090	80201	02934	49260
16	46686	29890	14821	69783	34733	11803	64845	32065	14527	38702
17	02717	61518	39583	72863	50797	96115	07416	05041	36756	61065
18	17048	22281	35573	28944	96889	51823	57268	03866	27658	91950
19	75304	53248	42151	93928	17343	88322	28683	11252	10355	65175
20	97844	62947	62230	30500	92816	85232	27222	91701	11057	83257
21	07611	71163	82212	20653	21499	51496	40715	78952	33029	64207
22	47744	04603	44522	62783	39347	72310	41460	31052	40814	94297
23	54293	43576	88116	67416	34908	15238	40561	73940	56850	31078
24	67556	93979	73363	00300	11217	74405	18937	79000	68834	48307

续表

	00~04	05~09	10~14	15~19	20~24	25~29	30~34	35~39	40~44	45~49
25	66181	83316	40386	54316	29505	86032	34563	93204	72973	90760
26	09779	01822	45537	13128	51128	82703	75350	25179	86104	40638
27	10791	07706	87481	26107	24857	27805	42710	63471	08804	23455
28	74833	55767	31312	76611	67389	04691	39687	13596	88730	86850
29	17583	24038	83701	28570	63561	00098	60784	76098	84217	34997
30	45601	46977	39325	09286	41133	34031	94867	11849	75171	57682
31	60683	33112	65995	64203	18070	65437	13624	90896	80945	71984
32	29956	81169	18877	15296	94368	16317	64239	03643	66081	12242
33	91713	84235	75296	69875	82414	05197	96956	13083	46278	73498
34	85704	86588	82837	67822	95963	83021	90732	32661	64751	83903
35	17921	26111	35375	86494	48266	01888	65735	05315	79328	13367
36	13929	76341	80488	89827	48277	07229	71953	16128	65074	28782
37	03248	18880	21667	01311	61806	80201	47889	83052	31029	06023
38	50583	17972	12690	00452	93766	16414	01212	27964	02766	28786
39	10636	46975	09449	45986	34672	46916	63881	83117	53947	95218
40	43896	41278	42205	10425	66560	59967	90139	73563	29875	79033
41	76714	80963	74907	16890	15492	27489	06067	22287	19760	13056
42	22393	46719	02083	64248	45177	57562	49243	31748	64278	05731
43	70942	92042	22776	47761	13503	16037	30875	80754	47491	96012
44	92011	60326	86346	26738	01983	04186	41388	03848	78354	14964
45	66456	00126	45683	67607	70796	04889	98128	13599	93710	23974
46	96292	44248	20898	02227	76512	53185	03057	61375	10760	26889
47	19680	07146	53951	10935	23333	76233	13706	20502	60405	09745
40	67347	51442	24536	60151	05498	64678	87569	65066	17790	55413
49	95888	59255	06898	99137	50871	81265	42223	83303	48694	81953

续表

	50~54	55~59	60~64	65~69	70~74	75~79	80~84	85~89	90~94	95~99
25	86581	73041	95809	73986	49408	53316	90841	73808	53421	82315
26	28020	86282	83365	76600	11261	74354	20968	60770	12141	09539
27	42578	32471	37840	30872	75074	79027	57813	62831	54715	26693
28	47290	15997	86163	10571	81911	92124	92971	80860	41012	58666
29	24856	63911	13221	77028	06573	33667	30732	47280	12926	27276
30	16352	24836	60799	76281	83402	44709	78930	82969	84468	36910
31	89060	79852	97854	28324	39638	86936	06702	74304	39873	19496
32	07637	30412	04921	26471	09605	07355	20466	49793	40529	21077
33	37711	47786	37468	31963	16908	50283	80884	08252	72655	58926
34	82994	53232	58202	73318	62471	49650	15888	73370	89748	69181
35	31722	67288	12110	04776	15168	68862	92347	90789	66961	04162
36	93819	78050	19364	38037	25706	90879	05215	00260	14426	88207
37	65557	24496	04713	23688	26623	41356	47049	60676	72236	01214
38	88001	91382	05129	36041	10257	55558	89979	58061	28957	10701
39	96648	70303	18191	62404	26558	92804	15415	02865	52449	78509
40	04118	51573	59356	02426	35010	37104	98316	44602	96478	08433
41	19317	27753	39431	26996	04465	69695	61374	06317	42225	62025
42	37182	91221	17307	68507	85725	81898	22588	22241	80337	89033
43	82990	03607	29560	60413	59743	75000	03806	13741	79671	25416
44	97294	21997	11217	98087	79124	57275	31088	32085	23089	21498
45	86771	69504	13345	42544	59616	07867	78717	82840	74669	21515
46	26046	05559	12200	95106	56496	76662	44880	89457	84209	01332
47	39689	05999	92200	79024	70271	93352	90272	94495	26842	54477
48	83265	89573	01437	43786	52986	49041	17952	35035	88985	84671
49	15128	35791	11296	45319	06330	82027	90808	54351	43091	30387

续表

	00~04	05~09	10~14	15~19	20~24	25~29	30~34	35~39	40~44	45~49
50	54441	64681	93190	00993	62130	44484	46293	60717	50239	76319
51	08523	75293	84274	95106	89117	65849	41356	65549	78787	50442
52	81067	68052	14270	19718	88499	63303	13533	91882	51136	60828
53	39737	58891	75278	98046	52284	40164	72442	77824	72900	14886
54	34958	76090	08827	61623	31114	86952	83645	91786	29633	78294
55	61417	72424	92626	71952	69709	81259	58472	43409	84454	88648
56	99187	14149	57474	32268	85424	90378	34682	47606	89295	02420
57	13130	13064	36485	48133	35319	05720	76317	70953	50823	06793
58	65563	11831	82402	46929	91446	72037	17205	89600	59084	55718
59	28737	49502	06060	52100	43704	50839	22538	56768	83467	19313
60	50353	74022	59767	49927	45882	74099	18758	57510	58560	07050
61	65208	96466	29917	22862	69972	35178	32911	08172	06277	62795
62	21323	38148	26696	81741	25131	20087	67452	19670	35898	50636
63	67875	29831	59330	46570	69768	36671	01031	95995	68417	68665
64	82631	26260	86554	31881	70512	37899	38851	40568	54284	24056
65	91989	39633	59039	12526	37730	38848	71399	28513	69018	10289
66	12950	31418	93425	69756	34036	55097	97241	92480	49745	42461
67	00328	27427	95474	97217	05034	26676	49629	13594	50525	13485
68	63986	16698	82804	04524	39919	31238	67488	05223	89537	59490
69	55775	75005	57912	20977	35722	51931	89565	77579	93085	06467
70	24761	56877	56357	78809	40748	69727	56652	12462	40528	75269
71	43820	80926	26795	57553	28319	25376	51795	26123	51102	89853
72	66669	02880	02987	33615	54206	20013	75872	88678	17726	60640
73	49944	66725	19779	50416	42800	71733	82025	28504	15593	51799
74	71003	87598	61296	95019	21568	86134	66096	65403	47166	78638

续表

	50~54	55~59	60~64	65~69	70~74	75~79	80~84	85~89	90~94	95~99
50	58649	85086	16502	97541	76611	94220	24987	86718	87208	05426
51	97306	52449	55596	66739	36525	97563	29469	31235	79278	10831
52	09942	79344	78160	11015	55777	22047	57615	15717	86239	36578
53	83842	28631	74893	47911	92170	38181	30416	54860	44120	73031
54	73778	30395	20163	76111	13712	33449	99224	18206	51418	70006
55	88381	56550	47467	59663	61117	39716	32927	06168	06217	45477
56	31044	21404	15968	21357	30772	81482	38807	67231	84283	63552
57	00909	63837	91328	81106	11740	50193	86806	21931	18054	49601
58	69882	37028	41732	37425	80832	03320	20690	32653	90145	03029
59	26059	78324	22501	73825	16927	31545	15695	74216	98372	28547
60	38573	98078	38982	33078	93524	45606	53463	20301	81637	37269
61	70624	00063	81455	16924	12848	23801	55481	78978	26795	10553
62	49806	23976	05640	29804	38988	25024	76951	02041	63219	75864
63	05461	67523	48316	14613	08541	35231	38312	14909	67219	56562
64	76582	62153	53801	51219	30424	32509	89099	83959	68408	20147
65	16660	80470	75062	75588	24384	37870	20018	11428	32265	67692
66	60166	42424	97470	88451	81270	40070	72959	26220	59939	31127
67	28953	03272	31460	41691	57736	52052	22762	96323	27616	53123
68	47536	86439	95210	96386	38704	55484	07426	70675	06888	81203
69	73457	26657	36983	72410	30244	77711	25652	09375	66218	64077
70	11190	66193	66287	09116	48140	37669	02932	50799	17255	06181
71	57062	78964	44455	14036	36098	40773	11688	33150	07459	36127
72	99624	67254	67302	18991	97687	54099	94884	42283	63258	50651
73	97521	83669	85968	16135	30133	51312	17831	75016	80278	68953
74	40273	04838	13661	64757	17461	78085	60094	27010	80945	66439

续表

	00~04	05~09	10~14	15~19	20~24	25~29	30~34	35~39	40~44	45~49
75	52715	04593	69484	93411	38046	13000	04293	60830	03914	75357
76	21998	31729	89963	11573	49442	69467	40265	56066	36024	25705
77	58970	96827	18377	31564	23555	86338	79250	43168	96929	97732
78	67592	59149	42554	42719	13553	48560	81167	10747	92552	19867
79	18298	18429	09357	96436	11237	88039	81020	00428	75731	37779
80	88420	28841	42628	84647	59024	52032	31251	72017	43875	48320
81	07627	88424	23381	29680	14027	75905	27037	22113	77873	78711
82	37917	93581	04979	21041	95252	62415	05937	81670	44894	47262
83	14783	95119	68464	08726	74818	91700	05961	23554	74649	50540
84	05378	32640	64562	15303	13168	23189	88198	63617	58566	56047
85	19640	96709	22047	07825	40583	99500	39989	96593	32254	37158
86	20514	11081	51131	56460	33947	77703	35679	45774	06776	67062
87	96763	56240	81243	62416	84451	14696	38195	70435	45948	67690
88	49439	61075	31558	59740	52759	55323	95226	01385	20158	54054
89	16294	50548	71317	32168	86071	47314	65393	56367	46910	51269
90	31381	94301	79273	32843	05862	36211	93960	00671	67631	23952
91	98032	87203	03227	66021	99666	98363	39222	36056	81992	20121
92	40700	31826	94774	11366	81391	33602	69608	84119	93204	26825
93	68692	66849	29366	77540	14978	06508	10824	65416	23629	63029
94	19047	10784	19607	20296	31804	72984	60060	50353	23260	58909
95	82867	69266	50733	62630	00956	61500	89913	30049	82321	62367
96	26528	28928	52600	72997	80943	04084	86662	90025	14360	64867
97	51166	00607	49962	30724	81707	14548	25844	47336	17492	02207
98	97245	15440	55132	15368	85136	98869	33712	95152	50973	96889
99	54998	88830	95639	45104	72676	28220	82576	57381	34438	24565

续表

	50~54	55~59	60~64	65~69	70~74	75~79	80~84	85~89	90~94	95~99
75	57260	00176	49963	29760	69546	61336	39429	41985	18572	98128
76	03451	47098	63495	71227	79304	29753	99131	18419	71791	81515
77	62331	20492	15393	84270	24396	32962	21632	92965	38670	44923
78	32290	51079	06512	38806	93327	80086	19088	59887	98416	24918
79	28104	80428	92853	31333	32648	16734	43418	90124	15086	48444
80	18950	16091	29543	65817	07002	73115	94115	20271	50250	25061
81	17403	69503	01866	13049	07263	13039	83844	80143	39048	62654
82	27999	50489	66613	21843	71746	65868	16208	46781	93402	12323
83	87076	53174	12165	84495	47947	60706	64034	31635	65169	93070
84	89044	45974	14524	46906	26052	51851	84197	61694	57429	63395
85	98048	64400	24705	75711	36232	57624	41424	77366	52790	84705
86	09345	12956	49770	80311	32319	48238	16952	92088	51222	82865
87	07086	77628	76195	47584	62411	40397	71857	54823	26536	56792
88	93128	25657	46872	11206	06831	87944	97914	64670	45760	34353
89	85137	70964	29947	27795	25547	37682	96105	26848	09389	64326
90	32798	39024	13814	98546	46585	84108	74603	94812	73968	68766
91	62496	26371	89880	52078	47781	95260	83464	65942	99761	53727
92	62707	81825	40987	97656	89714	52177	23778	07482	91678	40128
93	05500	28982	86124	19954	80818	94935	61924	31828	79369	23507
94	79476	31445	59498	85132	24582	26024	24002	63718	79164	43556
95	10653	29954	97568	91541	33139	84525	72271	02546	64818	14381
96	30524	06495	00886	40666	68574	49574	19705	16429	90981	08103
97	69050	22019	74066	14500	14506	06423	38332	34191	82663	85323
98	27908	78802	63446	07674	98871	63831	72449	42705	26513	19883
99	64520	16618	47409	19574	78136	46047	01277	79146	95759	36781

附表 2　相关系数 ρ=0 的临界值表

df=N-2	a=.10	.05	.02	.01
1	.988	.997	.9995	.9999
2	.900	.950	.980	.990
3	.805	.878	.934	.959
4	.729	.811	.882	.917
5	.669	.754	.833	.874
6	.622	.707	.789	.834
7	.582	.666	.750	.793
8	.549	.632	.716	.765
9	.521	.602	.685	.735
10	.497	.576	.658	.708
11	.476	.553	.634	.684
12	.458	.532	.612	.661
13	.441	.514	.592	.641
14	.426	.497	.574	.623
15	.412	.482	.558	.606
16	.400	.468	.542	.590
17	.389	.456	.528	.575
18	.378	.444	.516	.561
19	.369	.433	.503	.549
20	.360	.423	.492	.537
21	.352	.413	.482	.526
22	.344	.404	.472	.515
23	.337	.396	.462	.505
24	.330	.388	.453	.496
25	.323	.381	.445	.487
26	.317	.374	.437	.479
27	.311	.367	.430	.471
28	.306	.361	.423	.463
29	.301	.355	.416	.456
30	.296	.349	.409	.449
35	.275	.325	.381	.418
40	.257	.304	.358	.393
45	.243	.288	.338	.372
50	.231	.273	.322	.354
60	.211	.250	.295	.325
70	.195	.232	.274	.302
80	.183	.217	.256	.283
90	.173	.205	.242	.267
100	.164	.195	.230	.254

附表 3　相关系数 γ 值的 Z_γ 转换表

γ	Z_γ	γ	Z_γ	γ	Z_γ	γ	Z_γ	γ	Z_γ
.000	.000	.200	.203	.400	.424	.600	.693	.800	1.099
.005	.005	.205	.208	.405	.430	.605	.701	.805	1.113
.010	.010	.210	.213	.410	.436	.610	.709	.810	1.127
.015	.015	.215	.218	.415	.442	.615	.717	.815	1.142
.020	.020	.220	.224	.420	.448	.620	.725	.820	1.157
.025	.025	.225	.229	.425	.454	.625	.733	.825	1.172
.030	.030	.230	.234	.430	.460	.630	.741	.830	1.188
.035	.035	.235	.239	.435	.466	.635	.750	.835	1.204
.040	.040	.240	.245	.440	.472	.640	.758	.840	1.221
.045	.045	.245	.250	.445	.478	.645	.767	.845	1.238
.050	.050	.250	.255	.450	.485	.650	.775	.850	1.256
.055	.055	.255	.261	.455	.491	.655	.784	.855	1.274
.060	.060	.260	.266	.460	.497	.660	.793	.860	1.293
.065	.065	.265	.271	.465	.504	.665	.802	.865	1.313
.070	.070	.270	.277	.470	.510	.670	.811	.870	1.333
.075	.075	.275	.282	.475	.517	.675	.820	.875	1.354
.080	.080	.280	.288	.480	.523	.680	.829	.880	1.376
.085	.085	.285	.293	.485	.530	.685	.838	.885	1.398
.090	.090	.290	.299	.490	.536	.690	.848	.800	1.422
.095	.095	.295	.304	.495	.543	.695	.868	.895	1.447
.100	.100	.300	.310	.500	.549	.700	.867	.900	1.472
.105	.105	.305	.315	.505	.556	.705	.877	.905	1.499
.110	.110	.310	.321	.510	.563	.710	.887	.910	1.528
.115	.116	.315	.326	.515	.570	.715	.897	.915	1.557
.120	.121	.320	.332	.520	.576	.720	.908	.920	1.589
.125	.126	.325	.337	.525	.583	.725	.918	.925	1.623
.130	.131	.330	.343	.530	.590	.730	.929	.930	1.658
.135	.136	.335	.348	.535	.597	.735	.940	.935	1.697
.140	.141	.340	.354	.540	.604	.740	.950	.940	1.788
.145	.146	.345	.360	.545	.611	.745	.962	.945	1.783
.150	.151	.350	.365	.550	.618	.750	.973	.950	1.832
.155	.156	.355	.371	.555	.626	.755	.984	.955	1.886
.160	.161	.360	.377	.560	.633	.760	.996	.960	1.946
.165	.167	.365	.383	.565	.640	.765	1.008	.965	2.014
.170	.172	.370	.388	.570	.648	.770	1.020	.970	2.092
.175	.177	.375	.394	.575	.655	.775	1.033	.975	2.185
.180	.182	.380	.400	.580	.662	.780	1.045	.980	2.298
.185	.187	.385	.406	.585	.670	.785	1.058	.985	2.443
.190	.192	.390	.412	.590	.678	.790	1.071	.990	2.647
.195	.198	.395	.418	.595	.685	.795	1.085	.995	2.994

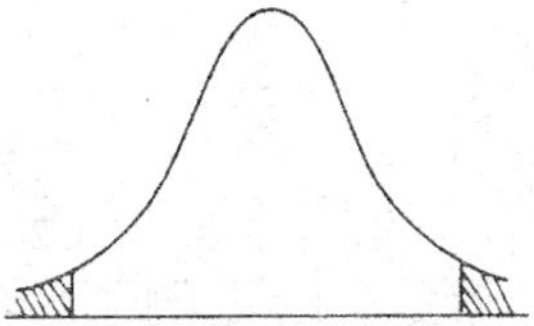

附表 4　t 值表

df	最大 t 值的概率（双侧界限）								
	0.5	0.4	0.3	0.2	0.1	0.05	0.02	0.01	0.001
1	1.000	1.376	1.963	3.078	6.314	12.706	31.821	63.657	636.619
2	.816	1.061	1.386	1.886	2.920	4.303	6.965	9.925	31.598
3	.765	.978	1.250	1.638	2.353	3.182	4.541	5.841	12.941
4	.741	.941	1.190	1.533	2.132	2.776	3.747	4.604	8.610
5	.727	.920	1.156	1.476	2.015	2.571	3.365	4.032	6.859
6	.718	.906	1.134	1.440	1.943	2.447	3.143	3.707	5.959
7	.711	.896	1.119	1.415	1.896	2.365	2.998	3.499	5.405
8	.706	.889	1.108	1.397	1.860	2.306	2.896	3.355	5.041
9	.703	.883	1.100	1.383	1.833	2.262	2.821	3.250	4.781
10	.700	.879	1.093	1.372	1.812	2.228	2.764	3.169	4.587
11	.697	.876	1.088	1.363	1.796	2.201	2.718	3.106	4.437
12	.695	.873	1.083	1.356	1.782	2.179	2.681	3.055	4.318
13	.694	.870	1.076	1.350	1.771	2.160	2.650	3.012	4.221
14	.692	.868	1.076	1.345	1.761	2.145	2.624	2.977	4.140
15	.691	.866	1.074	1.341	1.753	2.131	2.602	2.947	4.073
16	.690	.865	1.071	1.337	1.746	2.120	2.583	2.921	4.015
17	.689	.863	1.069	1.333	1.740	2.110	2.567	2.898	3.965
18	.688	.862	1.067	1.330	1.734	2.101	2.552	2.878	3.922
19	.688	.861	1.066	1.328	1.729	2.093	2.539	2.861	2.883
20	.687	.860	1.064	1.325	1.725	2.086	2.528	2.845	3.850
21	.686	.859	1.063	1.323	1.721	2.080	2.518	2.831	3.819
22	.686	.858	1.061	1.321	1.717	2.074	2.508	2.819	3.792
23	.685	.858	1.060	1.319	1.714	2.069	2.500	2.807	3.767
24	.685	.857	1.059	1.318	1.711	2.064	2.492	2.797	3.745
25	.684	.856	1.058	1.316	1.708	2.060	2.485	2.787	3.725

续表

df	最大t值的概率（双侧界限）								
	0.5	0.4	0.3	0.2	0.1	0.05	0.02	0.01	0.001
26	.684	.856	1.058	1.315	1.706	2.056	2.479	2.779	3.707
27	.684	.855	1.057	1.314	1.703	2.052	2.473	2.771	3.690
28	.683	.855	1.056	1.313	1.701	2.048	2.467	2.763	3.674
29	.683	.854	1.055	1.311	1.699	2.045	2.462	2.756	3.659
30	.683	.854	1.055	1.310	1.697	2.042	2.457	2.750	3.646
40	.681	.851	1.050	1.303	1.684	2.021	2.423	2.704	3.551
60	.679	.848	1.046	1.296	1.671	2.000	2.390	2.660	3.460
120	.677	.845	1.041	1.289	1.658	1.980	2.358	2.617	3.373
∞	.674	.842	1.036	1.282	1.645	1.960	2.326	2.576	3.291
df	0.25	0.2	0.15	0.1	0.05	0.025	0.01	0.005	0.0005
	最大t值的概率（单侧界限）								

附表 5　F 值表(双侧检验)

分母 df	α	分子自由度 df																		
		1	2	3	4	5	6	7	8	9	10	12	15	20	24	30	40	60	120	∞
1	0.05	647.8	799.5	864.2	899.6	921.8	937.1	948.2	956.7	963.3	968.6	976.7	984.9	993.1	997.2	1001.0	1006.0	1010.0	1014.0	1018.0
	0.01	16211.0	20000.0	21615.0	22500.0	23056.0	23437.0	23715.0	23925.0	24091.0	24224	24426.0	24630.0	24836.0	24940.0	25044.0	25148.0	25253.0	25359.0	2546.5
2	0.05	38.51	39.00	39.17	39.25	39.30	39.33	39.36	39.37	39.39	39.40	39.41	39.43	39.45	39.46	39.46	39.47	39.48	39.49	39.50
	0.01	199.5	199.0	199.2	199.2	199.3	199.3	199.4	199.4	199.4	199.4	199.4	199.4	199.4	199.5	199.5	199.5	199.5	199.5	199.50
3	0.05	17.44	16.04	15.44	15.10	14.88	14 73	14.62	14.54	14 47	14.42	14.34	14.25	14.17	14.12	14.08	14.04	13.99	13.95	13.90
	0.01	55.55	49.80	47.47	46.19	45.39	44.84	44.43	44.13	43.88	43.69	43.39	43.08	42.78	42.62	42.47	42.31	42.15	41.99	41.83
4	0.05	12.22	10.65	9.98	9.60	9.36	9.20	9.07	8.98	8.90	8.84	8.75	8.66	8.56	8.51	8.46	8.41	836	8.31	8.26
	0.01	31.33	26.28	24.26	23.15	22.46	21.97	21.62	21.35	21.14	20.97	20.70	20.44	20.17	20.03	19.89	19.75	19.61	19.47	19.32
5	0.05	10.01	8.43	7.76	7.39	7.15	6.98	6.85	6.76	6.68	6.62	6.52	6.43	6.33	6.28	6.23	6.18	6.12	6.07	6.02
	0.01	22.78	18.31	16.53	15.56	14.94	14.51	14.20	13 96	13.77	13.62	13.38	13.15	12.90	12.78	12.66	12.53	12.40	12.27	12.14
6	0.05	8.81	7.26	6.60	6.23	5.99	5.82	5.70	5.60	5.52	5.46	5.37	5.27	5.17	5.12	5.07	5.01	4.96	4.90	4.85
	0.01	18.63	14.54	12.92	12.03	11.46	11.07	10.79	10.57	10.39	10.25	10.03	9.81	9.59	9.47	9.36	9.24	9.12	9.00	8.88
7	0.05	8.07	6.54	5.89	5.52	5.29	5.12	4.99	4.90	4.82	4.76	4.67	4.57	4.47	4.42	4.36	4.31	4.25	4.20	4.14
	0.01	16.24	12.40	10.88	10.05	9.52	9.16	8.89	8.68	8.51	8.38	8.18	7.97	7.75	7.65	7.53	7.42	7.31	7.19	7.08
8	0.05	7.57	6.06	5.42	5.05	4.82	4.65	4.53	4.43	4.36	4.30	4.20	4.10	4.00	3.95	3.89	3.84	3.78	3.73	3.67
	0.01	14.69	11.04	9.60	8.81	8.30	7.95	7.69	7.50	7.34	7.21	7.01	6.81	6.61	6.50	6.40	6.29	6.18	6.06	5.95

续表

分母df	α	分子自由度 df																		
		1	2	3	4	5	6	7	8	9	10	12	15	20	24	30	40	60	120	∞
9	0.05	7.21	5.71	5.08	4.72	4.48	4.32	4.20	4.10	4.03	3.96	3.87	3.77	3.67	3.61	3.56	3.51	3.45	3.39	3.33
	0.01	13.61	10.11	8.72	7.96	7.47	7.13	6.88	6.69	6.54	6.42	6.23	6.03	5.83	5.73	5.62	5.52	5.41	5.30	5.19
10	0.05	6.94	5.46	4.83	4.47	4.24	4.07	3.95	3.85	3.78	3.72	3.62	3.52	3.42	3.37	3.31	3.26	3.20	3.14	3.08
	0.01	12.83	9.43	8.08	7.34	6.87	6.54	6.30	6.12	5.97	5.85	5.66	5.47	5.27	5.17	5.07	4.97	4.86	4.75	4.64
12	0.05	6.55	5.10	4.47	4.12	3.89	3.73	3.61	3.51	3.44	3.37	3.28	3.18	3.07	3.02	2.96	2.91	2.85	2.79	2.72
	0.01	11.75	8.51	7.23	6.52	6.07	5.76	5.52	5.35	5.20	5.09	4.91	4.72	4.53	4.43	4.33	4.23	4.12	4.01	3.90
15	0.05	6.20	4.77	4.15	3.80	3.58	3.41	3.29	3.20	3.12	3.06	2.96	2.86	2.76	2.70	2.64	2.59	2.52	2.46	2.40
	0.01	10.80	7.70	6.48	5.80	5.37	5.07	4.85	4.67	4.54	4.42	4.25	4.07	3.88	3.79	3.69	3.58	3.48	3.37	3.26
20	0.05	5.87	4.46	3.86	3.51	3.29	3.13	3.01	2.91	2.84	2.77	2.68	2.57	2.46	2.41	2.35	2.29	2.22	2.16	2.09
	0.01	9.94	6.99	5.82	5.17	4.76	4.47	4.26	4.09	3.96	3.85	3.68	3.50	3.32	3.22	3.12	3.02	2.92	2.81	2.69
24	0.05	5.72	4.32	3.72	3.38	3.15	2.99	2.87	2.78	2.70	2.64	2.54	2.44	2.33	2.27	2.21	2.15	2.08	2.01	1.94
	0.01	9.55	6.66	5.52	4.89	4.49	4.20	3.99	3.83	3.69	3.59	3.42	3.25	3.06	2.97	2.87	2.77	2.66	2.55	2.43
30	0.05	5.57	4.18	3.59	3.25	3.03	2.87	2.75	2.65	2.57	2.51	2.41	2.31	2.20	2.14	2.07	2.01	1.94	1.87	1.79
	0.01	9.18	6.35	5.24	4.62	4.23	2.95	3.74	3.58	3.45	3.34	3.18	3.01	2.82	2.73	2.63	2.52	2.42	2.30	2.18
40	0.05	5.42	4.05	3.46	3.13	2.90	2.74	2.62	2.53	2.45	2.39	2.29	2.18	2.07	2.01	1.94	1.88	1.80	1.72	1.64
	0.01	8.83	6.07	4.98	4.37	3.99	3.71	3.51	3.35	3.22	3.12	2.95	2.78	2.60	2.50	2.40	2.30	2.18	2.06	1.93

续表

分母df	α	分子自由度 df 1	2	3	4	5	6	7	8	9	10	12	15	20	24	30	40	60	120	∞
60	0.05	5.29	3.93	3.34	3.01	2.79	2.63	2.51	2.41	2.33	2.27	2.17	2.06	1.94	1.88	1.82	1.74	1.67	1.58	1.48
	0.01	8.49	5.79	4.73	4.14	3.76	3.49	3.29	3.13	3.01	2.90	2.74	2.57	2.39	2.29	2.19	2.08	1.96	1.83	1.69
120	0.05	5.15	3.80	3.23	2.89	2.67	2.52	2.39	2.30	2.22	2.16	2.05	1.94	1.82	1.76	1.69	1.61	1.53	1.43	1.31
	0.01	8.18	5.54	4.50	3.92	3.55	3.28	3.09	2.93	2.81	2.71	2.54	2.37	2.19	2.09	1.98	1.87	1.75	1.61	1.43
∞	0.05	5.02	3.69	3.12	2.79	2.57	2.41	2.29	2.19	2.11	2.05	1.94	1.83	1.71	1.64	1.57	1.48	1.39	1.27	1.00
	0.01	7.88	5.30	4.28	3.72	3.35	3.09	2.90	2.74	2.62	2.52	2.36	2.19	2.00	1.90	1.79	1.67	1.53	1.36	1.00

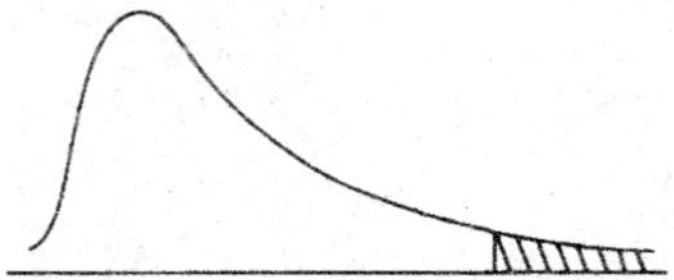

附表 6　F 值表（单侧检验）

分母 df	α	分子自由度 df																						
		1	2	3	4	5	6	7	8	9	10	11	12	14	16	20	24	30	40	50	75	100	200	500	∞
1	.05	161	200	216	225	230	234	237	239	241	242	243	244	245	246	248	249	250	251	252	253	253	254	254	254
	.01	4052	4999	5430	5625	5764	5859	5928	5981	6022	6056	6082	6106	6142	6169	6208	6234	6258	6286	6302	6323	6334	6352	6361	6366
2	.05	18.51	19.00	19.16	19.25	19.30	19.33	19.36	19.37	19.38	19.39	19.40	19.41	19.42	19.43	19.44	19.45	19.46	19.47	19.47	19.48	19.49	19.49	19.50	19.50
	.01	98.49	99.01	99.17	99.25	99.30	99.33	99.34	99.36	99.38	99.40	99.41	99.42	99.48	99.44	99.45	99.46	99.47	99.48	99.48	99.49	99.49	99.49	99.50	99.50
3	.05	10.13	9.55	9.28	9.12	9.01	8.94	8.88	8.84	8.81	8.78	8.76	8.74	8.71	8.69	8.66	8.64	8.62	8.60	8.58	8.57	8.56	8.54	8.54	8.53
	.01	34.12	30.81	29.46	28.71	28.24	27.91	27.67	27.49	27.34	27.23	27.13	27.05	26.92	26.83	26.69	26.60	26.50	26.41	26.30	26.27	26.23	26.18	26.14	26.12
4	.05	7.71	6.94	9.59	6.39	6.26	6.16	6.09	6.04	6.00	5.96	5.93	5.91	5.87	5.84	5.80	5.77	5.74	5.71	5.70	5.68	5.66	5.65	5.64	5.63
	.01	21.20	18.00	16.69	15.98	15.52	15.21	14.98	14.80	14.66	14.54	4.45	14.37	14.24	14.15	14.02	13.93	13.83	13.74	13.69	13.61	13.57	13.52	13.48	13.46
5	.05	6.61	5.79	5.41	5.19	5.05	4.95	4.88	4.82	4.78	4.74	4.70	4.68	4.64	4.60	4.56	4.53	4.50	4.46	4.44	4.42	4.40	4.38	4.37	4.36
	.01	16.26	13.27	12.06	11.39	10.97	10.67	10.45	10.27	10.15	10.05	9.96	9.89	9.77	9.68	9.55	9.47	9.38	9.29	9.24	9.17	9.13	9.07	9.04	9.02
6	.05	5.99	5.14	4.76	4.53	4.39	4.28	4.21	4.15	4.10	4.06	4.03	4.00	3.96	3.92	3.87	3.84	3.81	3.77	3.75	3.72	3.71	3.69	3.68	3.67
	.01	13.74	10.92	9.78	9.15	8.75	8.47	8.26	8.10	7.98	7.87	7.79	7.72	7.60	7.52	7.39	7.31	7.23	7.14	7.09	7.02	6.99	6.94	6.90	6.88
7	.05	5.59	4.47	4.35	4.12	3.97	3.87	3.79	3.73	3.68	3.63	3.60	3.57	3.52	3.49	3.44	3.41	3.38	3.34	3.32	3.29	3.28	3.25	3.24	3.23
	.01	12.25	9.55	8.45	7.85	7.46	7.19	7.00	6.84	6.71	6.62	6.54	6.47	6.35	6.27	6.15	6.07	5.98	5.90	5.85	5.78	5.75	5.70	5.67	5.65

续表

分母 df	α	分子自由度 df																					
		1	2	3	4	5	6	7	8	9	10	11	12	14	16	20	24	30	40	50	75	100	200	500	∞
8	.05	5.32	4.46	4.07	3.84	3.69	3.58	3.50	3.44	3.39	3.34	3.31	3.28	3.23	3.20	3.15	3.12	3.08	3.05	3.03	3.00	2.98	2 96	2.94	2.93
	.01	11.26	8.65	7.59	7.01	6.63	6.37	6.19	6.03	5.91	5.82	5.74	5.67	5.56	5.48	5.36	5.28	5.20	5.11	5.06	5.00	4.96	4.91	4.88	4.80
9	.05	5.12	4.26	3.86	3.63	3.48	3.37	3.29	3.23	3.18	3.13	3.10	3.07	3.02	2.98	2.93	2.90	2.86	2.82	2.80	2.77	2.76	2.73	2.72	2.71
	.01	10.56	8.02	6.99	6.42	6.06	5.80	5.62	5.47	5.85	5.26	5.18	5.11	5.00	4.92	4.80	4.73	4.64	4.56	4.51	4.45	4.41	4.36	4.33	4.31
10	.05	4.96	4.10	3.71	3.48	3.33	3.22	3.14	3.07	3.02	2.97	2.94	2.91	2.86	2.82	2.77	2.74	2.70	2.67	2.64	2.61	2.59	2.56	2.55	2.54
	.01	10.04	7.56	6.55	5.99	5.64	5.39	5.21	5.06	4.95	4.85	4.78	4.71	4.60	4.52	4.41	4.33	4.25	4.17	4.12	4.05	4.01	3.96	3.93	3.91
11	.05	4.84	3.98	3.59	3.36	3.20	3.09	3.01	2.95	2.90	2.86	2.82	2.79	2.74	2.70	2.65	2.61	2.57	2.53	2.50	2.47	2.45	2.42	2.41	2.40
	.01	9.65	7.20	6.22	5.67	5 23	5.07	4.88	4.47	4.63	4.54	4.46	4.40	4.29	4.21	4.10	4.02	3.94	3.86	3.80	3.74	3.70	3.66	3.62	3.60
12	.05	4.75	3.88	3.49	3.26	3.11	3.00	2.92	2.85	2.80	2.76	2.72	2.96	2.46	2.60	2.54	2.50	2.64	2.42	2.40	2.36	2.35	2.32	2.31	2.30
	.01	9.33	6.93	5.95	5.41	5.06	4.82	4.65	4.50	4.39	4.30	4.22	4.16	4.05	3.98	3.86	3.78	3.70	3.61	3.56	3.49	3.46	3.41	3.38	3.36
13	.05	4.67	3.80	3.41	3.18	3.02	2.92	2.84	2.77	2.72	2.67	2.63	2.60	2.55	2.51	2.46	2.42	2.38	2.34	2.32	2.28	2.26	2.24	2.22	2.21
	.01	9.07	6.70	5.74	5.20	4.86	4.62	4.44	4.30	4.19	4.10	4.02	3.96	3.85	3.78	3.67	3.59	3.51	3.42	3.37	3.30	3.27	3.21	3.18	3.16
14	.05	4.60	3.74	3.34	3.11	2.96	2.85	2.77	2.70	2.65	2.60	2.56	2.53	2.48	2.44	2.39	2.35	2.31	2.27	2.24	2.21	2.19	2.16	2.14	2.13
	.01	8.86	6.51	5.56	5.03	4.69	4.46	4.28	4.14	4.03	3.94	3.86	3.80	3.70	3.62	3.51	3.43	3.34	3.26	3.21	3.14	3.11	3.06	3.02	3.00
15	.05	4.54	3.68	3.29	3.06	2.90	2.79	2.70	2.64	2.59	2.55	2.51	2.48	2.43	2.39	2.33	2.29	2.25	2.21	2.18	2.15	2.12	2.10	2.08	2.07
	.01	8.68	6.36	5.42	4.89	4.56	4.32	4.14	4.00	3.89	3.80	3.73	3.67	3.56	3.48	3.36	3.29	3.20	3.12	3.07	3.00	2.97	2.92	2.89	2.87
16	.05	4.49	3.63	3.24	3.01	2.85	2.74	2.66	2.59	2.54	2.49	2.45	2.42	2.37	2.33	2.28	2.24	2.20	2.16	2.13	2.09	2.07	2.04	2.02	2.01
	.01	8.53	6.23	5.29	4.77	4.44	4.20	4.03	3.89	3.78	3.69	3.61	3.55	3.45	3.37	3.25	3.18	3.10	3.01	2.96	2.89	2.86	2.80	2.77	2.75

续表

分母 df	α	分子自由度 df																						
		1	2	3	4	5	6	7	8	9	10	11	12	14	16	20	24	30	40	50	75	100	200	500	∞
17	.05	4.45	3.59	3.20	2.96	2.81	2.70	2.62	2.55	2.50	2.45	2.41	2.38	2.33	2.29	2.23	2.19	2.15	2.11	2.08	2.04	2.02	1.99	1.97	1.96
	.01	8.40	6.11	5.18	4.67	4.34	4.10	3.93	3.79	3.68	3.59	3.52	3.45	3.35	3.27	3.16	3.08	3.00	2.92	2.86	2.79	2.76	2.70	2.67	2.65
18	.05	4.41	3.55	3.16	2.93	2.77	2.66	2.58	2.51	2.46	2.41	2.37	2.34	2.29	2.25	2.19	2.15	2.11	2.07	2.04	2.00	1.98	1.95	1.93	1.92
	.01	8.28	6.01	5.09	4.58	4.25	4.01	3.85	3.71	3.60	3.51	3.44	3.37	3.27	3.19	3.07	3.00	2.91	2.83	2.78	2.71	2.68	2.62	2.59	2.57
19	.05	4.38	3.52	3.13	2.90	2.74	2.63	2.55	2.48	2.43	2.38	2.34	2.31	2.26	2.21	2.15	2.11	2.07	2.02	2.00	1.96	1.94	1.91	1.90	1.88
	.01	8.18	5.93	5.01	4.50	4.17	3.94	3.77	3.63	3.52	3.43	3.36	3.30	3.19	3.12	3.00	2.92	2.84	2.76	2.70	2.63	2.60	2.54	2.51	2.49
20	.05	4.35	3.49	3.10	2.87	2.71	2.60	2.52	2.45	2.40	2.35	2.31	2.28	2.23	2.18	2.12	2.08	2.04	1.99	1.96	1.92	1.90	1.87	1.85	1.84
	.01	8.10	5.85	4.94	4.43	4.10	3.87	3.71	3.56	3.45	3.37	3.30	3.23	3.13	3.05	2.94	2.86	2.77	2.69	2.63	2.56	2.53	2.47	2.44	2.42
21	.05	4.32	3.47	3.07	2.84	2.68	2.57	2.49	2.42	2.37	2.32	2.28	2.25	2.20	2.15	2.09	2.05	2.00	1.96	1.93	1.89	1.87	1.84	1.82	1.81
	.01	8.02	5.78	4.87	4.37	4.04	3.81	3.65	3.51	3.40	3.31	3.24	3.17	3.07	2.99	2.88	2.80	2.72	2.63	2.58	2.51	2.47	2.42	2.38	2.36
22	.05	4.30	3.44	3.05	2.82	2.66	2.55	2.47	2.40	2.35	2.30	2.26	2.23	2.18	2.13	2.07	2.03	1.98	1.93	1.91	1.87	1.84	1.81	1.80	1.78
	.01	7.94	5.72	4.82	4.31	3.99	3.76	3.59	3.45	3.35	3.26	3.18	3.12	3.02	2.94	2.83	2.75	2.67	2.58	2.53	2.46	2.42	2.37	2.33	2.31
23	.05	4.28	3.42	3.03	2.80	2.64	2.53	2.45	2.38	2.32	2.28	2.24	2.20	2.14	2.10	2.04	2.00	1.96	1.91	1.88	1.84	1.82	1.79	1.77	1.76
	.01	7.88	5.66	4.76	4.26	3.94	3.71	3.54	3.41	3.30	3.21	3.14	3.07	2.97	2.89	2.78	2.70	2.62	2.53	2.48	2.41	2.37	2.32	2.28	2.26
24	.05	4.26	3.40	3.01	2.78	2.62	2.51	2.43	2.36	2.30	2.26	2.22	2.18	2.13	2.09	2.02	1.98	1.94	1.89	1.86	1.82	1.80	1.76	1.74	1.73
	.01	7.82	5.61	4.72	4.22	3.90	3.67	3.50	3.36	3.25	3.17	3.09	3.03	2.93	2.85	2.74	2.66	2.58	2.49	2.44	2.36	2.33	2.27	2.23	2.21
25	.05	4.24	3.38	2.99	2.76	2.60	2.49	2.41	2.34	2.28	2.24	2.20	2.16	2.11	2.06	2.00	1.96	1.92	1.87	1.84	1.80	1.77	1.74	1.72	1.71
	0.1	7.77	5.57	4.68	4.18	3.86	3.63	3.46	3.32	3.21	3.13	3.05	2.99	2.89	2.81	2.70	2.62	2.54	2.45	2.40	2.32	2.29	2.23	2.19	2.17

续表

分母df	α	分子自由度 df																					
		1	2	3	4	5	6	7	8	9	10	11	12	14	16	20	24	30	40	50	75	100	200	500	∞
26	.05	4.22	3.37	2.89	2.74	2.59	2.47	2.39	2.32	2.27	2.22	2.18	2.15	2.10	2.05	1.99	1.95	1.90	1.85	1.82	1.78	1.76	1.72	1.70	1.69
	.01	5.72	5.53	4.64	4.14	3.82	3.59	3.42	3.29	3.17	3.09	3.02	2.96	2.86	2.77	2.66	2.58	2.50	1.41	2.36	2.28	2.25	2.19	2.15	2.13
27	.05	4.21	3.35	2.96	2.73	2.57	3.46	2.37	2.30	2.25	2.20	2.16	2.13	2.08	2.03	1.97	1.93	1.88	1.84	1.80	1.76	1.74	1.71	1.68	1.67
	.01	7.68	5.49	4.60	4.11	3 79	3.56	3.39	3.26	3.14	3.06	2.98	2.93	2.83	2.74	2.63	2.55	2.47	2.38	2.33	2.25	2.21	2.16	2.12	2.10
28	.05	4.20	3.34	2.95	2.71	2.56	2.44	2.36	2.29	2.24	2.19	2.15	2.12	2.06	2.02	1.96	1.91	1.87	1.81	1.78	1.75	1.72	1.69	1.67	1.65
	.01	7.64	5.45	4.57	4.07	3.76	3.53	3.36	3.23	3.11	3.03	2.95	2.90	2.80	2.71	2.60	2.52	2.44	2.35	2.30	2.22	2.18	2.13	2.09	2.06
29	.05	4.18	3.33	2.93	2.70	2.54	2.43	2.35	2.28	2.22	2.18	2.14	2.10	2.05	2.00	1.94	1.90	1.85	1.80	1.77	1.73	1.71	1.68	1.65	1.64
	.01	7.60	5.52	4.54	4.04	3.73	3.50	3.33	3.20	3.08	3.00	2.92	2.87	2.77	2.68	2.57	2.49	2.41	2.32	2.27	2.19	2.15	2.10	2.06	2.03
30	.05	4.17	3.32	2.92	2.69	2.53	2.42	2.34	2.27	2.21	2.16	2.12	2.09	2.04	1.99	1.93	1.89	1.84	1.79	1.76	1.72	1.69	1.66	1.64	1.62
	.01	7.56	5.39	4.51	4.02	3.70	3.47	3.30	3.17	3.06	2.98	2.90	2.84	2.74	2.66	2.55	2.47	2.38	2.29	2.24	2.16	2.13	2.07	2.03	2.01
32	.05	4.15	3.30	2.90	2.67	2.51	2.40	2.32	2.25	2.19	2.14	2.10	2.07	2.02	1.97	1.91	1.86	1.82	1.76	1.74	1.69	1.67	1.64	1.61	1.59
	.01	7.50	5.34	4.46	2.97	3.66	3.42	3.25	3.12	3.01	2.94	2.86	2.80	2.70	2.62	2.51	2.42	2.34	2.25	2.20	2.12	2.08	2.02	1.98	1.96
34	.05	4.13	3 28	2.88	2.65	2.49	2.38	2.30	2.23	2.17	2.12	2.08	2.05	2.00	1.95	1.89	1.84	1.80	1.74	1.71	1 67	1.64	1.61	1.59	1.57
	.01	7.44	5.29	4.42	3.93	3.61	3.38	3.21	3.08	2.97	2.89	2.82	2.76	2.66	2.58	2.47	2.38	2.30	2.21	2.15	2.08	2.04	1.98	1.94	1.91
36	.05	4.11	3.26	2.86	2.63	2.48	2.36	2.28	2.21	2.15	2.10	2.06	2.03	1.89	1.93	1.87	1.82	1.78	1.72	1.69	1.65	1.62	1.59	1.56	1.55
	.01	7.39	5.25	4.38	3.89	3.58	3.35	3.18	3.04	2.94	2.86	2.78	2.72	2.62	2.54	2.43	2.35	2.26	2.17	2.12	2.04	2.00	1.94	1.90	1.87
38	.05	4.10	3.25	2.85	2.62	2.46	2.35	2.26	2.19	2.14	2.09	2.05	2.02	1.96	1.92	1.85	1.80	1.76	1.71	1.67	1.63	1.60	1.57	1.54	1.53
	.01	7.35	5.21	4.34	3.86	3.54	3.32	3.15	3.02	2.91	2.82	2.75	2.69	2.59	2.51	2.40	2.32	2.22	2.14	2.08	2.00	1.97	1.90	1.86	1.84

续表

分母 df	α	1	2	3	4	5	6	7	8	9	10	11	12	14	16	20	24	30	40	50	75	100	200	500	∞
40	.05	4.08	3.23	2.84	2.61	2.45	2.34	2.25	2.18	2.12	2.07	2.04	2.00	1.95	1.90	1.84	1.79	1.74	1.69	1.66	1.61	1.59	1.55	1.53	1.51
	.01	7.31	5.18	4.34	3.83	3.51	3.29	3.12	2.99	2.88	2.80	2.73	2.66	2.56	2.49	2.37	2.29	2.20	2.11	2.05	1.97	1.84	1.88	1.84	1.81
42	.05	4.07	3.22	2.83	2.59	2.44	2.32	2.24	2.17	2.11	2.06	2.02	1.99	1.94	1.89	1.82	1.78	1.73	1.68	1.64	1.60	1.57	1.54	1.51	1.49
	.01	7.27	5.15	4.29	3.80	3.49	3.26	3.10	2.96	2.86	2.77	2.70	2.64	2.54	2.46	2.35	2.26	2.17	2.08	2.02	1.94	1.91	1.85	1.80	1.78
44	.05	4.06	3.21	2.82	2.58	2.43	2.31	2.23	2.16	2.10	2.05	2.01	1.98	1.92	1.88	1.81	1.76	1.72	1.66	1.63	1.58	1.56	1.52	1.50	1.48
	.01	7.24	5.12	4.26	3.78	3.46	3.24	3.07	2.94	2.84	2.75	2.68	2.62	2.52	2.44	2.32	2.24	2.15	2.06	2.00	1.92	1.78	1.82	1.78	1.75
46	.05	4.05	3.20	2.81	2.57	2.42	2.30	2.22	2.14	2.09	2.04	2.00	1.97	1.91	1.87	1.80	1.75	1.71	1.65	1.62	1.57	1.54	1.51	1.48	1.46
	.01	7.21	5.10	4.24	3.76	3.44	3.22	3.05	2.92	2.82	2.73	2.66	2.60	2.50	2.42	2.30	2.22	2.13	2.04	1.98	1.90	1.86	1.80	1.76	1.72
48	.05	4.04	3.19	2.80	2.56	2.41	2.30	2.21	2.14	2.08	2.03	1.99	1.96	1.90	1.86	1.79	1.74	1.70	1.64	1.61	1.56	1.53	1.50	1.47	1.45
	.01	7.19	5.08	4.22	3.74	3.42	3.20	3.04	2.90	2.80	2.71	2.64	2.58	2.48	2.40	2.28	2.20	2.11	2.01	1.96	1.88	1.84	1.78	1.73	1.70
50	.05	4.03	3.18	2.79	2.56	2.40	2.29	2.20	2.13	2.07	2.02	1.98	1.95	1.90	1.85	1.78	1.74	1.69	1.63	1.60	1.55	1.52	1.48	1.46	1.44
	.01	7.17	5.06	4.20	3.72	3.41	3.18	3.02	2.88	2.78	2.70	2.62	2.56	2.46	2.39	3.26	2.18	2.10	2.00	1.94	1.86	1.82	1.76	1.71	1.68
55	.05	4.02	3.17	2.78	2.54	2.38	2.27	2.18	2.11	2.05	2.00	1.97	1.93	1.88	1.83	1.76	1.72	1.67	1.61	1.58	1.52	1.50	1.46	1.43	1.41
	.01	7.12	5.01	4.16	3.68	3.37	3.15	2.98	2.85	2.75	2.66	2.59	2.53	2.43	2.35	2.23	2.15	2.06	1.96	1.90	1.82	1.78	1.71	1.66	1.64
60	.05	4.00	3.15	2.76	2.52	3.37	2.25	2.17	2.10	2.04	1.99	1.95	1.92	1.86	1.81	1.75	1.70	1.65	1.59	1.56	1.50	1.48	1.44	1.41	1.39
	.01	7.08	4.98	4.13	3.65	3.34	3.12	2.95	2.82	2.72	2.63	2.56	2.50	2.40	2.32	2.20	2.12	2.03	1.93	1.87	1.79	1.74	1.68	1.63	1.60
65	.05	3.99	3.14	2.75	2.51	2.36	2.24	2.15	2.08	2.02	1.98	1.94	1.90	1.85	1.80	1.73	1.68	1.63	1.57	1.54	1.49	1.46	1.42	1.39	1.37
	.01	7.04	4.95	4.10	3.62	3.31	3.09	2.93	2.79	2.70	2.61	2.54	2.47	2.37	2.30	2.18	2.09	2.00	1.90	1.84	1.76	1.71	1.64	1.60	1.56

续表

分母 df	α	分子自由度 df																					
		1	2	3	4	5	6	7	8	9	10	11	12	14	16	20	24	30	40	50	75	100	200	500	∞
70	.05	3.98	3.13	2.74	2.50	2.35	2.32	2.14	2.07	2.10	1.97	1.93	1.89	1.84	1.79	1.72	1.67	1.62	1.56	1.53	1.47	1.45	1.40	1.37	1.35
	.01	7.01	4.92	4.08	3.60	3.29	3.07	2.91	2.77	2.67	2.59	2.51	2.45	2.35	2.28	2.15	2.07	1.98	1.88	1.82	1.74	1.69	1.62	1.56	1.53
80	.05	3.96	3.11	2.72	2.48	2.33	2.21	2.12	2.05	1.99	1.95	1.91	1.88	1.82	1.77	1.70	1.65	1.60	1.54	1.51	1.45	1.42	1.38	1.35	1.32
	.01	6.96	4.88	4.04	3.56	3.25	3,04	2.87	2.74	2.64	2.55	2.48	2.41	2.32	2.24	2.11	2.03	1.94	1.84	1.78	1.70	1.65	1.57	1.52	1.49
100	.05	3.94	3.09	2.70	2.46	2.30	2.19	2.10	2.03	1.97	1.92	1.88	1.85	1.79	1.75	1.68	1.63	1.57	1.51	1.48	1.42	1.39	1.34	1.30	1.28
	.01	6.90	4.82	3.98	3.51	3.20	2.99	2.82	2.69	2.59	2.51	2.43	2.36	2.26	2.19	2.06	1.98	1.89	1.79	1.73	1.64	1.59	1.51	1.46	1.43
125	.05	3.92	3.07	2.68	2.44	2.29	2.17	2.08	2.01	1.95	1.90	1.86	1.83	1.77	1.72	1.65	1.60	1.55	1.49	1.45	1.39	1.36	1.31	1.27	1.25
	.01	6.84	4.78	3.94	3.47	3.17	2.95	2.79	2.65	2.56	2.47	2.40	2.33	2.23	2.15	2.03	1.94	1.85	1.75	1.68	1.59	1.54	1.46	1.40	1.37
150	.05	3.81	3.06	2.67	2.43	2.21	2.16	2.07	2.00	1.94	1.89	1.85	1.82	1.76	1.71	1.64	1.59	1.54	1.47	1.44	1.37	1.34	1.29	1.25	1.22
	.01	6.81	4.75	3.91	3.44	3.13	2.92	2.76	2.62	2.53	2.44	2.37	2.30	2.20	2.12	2.00	1.91	1.83	1.72	1.66	1.56	1.51	1.43	1.37	1.33
200	.05	3.89	3.04	2.65	2.41	2.26	2.14	2.05	1.98	1.92	1.87	1.83	1.80	1.74	1.69	1.62	1.57	1.52	1.45	1.42	1.35	1.32	1.26	1.22	1.19
	.01	6.76	4.71	3.88	3.41	3.11	2.90	2.73	2.60	2.50	2.41	2.34	2.28	2.17	2.09	1.97	1.88	1.79	1.69	1.62	1.53	1.48	1.39	1.33	1.28
400	.05	3.86	3.02	2.62	2.39	2.23	2.12	2.03	1.96	1.90	1.85	1.81	1.78	1.72	1.67	1.60	1.54	1.49	1.42	1.38	1.32	1.28	1.22	1.16	1.13
	.01	6.70	4.66	3.83	3.36	3.06	2.85	2.69	2.55	2.46	2.37	2.29	2,23	2.12	2.04	1.92	1.84	1.74	1.64	1.57	1.47	1.42	1.32	1.24	1.19
1000	.05	3.85	3.00	2.61	2.38	2.22	2.10	2.02	1.95	1.89	1.84	1.80	1.76	1.70	1.05	1.58	1.53	1.47	1.41	1.36	1.30	1.26	1.19	1.13	1.08
	.01	6.66	4.62	3.80	3.34	3.04	2.82	2.66	2.53	2.43	2.34	2.26	2.20	2.09	2.01	1.89	1.81	1.71	1.61	1.54	1.44	1.38	1.28	1.19	1.11
∞	.05	3.84	3.99	2.60	2.37	2.21	2.90	2.01	1.94	1.88	1.83	1.79	1.75	1.69	1.64	1.57	1.52	1.46	1.40	1.35	1.28	1.24	1.17	1.11	1.00
	.01	6.64	4.60	3.78	3.32	3.02	2.80	2.64	2.51	2.41	2.32	2.42	2.18	2.07	1.99	1.87	1.79	1.69	1.59	1.52	1.41	1.36	1.25	1.15	1.00

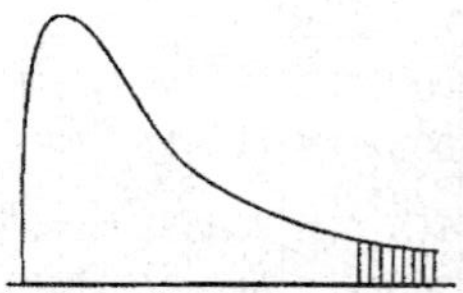

附表 7 χ^2 分布数值表

df	χ^2 大于表内所列 χ^2 值的概率												
	0.995	0.990	0.975	0.950	0.900	0.750	0.500	0.250	0.100	0.050	0.025	0.010	0.005
1	0.00004	0.00016	0.00098	0.0039	0.0158	0.102	0.455	1.32	2.71	3.84	5.02	6.63	7.88
2	0.0100	0.0201	0.0506	0.103	0.211	0.575	1.39	2.77	4.61	5.99	7.38	9.21	10.6
3	0.0717	0.115	0.216	0.352	0.584	1.21	2.37	4.11	6.25	7.81	9.35	11.3	12.8
4	0.267	0.297	0.484	0.711	1.06	1.92	3.36	5.39	7.78	9.49	11.1	13.3	14.9
5	4.412	0.554	0.831	1.15	1.61	2.67	4.35	6.63	9.24	11.1	12.8	15.1	16.7
6	0.676	0.872	1.24	1.64	2.20	3.45	5 35	7.84	10.6	12.6	14.4	16.8	18.5
7	0.989	1.24	1.69	2.17	2.83	4.25	6.35	9.04	12.0	14.1	16.0	18.5	20.3
8	1.34	1.65	2.18	2.73	3.49	5.07	7.34	10.2	13.4	15.5	17.5	20.1	22.0
9	1.73	2.09	2.70	3.33	4.17	5.90	8.34	11.4	14.7	16.9	19.0	21.7	23.6
10	2.16	2.56	3.25	3.94	4.87	6.74	9.34	12.5	16.0	18.3	20.5	23.2	25.2
11	2.60	3.05	3.82	4.57	5.58	7.58	10.3	13.7	17.3	19.7	21.9	24.7	26.8
12	3.07	3.57	4.40	5.23	6.30	8.44	11.3	14.8	18.5	21.0	23.3	26.3	28.3
13	3.57	4.11	5.01	5.89	7.04	9.30	12.3	16.0	19.8	22.4	24.7	27.7	29.8
14	4.07	4.66	5.63	6.57	7.79	10.2	13.3	17.1	21.1	23.7	26.1	29.1	31.3
15	4.60	5.23	6.26	7.26	8.55	11.0	14.3	18.2	22.3	25.0	27.5	30.6	32.8
16	5.14	5.81	6.91	7.96	9.31	11.9	15.3	19.4	23.5	26.3	28.8	32.0	34.3
17	5.70	6.41	7.56	8.67	10.1	12.8	16.3	20.5	24.8	27.6	30.2	33.4	35.7

续表

df	χ^2 大于表内所列 χ^2 值的概率												
	0.995	0.990	0.975	0.950	0.900	0.750	0.500	0.250	0.100	0.050	0.025	0.010	0.005
18	6.26	7.01	8.23	9.39	10.9	13.7	17.3	21.6	26.0	28.9	31.5	34.8	37.2
19	6.84	7.63	8.91	10.1	11.7	14.6	18.3	22.7	27.2	30.1	32.9	36.2	38.6
20	7.43	8.29	9.59	10.9	12.4	15.5	19.3	23.8	28.4	31.4	34.2	37.6	40.0
21	8.03	8.90	10.3	11.6	13.2	16.3	20.3	24.9	29.6	32.7	35.5	38.9	41.4
22	8.64	9.54	11.0	12.3	14.0	17.2	21.3	26.0	30.8	33.9	36.8	40.3	42.8
23	9.26	10.2	11.7	13.1	14.8	18.1	22.3	27.1	32.0	35.2	38.1	41.6	44.2
24	9.89	10.9	12.4	13.8	15.7	19.0	23.3	28.2	33.2	36.4	39.4	43.0	45.6
25	10.5	11.5	13.1	14.6	16.5	19.9	24.3	29.3	34.4	37.7	40.6	44.3	46.9
26	11.2	12.2	13.8	15.4	17.3	20.8	25.3	30.4	35.6	38.9	41.9	45.6	48.3
27	11.8	12.9	14.6	16.2	18.1	21.7	26.3	31.5	36.7	40.1	43.2	47.0	49.6
28	12.5	13.6	15.3	16.9	18.9	22.7	27.3	32.6	37.9	41.3	44.5	48.3	51.0
29	13.1	14.3	16.0	17.7	19.8	23.6	28.3	33.7	39.1	42.6	45.7	49.6	52.3
30	13.8	15.0	16.8	18.5	20.6	24.5	29.3	34.8	40.3	43.8	47.0	50.9	53.7
40	20.7	22.2	24.4	26.5	29.1	33.7	39.3	45.6	51.8	55.8	59.3	63.7	66.8
50	28.0	29.7	32.4	34.8	37.7	42.9	49.3	56.3	63.2	67.5	71.4	76.2	79.5
60	35.5	37.5	40.5	43.2	46.5	52.3	59.3	67.0	74.4	79.1	83.3	88.4	92.0

参考文献

1. 《比较犯罪学》编写组：《比较犯罪学》，中国人民公安大学出版社 1992 年版。

2. 风笑天著：《社会学研究方法》，中国人民大学出版社 2001 年版。

3. 高树桥、李从珠著：《犯罪调查及其统计方法》，群众出版社 1986 年版。

4. 何晓群编著：《现代统计分析方法与应用》，中国人民大学出版社 1998 年版。

5. 贾俊平、何晓群、金勇进编著：《统计学》，中国人民大学出版社 2000 年版。

6. 贾丽艳、杜强编著：《SPSS 统计分析标准教程》，人民邮电出版社 2010 年版。

7. 康树华主编：《犯罪学通论》（第 2 版），北京大学出版社 1996 年版。

8. 李田夫、杨士祺、黄京平著：《犯罪统计学》，群众出版社 1988 年版。

9. 李玉黔、刘福印著：《狱政统计学》，警官教育出版社 1997 年版。

10. 林杰斌、刘明德编著：《SPSS10.0 与统计模式建构》，科学出版社 2002 年版。

11. 皮艺军著：《犯罪学研究论要》，中国政法大学出版社

2001 年版。

12. 邱东编著：《统计学》，高等教育出版社 1999 年版。

13. 三味工作室编：《世界优秀统计软件——SPSS V 10.0 for Windows 实用基础教程》，北京希望电子出版社 2001 年版。

14. 施建军主编：《统计学教程》，南京大学出版社 1992 年版。

15. 水延凯主编：《社会调查教程》（第 2 版），中国人民大学出版社 1996 年版。

16. 王重鸣著：《心理学研究方法》，人民教育出版社 1990 年版。

17. 吴宗宪著：《西方犯罪学史》，警官教育出版社 1997 年版。

18. 徐经泽主编：《社会调查理论与方法》，高等教育出版社 1994 年版。

19. 杨家駼著：《犯罪调查统计学》，台湾中华书局 1969 年版。

20. 袁方主编：《社会研究方法教程》，北京大学出版社 1997 年版。

21. 张厚粲主编：《心理与教育统计学》（第 2 版），北京师范大学出版社 1993 年版。

22. 张敏强主编：《教育与心理统计学》（修订本），人民教育出版社 2002 年版。

23. 张文彤主编：《世界优秀统计工具 SPSS11.0 统计分析教程》（高级篇），北京希望电子出版社 2002 年版。

24. 张彦著：《社会统计学——原理与方法》，南京大学出版社 1997 年版。

25. 中国心理学会编：《心理学论文写作规范》，科学出版社 2002 年版。

26. 周谦主编：《心理科学方法学》，中国科学技术出版社 1994 年版。

27. 周路主编：《犯罪调查十年——统计与分析》，天津社会科学院出版社 2001 年版。

28. 周路主编：《当代实证犯罪学新编——犯罪规律研究》，人民法院出版社 2004 年版。

29. 邹农俭主编：《社会研究方法通用教程》，中国审计出版社 2002 年版。

30. 朱济民主编：《来自监狱的报告——中国盗窃犯心理研究》，百家出版社 1999 年版。

31. ［美］艾尔·巴比著：《社会研究方法（上、下）》（第 8 版），邱泽奇译，华夏出版社 2000 年版。

32. ［美］Frank E. Hagan 著：《犯罪行为研究方法》（第 7 版），刘萃侠、罗震雷、黄婧译，中国轻工业出版社 2009 年版。

33. ［美］威廉·维尔斯曼著：《教育研究方法导论》，袁振国主译，教育科学出版社 1997 年版。